U0578381

金融科技的技术
实现与集成创新

吕秀梅　◎著

中国财经出版传媒集团

经济科学出版社
Economic Science Press

图书在版编目（CIP）数据

金融科技的技术实现与集成创新/吕秀梅著. -- 北京：经济科学出版社，2023.2

ISBN 978 - 7 - 5218 - 4484 - 9

Ⅰ.①金… Ⅱ.①吕… Ⅲ.①金融 - 科学技术 - 研究 Ⅳ.①F830

中国国家版本馆 CIP 数据核字（2023）第 014264 号

责任编辑：李　雪
责任校对：郑淑艳
责任印制：邱　天

金融科技的技术实现与集成创新
JINRONG KEJI DE JISHU SHIXIAN YU JICHENG CHUANGXIN
吕秀梅　著
经济科学出版社出版、发行　新华书店经销
社址：北京市海淀区阜成路甲 28 号　邮编：100142
总编部电话：010 - 88191217　发行部电话：010 - 88191522
网址：www. esp. com. cn
电子邮箱：esp@ esp. com. cn
天猫网店：经济科学出版社旗舰店
网址：http：//jjkxcbs. tmall. com
固安华明印业有限公司印装
710×1000　16 开　18.5 印张　260000 字
2023 年 3 月第 1 版　2023 年 3 月第 1 次印刷
ISBN 978 - 7 - 5218 - 4484 - 9　定价：92.00 元
（图书出现印装问题，本社负责调换。电话：010 - 88191510）
（版权所有　侵权必究　打击盗版　举报热线：010 - 88191661
QQ：2242791300　营销中心电话：010 - 88191537
电子邮箱：dbts@ esp. com. cn）

资助项目

1. 重庆市智能金融研究生导师团队建设项目；

2. 2019 年国家社科基金"平衡效率和风险的金融科技与监管科技协同创新机制研究"（19XYJ022）；

3. 教育部人文社科重点研究基地重庆工商大学长江上游经济研究中心自助招标项目"金融科技与监管科技的技术依赖及协同创新研究"（KFJJ2022044）；

4. 重庆市金融科技与科技金融协调创新研究团队项目；

5. 国家一流专业建设项目。

前　言

　　2019 年 8 月，中国人民银行发布《金融科技（FinTech）发展规划（2019 – 2021 年）》，明确指出"金融科技是技术驱动的金融创新，旨在运用现代科技成果改造或创新金融产品、经营模式、业务流程等，推动金融发展提质增效"，并提出将把金融科技打造成为金融高质量发展的"新引擎"，并对未来 3 年的金融科技工作做出顶层设计。2022 年 1 月，中国人民银行发布《金融科技发展规划（2022—2025 年）》，对我国金融科技发展做出顶层设计和整体规划，这能更充分发挥科技对金融的赋能作用，更有助于提升金融科技服务实体经济的效率，从而进一步助推金融科技高质量发展。

　　科技赋能金融，是如何降低成本、提高效率并实现创新的？金融科技是如何通过技术实现金融提质增效的？金融科技是如何通过集成创新全面提升"存贷汇"业务的，又是如何集成创新提升运维监管效能的？基于此，本书主要分四个部分探讨金融科技的技术实现与集成创新。

　　第一部分，从宏观角度上讨论科技赋能金融。根据《金融科技（FinTech）发展规划（2019 – 2021 年）》，金融科技是技术驱动的金融创新，能推动金融发展提质增效。科技是金融创新的重要驱动力，金融与科技融合能充分发挥金融科技的赋能作用，增强金融服务实体经济的能力和效率，提高金融服务水平和能力。金融科技经过三个阶段的发展，已经实现了资管、信贷、支付、资管、风控、监管等与多种科技集成创新的深度融合，并在客服、营销、催收、运营、理赔、投顾、投研等金融业务中表现出明显的降本增效、提升客户体验等赋能作用。而金融科技之所以能健康有序发展，一个重要前提是国家出台的相关政策。

金融科技是技术驱动的金融创新，所以金融科技的本质是金融，是传统金融的帕累托改进。金融科技的一个重要优势体现在成本上，利用技术可降低运营成本、人力成本、管理成本等。成本优势是金融科技践行普惠金融服务的前置条件，是金融科技公司盈利性的重要保障。金融科技不再像很多传统业务那样过于依赖人工，而是利用技术快速完成数据的收集、整理和分析，让"存贷汇"业务和运维监管自动化、个性化、立体化和智能化，效率提升明显。创新是金融科技的一大特点，主要表现在资管创新、信贷创新、支付创新、运管创新、风控创新、监管创新等方面，但同时，创新更容易产生金融风险，而合理利用创新却能更容易管控金融风险，从而利于金融科技发展。

第二部分，从微观角度探讨各种技术怎样助力金融科技提质增效。按照人类借助计算机实现人类智慧并完成任务的难易程度，人工智能可以被划分为三个层次：计算智能、感知智能和认知智能。公认的五大核心技术是生物特征识别、机器学习、自然语言处理、计算机视觉和知识图谱。生物识别技术安全方便，不易伪造或破坏，特别是其中的非接触式识别技术在新冠肺炎疫情期间大受欢迎并被快速催化；机器学习能让机器从观测数据中找出规律，并据此对未来数据和无法观测的数据进行预测，从而模拟或实现人类的学习行为并做出反应；自然语言处理技术能通过计算机软件系统实现人与计算机之间用自然语言进行的有效通信；计算机视觉能利用计算机将文字和图形读取出来并转化为人类可以接受和理解的格式；知识图谱能把各种信息连在一起形成关系网络，以便于人们通过"关系"去发现关联的问题。目前，人工智能技术已经成为金融发展非常重要的驱动力，正在赋能智能风控、智能支付、智能理赔、智能客服、智能营销、智能投研、智能投顾等金融业务环节。

区块链技术去中心化特征能降低信息不对称和黑客攻击，加密安全和不可篡改特征保证了信息真实可靠，通过对节点加密保护节点隐私。区块链技术助力金融提质增效，源于区块链的五大核心技术：分布式网络、共识机制、加密技术、哈希算法和智能合约。分布式网络技术保障各节点动态关联，便于节点间共享并交换信息，并且每个节点都具有完整的账本记录，从而有效降低信息不对称，提升了资源配置效率；共识机制是区块链得以实现自信任的前提，区块链通过共识机制的规则来实现记账结果的一致性，这种全新的信任机制极大降低了信任成本，从而降低了金融服务价格；加密技术通过信息接收者公钥加密、私钥解密，确保信息精准传送，通过发送者私钥加密、公钥解密以验证信息发送者身份，有效防止信息在发送过程中被泄露或篡改，降低了信息安全风险；哈希算法用于确保区块链上数据信息的不可篡改性；智能合约用于确保合同的执行，简化交易流程，减少支付结算出错率，提升金融效率。基于此，区块链技术被广泛应用于数字货币、供应链金融、资产管理、资产证券化、反洗钱监测和支付结算，已经成为金融提质增效非常重要的助推器。

大数据的战略意义在于利用大数据特有的专业技术处理有意义的大数据，发现数据中的价值，主要包括数据收集、数据分析和数据应用三大环节。收集线上线下、内部外部等各种数据后，需要利用大数据技术和构建模型对数据进行分析和挖掘，然后应用于金融各种场景中。利用大数据技术能对数据深度挖掘实时分析，还能优化产品定价机制，提升资源配置效率。目前，大数据技术被广泛应用于大数据征信、精准营销、产品定价和运营优化。

云计算能够利用网络"云"将庞大的计算处理程序拆分成多个小程序，借助多个系统分别分析多个小程序并返回结果。云计算助力金融提质增效源于五大核心技术：虚拟化技术、分布式系统、多租户技术、大规模数据管理技术和并行编程模型。虚拟化技术能将系统中各异构硬件资源转换成为统一的虚拟资源池，使得在同一台计算机上同时运行多台逻辑计算机，从而提高工作效率；分布式存储将云端数据分布存储到数据中心不同节点，即各用户能够按需求获得存储空间，并且分布式计算能够将任务分成很多小任务后分配给多个节点处理，从而提高计算效率；多租户技术能保证开发者开发的服务能同时提供给多个用户使用，从而降低服务的维护成本，也能保证数据在多租户隔离机制下不被泄露或被冒名访问，从而保障数据安全；大规模数据管理技术可以实现列存储的方式，优化数据读取过程，从而提高数据读取效率并方便管理存储数据；并行编程模型能帮助云计算处理大数据量的计算问题，同时提高计算的容错性。云计算助力金融体制增效，主要用于电子支付、风险控制和大数据服务。

物联网技术能实现物物之间的智能化识别与管理，让万事万物互联互通成为可能，因为物联网对"物"进行全面感知后可安全传输数据信息，并对其进行智能化分析和处理。物联网技术包括三个层次：感知层、网络层和应用层。感知层主要指数据获取，能在低成本、低功耗和小型化的情况下全面、智能、准确地感知信息；网络层是将感知层获取的信息接入网络，从而实现信息的传输；应用层是对信息进行决策和控制，从而实现智能化识别、定位、跟踪、监控和管理。应用物联网能明显降低成本、提高效率，改善顾客服务体验，促进产业创新。目前，物联网被广泛应用于保险行业的健康险和车险中，很多银行也应用物联网技术对融资抵押物进行管理。

第三部分，从业务角度分析科技集成创新后对"存贷汇"的全面升级，而"存贷汇"分别对应资管业务、信贷业务和支付业务。

资管科技是将科技应用于资产管理业务，即金融机构受投资者委托代为投资和管理其财产时利用科技手段，从而提供更好金融服务。从资管科技业务图谱来看，资管产业生态系统包括上游投资者、中游资管机构和科技公司、下游资管产品。具体到资管机构，商业银行、银行理财子公司、保险公司、信托机构、基金公司、私募公司、券商和期货公司均参与资管业务且各有优劣，并且它们提供的资产产品也千差万别。科技集成创新助力资管金融提质增效源于五大核心技术知识图谱、自然语言处理、机器学习和深度学习。知识图谱能识别出实体并构建关系，即从公司年报公告、媒体报道、研究报告、图像视频等海量非结构化数据中自动提取相关信息；自然语言处理用于资管人员提问时智能问答系统能明白其意图，也用于资管人员通过搜索引擎获取信息；机器学习用于识别历史机制并对投资组合分配不同资产；深度学习既能拓宽资管人员研究视野又能促进投资策略生成。资管科技集成创新后主要应用于智能投顾、量化投资、智能投研和财富管理。

信贷科技是科技与信贷业务结合的产物，是科技在信贷业务中的创新应用，能解决传统信贷市场的诸多痛点，而信贷市场主要指小微企业信贷市场和个人信贷市场。赋能信贷业务的可信技术包括人工智能、大数据和区块链。人工智能为信贷科技发展提供了强有力的支撑，大幅提升信贷机构风控能力，其中规则引擎减少了人工审核效率低下的问题，还能自主建立评判模型，从而实现自我优化；运用大数据建模能对借款人进行风险控制和风险提示，还能收集个人和企业信息，整合数据库，构建数据模型并管控风险；区块链让信贷业务中真实交易完整记录存档，从而使信息披露更真实可靠。基于此，信贷科技可应用于银行信贷、消费信贷、供应链金融和网络小贷。

支付科技是指利用科技手段赋能支付业务提质增效，能在一定程度上解决传统支付存在的交易成本高、交易时间长、资金与信息安全性有风险等问题。就支付业务逻辑而言，存在底层逻辑、产品逻辑和业务逻辑。科技赋能支付业务的主要技术有生物识别技术、区块链技术、云计算技术、大数据技术和物联网技术。生物识别技术能快速识别客户身份，降低他人冒用等欺诈风险；区块链去中心化自信任化特点让全球任意两点便捷支付成为现实，节省支付成本且支付效率高；云计算能契合当前电子支付业务发展的海量业务和数据的弹性计算需求；大数据技术可以将支付业务长期积累的海量数据价值挖掘出来；物联网技术主要用于手表支付和手环支付，满足人们无接触式支付需求。技术集成创新应用于支付，能丰富整个支付系统，推动支付行业资源整合优化，提高支付效率。

第四部分，从管理角度分析科技集成创新后对运维监管的效能提升。运维监管主要包括金融机构运营管理、风险管理以及金融科技的智能监管。运维监管的第一个方面是智能运管，即应用新兴技术来洞察海量数据并发现商业价值，及时准确制定策略、提升客户体验并取得业务成就。为此，需要先了解用户生命周期，然后通过监测用户行为、追踪用户状态等进行运营管理，最后基于业务数据收集对复杂场景进行分析并自动触发运营策略，从而进行智能化运营。科技赋能运管，可以提升客户体验，提供更多便民惠民的金融服务，让渡利润空间给中小微企业，纾解中小微企业融资困境，还能延伸金融服务范围，助力乡村振兴战略。智能运管集成创新可应用于智能获客、智能客服和智能营销。

智能风控是通过智能的手段达到风控的目的，让金融风控实现智能化、精细化和商业化。从风险类型来看，金融科技风险主要包括信用风险、结算风险、流动性风险、市场风险、操作风险、技术风险和伦理风险。智能风控能解决传统风控痛点，是传统风控的帕累托改进，能更好地控制线上运营业务风险，践行普惠金融并降本增效，因为技术能为智能风控的应用落地提供技术支持。具体而言，利用人工智能技术不仅能精准识别、控制并监测风险，实现风控流程的自动化，还能优化风控模型，提升模型算力，深入刻画用户画像，洞察用户需求，识别用户风险；区块链分布式存储能保证数据信息完备且公开透明，多节点实时共享数据信息，降低黑客攻击风险；智能合约制定规则和逻辑能实现自动实时的合规性检查并简化业务流程；大数据技术用于实时分析客户信用风险，并计算统计结果以降低信息不对称，及时准确地评估客户信用状况；云计算为海量数据存储和处理的能力和速度提升带来突破，从而快速复制应用场景和降低服务门槛，有助于风险管理措施迭代升级；物联网能打破信息孤岛，实现动产融资实时监控，感知监控物状态，提高风险决策效率，实现数字化远程实时风险监控，减轻时间和人力成本压力。这些新兴技术集成创新可应用于智能定价、智能控制和智能催收。

一提及智能监管，大多数人会将其视为监管科技。其实，智能监管是利用技术使金融监管实现智能化，既包括合规科技又包括监管科技，而这两者在运营主体、运营目的和本质上都有极大区别，但业界和学界并没有形成统一的认识，很多人仍将它们混为一体。因此，本书对合规科技与监管科技进行了辨析。同时，创新活动往往是一把双刃剑，金融科技创新对货币融通、金融发展安全等具有积极作用，但同时也可能导致金融脆弱性、危机传染性和系统性风险增大，监管难度增大。缺乏监管的金融创新是金融乱象之源，金融监管可能会导致金融机构以创新为借口摆脱监管约束，而金融创新又会推动金融监管的发展，因此，需要构建创新与监管之间形成的"监管—创新—监管"动态闭环博弈模型，分析金融机构在创新过程中合规与监管之间的博弈。针对智能监管，各技术应用的侧重点也有所不同，知识图谱技术用于反欺诈和交易监测，机器学习用于可疑交易监测，自然语言处理技术用于合规科技中对监管规则和监管条文进行智能化解读和分词处理量化指标识别等，从而实现与自身业务系统的融合和无缝对接；大数据技术中数据导向的动态实时监测可有效打击违规交易，用于合规科技进行非现场监管和建立行业黑名单，以及监管科技中进行监管报送、交易所监察系统高性能预警和事前事中事后商户实名制管理；区块链技术用于交易行为监控、合规数据报送和客户身份识别；云计算技术作为高性能和易扩展基础设施，用于监管科技中部署原有监管手段，并提升监管信息处理流程、速度和监管效能；高性能和易扩展特性用于合规科技中金融业务和风险控制系统逐步上云来满足监管要求，降低合规成本。集成创新后，这些核心技术层层递进，贯穿于整个监管流程，实现监管智能化。最后，智能监管创新主要应用于客户身份识别、合规数据报送、反洗钱和反欺诈监管。

吕秀梅

2022 年 11 月于重庆

目录
CONTENTS

第3篇　集成创新："存贷汇"业务全面升级

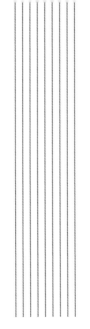

第 *1* 篇
金融科技：科技赋能金融

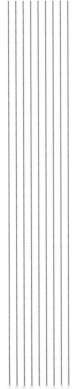

第 1 章

金融科技概述

1.1 相关概念

2016 年，金融稳定理事会（FSB）提出，金融科技是指由大数据、区块链、云计算、人工智能等新兴前沿技术带动，对金融市场以及金融服务业务供给产生重大影响的新兴业务模式、新技术应用、新产品服务等。目前，该定义已经成为全球共识。2019 年，中国人民银行印发《金融科技（FinTech）发展规划（2019－2021 年）》，指出金融科技是技术驱动的金融创新，旨在运用现代科技成果改造或创新金融产品、经营模式、业务流程等，推动金融发展提质增效。因此，从本质上看，金融科技是利用科技手段对金融赋能，并通过技术、数据和场景实现金融能力和效率的提升。

与金融科技容易混淆的是科技金融，虽然两者看上去只是词语顺序不同，讨论的都是金融和科技，但两者关注的重点不同，参与主体不同，从本质上看两者有很大差别。①侧重点不同。金融科技侧重于金融，借助技术手段来提升金融效率，最终目的是解决金融服务中效率的提升问题。而科技金融侧重于技术，金融只是支持科技发展的手段，帮助科技型企业等解决资金短缺问题。②金融与技术的关系不同。金融科技利用新技术提升金融的效率，利用创新的商业模式实现新技术对于金融服务的提升。在科技金融中，金融为前沿科技解决资金短缺问题，从而有助于推动技术创业创新。③参与者不同。金融科技主要是金融企业、科技公司等参与，科技金融主要是能提供创新型技术产品的科技公司参与，金融企业在其中的作用是提供支持服务。

另外，金融科技和互联网金融之间区别也很大。金融科技在覆盖面、创新程度与参与主体方面，比互联网金融更进了一步。①金融科技的覆盖面更广。一方面，从技术角度看，金融科技包含人工智能、大数据、云计算、区块链等新兴技术，互联网可以被视作其中的一种技术。另一方面，从应用范围看，当前金融科技已经覆盖所有线上线下的金融业务，比如互联网支付、基础设施、财富管理、支付、征信等，应用非常广泛。②金融科技的创新程度更高。金融科技是金融行业的整体革命，互联网金融是对金融行业的局部革命，前者更充分地解决了信息不对称，也更深程度地颠覆了原有的金融业态和模式，创新性更强。③金融科技参与者更加广泛。相较于互联网金融，金融科技受到更多科技公司的推动，科技公司和金融企业的良性互动带来了金融科技的快速发展。同时，金融科技产业吸引了更多的外部进入者，无论是技术背景还是金融、商业背景的创业者，都能在这一领域发现机会，共同形成金融科技产业的推动力量。④金融科技和互联网金融的发展不能被完全割裂开来。很多原有的互联网金融公司逐渐升级为金融科技公司，互联网金融和金融科技更像是金融行业变革的不同阶段。互联网金融是金融业在互联网技术浪潮到来时的服务手段升级，金融科技则是各种信息技术深入金融业后带来的金融思维和模式的变革。

根据《金融科技（FinTech）发展规划（2019－2021年）》，金融科技具有四大功能。一是利用科技手段简化金融交易环节，降低融资成本，优化盈利模式，成为推动金融转型升级的新引擎。二是利用科技手段可实时监测实体经济数据信息，引导资金流向，为金融服务实体经济提供新途径。三是金融科技精准扶贫，缓解中小微企业融资难问题，解决普惠金融发展的高成本、低效率等问题，为普惠金融发展提供新机遇。四是金融科技应用科技手段建立风控模型，建立智能风控平台，成为防范化解金融风险的新利器。2021 年 12 月 31 日，中国人民银行依据《中华人民共和国国民经济和社会发展第十四个五年规划和 2035 年远景目标纲要》制定并印发《金融科技发展规划（2022 – 2025 年）》，提出新时期金融科技发展指导意见，明确金融数字化转型的总体思路、发展目标、重点任务和实施保障。

1.2 金融科技融合逻辑

金融是现代经济的"血液"，是推动经济发展和社会生活的重要力量，是实现科技创新驱动的一个重要条件。科技是现代经济竞争的核心，也是新常态下我国经济可持续发展的动力引擎。实现科技与金融的有效融合，能充分发挥金融科技的赋能作用，也能增强金融服务实体经济的能力和效率。金融科技为完善金融支持科技创新提供新途径，为科技型企业发展提供重要契机，让金融科技公司成为经济发展的主力军。现代经济的结构转型和快速发展更需要科技与金融的融合发展，从而实现全面的创新驱动，这样的创新才能有效促进经济增长，从而消除贫困，创造就业和提高人民生活质量。美国硅谷就是金融与科技融合的典型范例，硅谷的很多银行、证券公司、资产管理公司等与众多科技型企业充分融合，各方均取得了巨大成就。经过多年的发展，无论是国内还是国外，金融与科技已经实现了深度融合，在一定程度上发挥金融与科技融合的效用，优化金融服务水平和能力，提高金融服务效率，全面赋能金融（见图 1 – 1）。

资管与科技融合。资管科技既包括资产配置又包括财富管理。智能投顾最核心的是算法设计，需要利用机器学习和人工智能等技术中的组合优化、技术分析等，自动计算并提供组合配置建议，降低人工干涉因素，并最终实现智能投顾的低门槛、个性化与操作简便。量化投资通过设计算法，利用计算机程序发出交易指令。智能投研从信息搜集到报告产出的投研全流程整合管理，基于更加高效优化的算法模型与行业认知水平，形成横跨不同金融细分领域的研究体系与咨询建议，并在金融产品创新设计方面提供服务支撑。在财富管理领域，金融科技驱动智能化销售前台建设，将在规模、效率、体验等方面实现更大突破；科技赋能财富管理在中台投研环节实现自动化、规模化、智能化和可自我优化；科技让后台管理实现智能化产品管理、智能化运维管理。

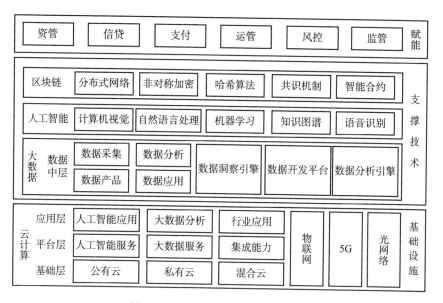

图1-1 金融与科技创新融合逻辑

信贷与科技融合。信贷市场的融合主要体现在银行信贷、消费金融、供应链金融和网络小贷四个方面。在银行信贷领域，由于利用大数据反欺诈模式可有效甄别欺诈行为，因此部分银行整合内外部信息资源建立大数据平台，再建设大数据反欺诈监控系统实现系统化管控，并且引入智能化反欺诈技术，有效提升侦测准确性。在消费金融领域，大数据、云计算、人工智能等技术不仅让客户能快捷、低成本地获得消费信贷支持，还重塑了整个消费金融行业的风险管理体系和营销体系，打造了全新的消费金融生态环节，成为推动消费金融创新发展的重要驱动力。在供应链金融领域，人工智能等技术已经与传统供应链金融深度融合，新一代智能供应链金融已经形成。智能供应链金融中多方连接，链条企业互信，多级信用穿透，生态风控形成了闭环，风控效果更好，多方连接更便捷，资金流动更顺畅。在网络小贷领域，从最初的贷款申请到最终的贷款回收，都充分发挥着大数据等技术的作用。

支付与科技融合。总的来看，金融科技助推支付介质向数字化转变，促进支付场景与金融服务日趋融合，降低了支付服务成本，扩大了支付服务覆盖范围。具体而言，刷脸支付技术帮助完成身份验证、交易授权和资金交割等任务；区块链技术通过新人共识机制实现资金点对点便捷支付，区块链跨境支付降低费用成本、缩短支付时间、简化流程手续；云计算技术能够契合当前电子支付业务发展所带来的海量业务与数据的弹性计算需求；以大数据为引擎的支付生态更加细化，也更加专业；物联网技术加速支付行业向数字化方向演进，将资金账户和设备 ID 连接就可实现支付。

运管与科技融合。在智能画像领域，拉通用户的全渠道数据，建立完善的用户标签体系，可以构建出立体的、全面的用户画像。智能画像帮助金融企业找到目标客户，了解客户潜在需求，为金融行业的产品找到目标客户从而进行精准营销，能降低营销成本，提高产品转化率。在智能客服领域，人工智能技术与传统金融业客服相结合，智能机器人为客户提供智能引导、业务查询、业务办理以及客户投诉等不涉及账户资金变动的非金融业务，既有应用于网点的线下实体机器人，也有服务于线上开发网银、App 客户端、微信和电话银行等的虚拟机器人。在智能获客领域，利用大数据和人工智能的智能获客模式，借助技术主动获取意向客户，获客成本更低，客群覆盖量更多，客群覆盖面更大，客户覆盖效率更高。在智能营销领域，大数据和人工智能技术帮助金融机构极大地改善和优化营销的流程，用更低的成本完成更精准的营销。

风控与科技融合。科技融入风控，智能风控产生。智能风控秉持"以客户为核心"的风控理念，利用新兴技术进行风控的智能分析和智能决策，可较大程度缩短风控过程的耗时，还可提升风控效率，并通过无感风控改变风控在客户心中的刻板印象，提升客户体验。智能风控中大数据是基础，是确保风控精准度的重要支撑，大样本多维度的数据极大地提升了风控效能。

监管与科技融合。在智能监管领域，人工智能中知识图谱技术用于反欺诈监测，能更好地识别欺诈用户；机器学习用于可疑交易监测，可优化模型性能，提升模型识别的准确率与效率；知识图谱用于交易监测，可构建交易主体的关联关系，从而识别更深层次的风险；自然语言处理用于合规管理，可帮助机构及时充分地了解规则，提升合规效率并降低合规风险；大数据技术可归纳总结碎片化信息并提炼出不同监管状况下的不同特征，从而最终映射到不同的监管产品中。

总的来看，当新兴技术与金融体系核心要素中的金融机构、金融产品、金融市场、金融制度等进行潜移默化融合的时候，就会产生很多创新热点，并形成全面、高效、开放、智能和共享的金融科技创新生态（见图1-2）。智能投顾、智能风控、智能监管等，都是新兴技术在金融科技创新中的体现。

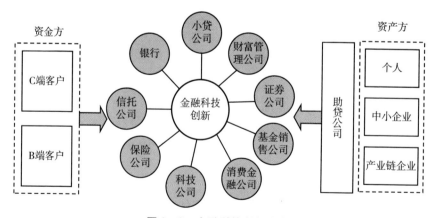

图1-2 金融科技创新生态

1.3 金融科技发展历程

目前，金融科技已涵盖金融业务各个流程，包括资产获取、资产生成、资金对接和场景深入。金融科技生态圈以大数据、区块链、人工智能、云计算等技术为基石，以金融业务为载体，变革金融的核心环节，提高金融业务效率。

按照金融科技发展的历史阶段，大致可以将其分为三个阶段（见图1-3）：第一阶段是金融科技1.0时代（1980-1990年），即电子化阶段。典型标志是金融机构利用信息技术实现业务电子化，通过内设独立的IT机构来提高其运营效率，降低业务成本，出现银行的信贷系统、清算系统等。第二阶段是金融科技2.0时代（1991-2010年），即数字化阶段。典型标志是移动互联网的应用，创新金融产品与流程，改变服务方式，出现移动支付、互联网保险等。基于金融逻辑和技术手段，叠加移动互联网，中国金融科技呈现爆发式增长。该阶段本质上来讲是一种运营渠道的变革，在我国也被称为互联网金融时代。第三阶段是金融科技3.0时代（2011年至今），即智能化阶段。典型标志是大数据、云计算、人工智能、区块链等新技术与金融深度融合释放产能，在信息采集、投资决策、风控等方面带来传统金融的变革，出现大数据征信、智能投顾、供应链金融等。该阶段金融服务逐渐向长尾客户普及，有效提升传统金融的运营效率。金融机构运用人工智能技术，用机器模拟人的体力劳动和脑力劳动，特别是脑力劳动，对金融服务实施决策与控制。金斯顿等（Goldstein et al.，2019）指出，金融科技正在不断向金融行业输入新的技术，金融科技正在带来金融行业的根本性革命。

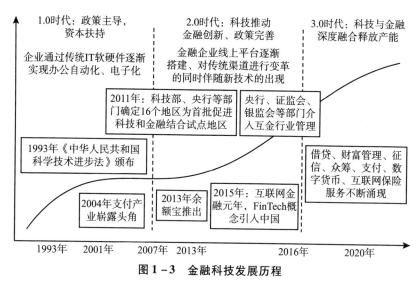

图1-3 金融科技发展历程

资料来源：CB insights，平安证券研究所。

1.4 金融科技赋能体现

人类正走向智能时代，智能金融日新月异，正改变着世界经济和人类的面貌。当前，新一代人工智能等新兴技术正在全球范围内蓬勃兴起，对金融行业进行颠覆性重塑，对金融行业全面赋能。而金融发展史本来就是一部科技进步史、变革创新史。经历自动柜员机（ATM）、电子支付、网上支付、移动银行、互联网金融和金融科技，充分体现出技术创新与进步一步步引领和驱动着金融业变革（见图1-4）。金融与科技相互融合创造出新的业务模式、应用、流程和产品，催生出新的客户与伙伴关系，对金融机构、金融市场、金融服务产生了深刻影响（李伟，2021）。需要指出的是，人工智能固然是高度依赖大数据与云计算，但是与数据深度挖掘运用不同，这个技术系统是用传感器来模仿人类感官获取信息与记忆，用深度学习和算法来模仿人类逻辑和推理能力，用机器代替人脑对海量数据进行快速处理，从而大大超越人脑的工作能力。

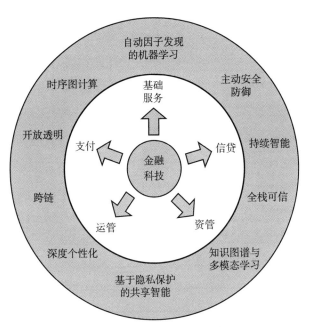

图1-4　科技赋能金融业务

　　以往，我国金融市场的主要痛点在于风险识别与定价方面。随着金融领域的竞争不断增加，市场主体不断增多，金融机构面临的问题也在增加。降低成本、提升效率、优化服务、风险控制和产品创新五大诉求，是金融机构科技进行创新发展的主要动力，也是金融科技在金融领域的主要应用场景（见表1-1）。从该表可以看出，金融科技结合各项金融业务，最直接的效果是降低成本、提升效率和优化用户体验，风险识别与定价是金融机构的核心，银行和消费金融公司的智能风控系统也是与金融科技结合最复杂、最重要的部分。

表 1 - 1　　　　　　　　科技赋能金融具体业务表现

金融机构	赋能领域	降低成本	提高效率	提升体验	风险识别与定价	产品创新
银行	智能客服	√	√	√		
	智能营销	√	√	√	√	
	智能质检	√	√	√		
	智能催收	√			√	
	智能风控	√			√	√
	智能网点	√		√		√
	智能运营	√			√	
	存款理财		√	√	√	√
	智能贷款	√	√	√	√	√
保险	智能销售	√	√	√		
	智能核保	√	√	√	√	
	智能理赔	√	√	√		
	智能客服	√	√	√		
	保险产品	√	√	√	√	√
	资金运用				√	
	保险精算	√	√		√	
证券	线上开户	√	√	√		
	智能投顾	√	√		√	√
	智能客服	√	√	√		
	量化交易		√		√	√

　　金融发展至今，长尾客群数量众多，数据碎片化，贷款需求小额分散，这些特点决定了金融企业难以依靠传统的营销手段和风控方式来发展业务。与金融科技结合，充分发挥技术的优势成为开展金融业务最好的选择，这也导致目前众多金融企业对金融科技涉及程度越来越深，迫切性越来越强。

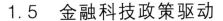

1.5 金融科技政策驱动

完善政策是金融科技健康有序发展的重要前提。只有在机制健全、运行正常的金融体制机制下，新技术的应用才能沿着正常、高效的路径发展，才能产生积极、正面的效果。因此，可以借助政策手段对准入门槛、业务范围、资本问题等关键点提出规范性要求，让金融科技守住"不发生系统性风险的底线"，健康有序地发展，并引导金融科技更好地服务实体经济，助推金融普惠性（李建军和姜世超，2021）。近些年国家相关部门颁发了一系列的政策条文以促进金融科技发展（见表1-2）。

表1-2　　　　　　　　近年来金融科技相关政策

时间	发文部门	文件名称	主要内容
2022年1月	中国人民银行	《金融科技发展规划（2022－2025年)》	提出新时期金融科技发展指导意见，明确了金融数字化转型的总体思路、发展目标、重点任务和实施保障
2022年1月	中国银保监会、中国人民银行	《关于假期新市民金融服务工作的通知》	针对新市民在创业、就业、住房、教育等重点领域的金融需求，按照市场化法治化原则，加强产品和服务创新，完善金融服务，高质量扩大金融供给，提升金融服务的均等性和便利度
2021年7月	中国人民银行	《关于深入开展中小微企业金融服务能力提升工程的通知》	进一步提升银行的中小微企业金融服务能力，强化"敢贷、愿贷、能贷、会贷"长效机制建设，推动金融在新发展阶段更好地服务实体经济
2021年3月	第十三届全国人民代表大会财政经济委员会	《中华人民共和国国民经济和社会发展第十四个五年规划和2035年远景目标纲要》	坚持创新驱动发展，全面塑造发展新优势；加快发展现代产业体系，巩固壮大实体经济根基；形成强大国内市场，构建新发展格局；加快数字化发展，建设数字中国；全面深化改革；构建高水平社会主义市场经济体制等

续表

时间	发文部门	文件名称	主要内容
2021年2月	中国银保监会	《关于进一步规范商业银行互联网贷款业务的通知》	落实风险控制要求、加强出资比例管理、强化合作机构集中度管理、实施总量控制和限额管理、严控跨地域经营
2021年1月	中国人民银行	《非银行支付机构条例（征求意见稿）》	严格控制非银行支付机构的设立、准入；完善非银行支付机构业务规则；加强非银行支付机构的监管
2021年1月	中国人民银行	《非银行支付机构客户备付金存管办法》	"严监管"与"强服务"统一；优化特定业务账户管理规定；规范合规合作备付金
2020年11月	深圳市金融监管局	《扶持金融科技发展若干措施（征求意见稿）》	吸引金融科技公司在深聚集发展、扶持金融科技重点项目、推动金融科技关键技术攻关、营造良好的金融科技发展环境、加大金融科技人才培养和引进力度等方面给出具体扶持措施
2020年8月	中国证监会	《证券公司租用第三方网络平台开展证券业务活动管理规定（试行）》〔征求意见稿〕	规定第三方机构的服务范围，要求第三方互联网平台审慎合作、业务独立
2020年5月	中国银保监会、中国人民银行	《网络小额贷款业务管理暂行办法（征求意见稿）》	针对网络小额贷款业务的业务准入、业务范围和基本规则进行明确说明
2019年8月	央行	《金融科技（FinTech）发展规划（2019—2021年）》	明确提出将把金融科技打造成为金融高质量发展的"新引擎"，并对未来3年的金融科技工作做出顶层设计
2019年3月	中央深改委	《关于促进人工智能和实体经济深度融合的指导意见》	着重强调市场导向与产业应用，打造智能经济形态

续表

时间	发文部门	文件名称	主要内容
2019 年 1 月	网信部	《2019 年区块链信息服务管理规定》	推动全国区块链企业备案
2018 年 9 月	发改委等部门	《关于发展数字经济稳定并扩大就业的指导意见》	到 2025 年，伴随数字经济不断壮大，国民数字素养达到发达国家平均水平，数字人才规模稳步扩大，数字经济领域成为吸纳就业的重要渠道
2018 年 8 月	工信部	《推动企业上云实施指南（2018－2020 年)》	到 2020 年，力争实现企业上云环境进一步优化，行业企业上云意识和积极性明显提高，上云比例和应用深度显著提升，云计算在企业生产、经营、管理中的应用广泛普及，全国新增上云企业 100 万家，形成典型标杆应用案例 100 个以上，形成一批有影响力、带动力的云平台和企业上云体验中心

第 2 章

金融科技基础理论

2.1 金融本质理论

米利安等（Milian et al.，2019）研究认为，金融科技是将区块链、云计算、互联网等新兴信息技术和金融行业中贷款、支付等业务进行连接。撒克（Thakor，2020）研究表明，金融科技最关键的是运用新兴科技手段以达到为客户提供新的金融产品改善金融服务的目的，体现金融创新。因此，从本质来看，金融科技是技术驱动的金融创新和金融活动。

1. 金融科技本质是金融

金融是现代经济的核心，通过金融活动，可以集中大量社会闲置资金，实现各经济主体之间资金互通，用于国家经济建设，促进国民经济发展。在一般层面上，金融主要涉及商品、服务贸易向未来收益的资金转移。在更高层面上，金融通过动员储蓄、配置资本、风险转移进行资金融通，对实体经济发展产生影响。随着经济全球化、经济金融化、金融民主化日益加速，金融的呈现形式不断演进，但金融在制度和技术支撑下的金融本质却始终未变，即金融的核心在信用，任何形式的金融创新都必须以良好的信用为前提，而良好的信用则以金融服务实体经济发展为前提。脱离实体经济的金融创新必将导致频繁

的金融动荡，引发信用危机，动摇金融存在的根基。

　　融通资金的主要模式是商业银行等间接融资和资本市场等直接融资，虽然交易成本都很高，但却在资源配置和经济增长过程中发挥了重要作用。现代信息技术和移动网络技术等金融科技的发展对两种融资模式产生深远影响，金融科技模式与这两种传统模式均不相同。但大部分学者认为金融科技的本质是金融，科技是渠道和手段，目的是服务和创新，是对销售渠道和获取渠道的创新，并未改变金融风险隐蔽性、传染性、广泛性和突发性等特点，都能满足用户支付、投融资和财富管理等金融需求。从支付功能来看，金融科技通过网银支付、第三方支付为用户提供线上线下支付、转账及缴费服务，还可通过数字货币充当消费功能的支付媒介；从投融资功能来看，金融科技通过网络平台进行金融产品创新、服务创新及金融信息供应与服务，让用户低成本高效率地获取投融资服务；从财富管理功能看，金融科技通过大数据技术为客户精准选择基金、理财、保险等产品。因此，虽然金融科技用新思维、新技术、新平台对传统金融进行了变革，但它与传统金融有相同或相似的金融属性，并未改变金融作为货币流通、信用中介和持续运营的核心特征，并未改变经营信用和管控风险的金融本质要求，都需通过加杠杆进行资金融通。所以，金融科技的本质仍是金融，金融科技产品的开发设计、市场营销和风险控制仍要遵循传统金融的基本规律。

2. 传统金融的帕累托改进

　　尽管金融科技属于金融范畴，具有金融属性但又不能简单等同于传统金融，它是互联网与金融的融合，还具有网络的属性和渠道的属性。金融科技体现了适应商业模式、市场格局和客户消费观念革命性变化和人们对普惠金融的渴望需要。金融属性在交易时不会改变，但交易渠道和金融科技创新却能引发金融交易的变革。金融科技跨界融合了互联网与金融，并借助金融科技实现资金融通、支付等功能，是一种先进的新型金融，与传统金融在交易媒介、销售方式、风控方式、协议签订等方面均有明显的不同（见表2-1）。

表2-1 金融科技与传统金融的比较

比较项目	传统金融	金融科技
获客渠道	线下物理网点及专业人员服务	通过网页、App等多种渠道收单业务
资格审查	专业人员同时实地查找或纸质资料审核	自动化采集搜索、社交、电商、政府征信网站信息
结算方式	小部分转账结算，大部分以现钞存取结算	账户清算完全电子化，无现钞结算
服务方式	依靠实体支付完成	主要依靠网页和移动互联网完成
协议签订	当面签订纸质协议	远程签约电子合同
风险管理	专业人员线下管理、调查及收集信息实效性差	依靠大数据对资金实时监控和合规管理

资料来源：相关资料整理所得。

传统金融服务价值链最上端是金融机构，最下端是客户，金融产品或服务从机构到客户需经历基础设施、产品等多个环节（见图2-1）。从这条价值链的构造可以看出，传统金融机构普遍持有"官本位"思想，产品主要依照内部规章制度进行设计。金融科技则从互联网思维衍生而来，包括用户、云和端等要素，各要素相互之间动态构成多维生态系统。其中，用户是这个生态系统的核心，构建在云上的数据服务和征信平台是基础设施，与之相连的是大量的应用场景以及与场景紧密相连的产品。金融科技公司根据客户在具体场景的金融需求研发个性化金融产品，并将产品嵌入各种具体场景中（见图2-2）。对传统金融机构来说，"用户+云+端"的思维显得有些抽象；而对金融科技公司来说，价值链的思维过于陈腐。但从长远来看，两种思维的相互尊重和理解将是金融科技与传统金融之间竞争与融合的必要前提。

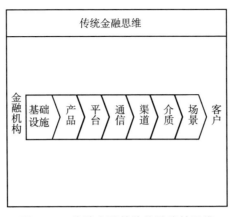

图 2－1　传统金融的价值链线性思维

资料来源：波士顿咨询公司：《金融科技生态系统 2020：新动力、新格局、新战略》，2014 年 10 月 15 日。

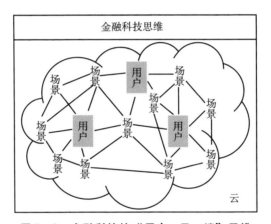

图 2－2　金融科技的"用户＋云＋端"思维

资料来源：波士顿咨询公司：《金融科技生态系统 2020：新动力、新格局、新战略》，2014 年 10 月 15 日。

2.2　金融成本理论

　　金融科技的一大优势是降低交易成本（涂咏梅等，2022）。传统金融服务网点增加了交易成本，技术与市场垄断增加了垄断成本，而客户大量无法满足的融资需求增加了寻租成本，交易期限单一性增加了机会成本，但金融科技则可以显著减少这些成本（见表2-2）。成本优势是金融科技践行普惠金融服务的前置条件，是金融科技公司盈利性的重要保障。正是因为成本优势的存在，金融科技能以较低成本搜集信息来降低改善信息不对称状况（Sauro et al.，2017）。长久以来，信息不对称始终是金融行业中的难题，可能产生的直接影响是金融风险。金融服务本质上要求低成本、高效率地克服信息不对称，尽可能地消除或降低资金提供者和使用者两端的信息不对称（Matej，2013）。

表2-2 金融科技的成本优势

优势	具体描述
减少显性成本	金融科技物理网点越来越少，降低了人力成本和配套设施成本，零边际成本可为很多客户同时提供金融服务，效率高；客户在线交易不受时间地域限制，省去到网点等候的成本，客户间的直接交易降低了金融中介费
减少隐性成本	金融机构轻松获取客户海量信息，定位用户精准营销，信用评级控制风险，降低信用评级成本、交易维护成本、风险管理成本。客户通过互联网渠道轻松找到交易对象，信息充分且透明，降低了信息不对称时的额外成本
减少机会成本	对金融机构而言，多元化的产品能够有效吸引客户，增加客户黏性，实现风险分散。对客户而言，多元化的产品能够满足客户的预防性、支付性、投资性多样化需求，避免产品单一带来的交易损失，且能方便客户足不出户自由决定持有时间、随时赎回，减少了交易的执行成本
减少其他成本	金融科技通过技术、市场和客户的充分分享，打破金融垄断，产品信息网络化扩散打破金融机构间的相互学习壁垒，金融产品同质化、市场开放化、客户分散化降低了垄断成本和寻租成本等。金融科技填补过去交易中大量空白，也是一种降低成本的行为

在人工智能技术中，利用机器学习、自然语言处理等技术可提升风控的精度，降低风控成本，智能催收技术为金融机构节省人工成本；在支付中为多元化消费场景提供解决方案，实现多渠道支付；简化理赔的处理流程、减少运营成本和人力成本、提升客户满意度；构

建客服的知识管理体系，提供自然高效的用户体验，降低人力成本；改变传统的营销模式，提供个性化服务；在投研中快速处理投研数据并进行分析；在投顾中聚焦个人理财投资，降低管理费率，从而降低交易成本。

在区块链技术中，共识机制可以去中心化，分布式记账保证数据的一致性、不可篡改性与安全性，非对称加密技术保证交易的安全和信息的透明，智能合约使得交易可追踪而不可逆转，减少其他交易成本。区块链技术可实现信息溯源，通过共识机制保证数据真实性，减少交易的风险，用户可通过节点直接获取公共账本上的信息，减少第三方信息传输降低交易成本；节约对账成本，简化交易过程，近乎实时地变更证券的所有权；建立征信数据库，减少不必要的信息损失。

云计算技术的特点是计算能力强、高可靠性、按需收费、资源共享、成本低、高拓展性，可以在金融行业内形成技术公共服务，打造节能型金融，初期零成本，后期免维护，提高资源的利用效率，降低交易成本，提升管理能力。还可按需租用，降低企业财务信息化成本，进行多端数据交流融合。

大数据技术所具有的数据量大、速度快、多样化、容错率高、价值密度低等特点使其得到广泛应用。大数据技术运用数学运算，理解信息、转化信息，把数据转化为有价值的内容，从而实现商机的预测，实现精准营销，降低了金融机构寻找客户、为客户匹配推荐业务的成本和时间。通过客户目前状态制作用户画像，分析客户支付意愿并差异化定价和精准营销使得企业盈利增加。利用大数据风控和征信，在事前、事中、事后进行管理，降低信贷风险成本和人力成本。

在物联网技术中，实现"物物互联"，使物品和物品、人与物品、人与人都能实现通信并进行信息交流。在物联网系统内，通过大数据技术对人和物的数据信息进行实时采集和分析，可以更加精细、动态地对人和物进行"智能管理"，有利于提高资源利用效率，节省了人工沟通、监控的成本，也能够解决客户与保险公司等的信息不对称问题。

2.3 金融效率理论

金融科技是在大数据、人工智能、区块链等新兴前沿技术带动下，对金融市场产生重大影响的新兴业务模式（杨涛，2021）。金融科技本质上是一种技术创新，由技术驱动，通过科技融入金融体系，降低行业成本，提升金融效率（龚强等，2021；张成芬和朱晓宇，2022）。

第一，人工智能技术。人工智能能够模拟、延伸和拓展人类智能的理论、方法、技术及应用形式。在金融领域，人工智能技术常常用于智能客服，它能够快速收集、处理海量客户信息，实现客户精准画像，更加人性化、个性化地服务客户，大大解决了传统金融收集信息不全面、处理信息工作量大、难以快速掌握客户情况并提供精准服务的难题，极大地提高了数据处理效率以及金融服务质量。

第二，区块链技术。区块链技术采用分布式记账法，每一个区块都参与记账，信息即时更新共享且不可篡改。省去了传统金融中需要第三方信任的中介机构，以致金融信息传播链条过长的麻烦，也解决了第三方中介机构处理信息过于依赖人工，导致出错率高且效率低下的问题。区块链技术应用于金融领域，有效提高了信息传递效率，确保了信息的客观可靠性，建立起了各方参与者的技术信任。

第三，云计算技术。云计算能优化和整合云服务商现有的 IT 基础架构，使其利用虚拟化等技术构建灵活且有弹性的云计算数据中心，真正以用户为中心，按需供给、绿色低碳、高效智能，不但能提高服务商的资源利用率，降低 IT 成本，还能提高用户的业务运作效率。金融云便是一项运用了云计算技术的服务，金融业务上云能充分利用云计算平台的超强计算能力，提高金融业务处理效率，上云后的业务系统也能更高效地利用互联网上的各种云服务资源。

第四，大数据技术。大数据技术往往和云计算技术相伴，运用它能够快速收集和处理海量信息，并对这些数据进行分布式数据挖掘，极大地提高了信息的处理与分析效率。比如大数据风控，利用大数据建模后，将风控流程分为数据来源、数据分析、数据产品和数据应用四个步骤，在个人风控和企业风控上都提高了效率，降低了成本。

第五，物联网技术。物联网是实现"物物互联"的技术，即在互联网技术的基础上，使物品和物品、人与物品、人与人都能实现通信并进行信息交换。在金融行业中，其主要体现在客户数据采集上。例如在企业客户融资过程中，银行可以运用物联网实时掌握企业的原料库存、成品积压等情况；针对动产质押融资，可以运用传感器、导航定位等技术监控质押动产的存续状态和变化；针对"三农"客户融资，物联网传感器可以监控农作物生长环境并自动化预测产量。物联网技术应用于金融领域，在很大程度上减少了信息交流、人力追踪的精力，也极大地解决了信息不对称问题，提高了业务效率（汪莉等，2021）。

2.4　金融创新理论

创新一词最早由斯春皮特（Schumpeter，1980）提出，是指企业家将新的生产要素或生产条件组合后引入生产体系，包括引进新产品、新技术、新原料或开辟新市场等。希尔伯（Silber，1983）认为金融创新是金融组织寻求利润最大化时应对外部金融压制而采取的正当防卫，希克斯和沃肯斯（Hicks and Watkins，2009）认为金融创新可降低交易成本，是科技进步的正常反映。近些年，创新是金融科技的一大特点，产品创新（Zhenghui et al.，2018）、场景创新（Piazza，2015）、技术创新（张德茂和蒋亮，2019；Po－Hsuan et al.，2014）、业务创新（周家珍，2021）、合作创新（金浩等，2022）、发展创新（韩先锋等，2022；徐璐等，2021）、绿色创新（顾海峰和高水文，

2022；王营和冯佳浩，2022；王馨和王营，2021）等方法和手段为金融科技带来日新月异的变化。金融科技创新能明显降低交易成本（黄卫东，2015）、显著提升金融效率（王秀意，2022；胡俊等，2022）、转换经营方式并利于内部管理与外部合作，引导金融资源更好地实现数字普惠和服务实体经济（郭丽虹和朱柯达，2021；石宗辉和韩俊华，2022）。

金融创新是指金融领域内通过各种要素的重新组合和创造性变革所创造的或引进的新事物。一般而言，可能存在四个方面的原因诱发金融创新：一是金融机构在寻求最大化利润过程中为了减轻来自监管机构的外部约束而采取的行为；二是金融机构为了绕开政府制定的各种规章制度而进行创新；三是金融机构为了降低交易成本而进行创新；四是金融创新是与经济制度互相影响、互为因果关系的制度变革。在传统金融里，金融机构是金融创新的主体，其出发点并非基于对客户需求或者市场竞争的考量，而是出于对金融监管或监管制度安排的一种被动反应，因此传统金融创新的模式相对单一，金融产品也容易出现同质化和标准化特点。产品需求是由供给引导的，产品一经推出，需求者只能被动接受。

与之完全不同的是金融科技创新。金融科技创新是指将科技作为一种手段合理运用于金融领域，促进金融行业的发展。首先，金融科技的创新主体既有传统金融机构，也有互联网企业等科技公司，且目前看来后者是创新主力。其次，金融科技创新的动力是客户需求。借助大数据等技术，创新机构细分客户需求，推出很多非标产品，本身因消费者的风险偏好、消费习惯、消费场景等而具备个性化和多样性，更好地契合客户需求，最终拉动居民消费增长。最后，金融科技创新是通过对互联网思维及利用大数据、人工智能、云计算、区块链等技术的运营，降低交易成本，减少信息不对称，改善风险管理水平，弥补传统金融不足，有效缓解中小微企业融资困难，很好地满足普通居民金融需求，对传统金融垄断和监管的金融压制做出的一种积极应对。

目前，金融科技创新主要表现在资管创新、信贷创新、支付创新、运管创新、风控创新、监管创新等。具体而言，在资管创新领域，利用科技手段，针对不同投资者的投资期限、损失承受程度、盈利预期、投资方向等的不同可以给出不同的资产组合策略，实现投资服务的供求匹配。并且，技术的使用使资管业务极大地降低了成本，客户投资门槛快速下降，投资范围更广，客户体验更好。在信贷创新领域，大数据技术已经与征信行业深度融合，利用大数据建模可以对借款人进行风险控制和风险提示；人工智能改变了传统人工审核的方式，提高审核的精度和效率；区块链技术记录完整交易记录，便于金融机构掌握客户的真实信用状况，降低信贷风险。在支付领域，区块链技术去中心化分布式记账，保障支付安全且信息公开不可篡改，人工智能中人脸识别记录使支付便捷，提升客户体验。在运管领域，利用大数据等技术，可以从海量数据中挖掘出有价值的信息，既能准确地制定对应策略，提升客户体验，又能显著提升企业敏捷性和反应速度，从而提升竞争优势。在风控领域，利用科技手段整合内外部的客户多维度数据，开展事前、事中、事后风险预测和管控，构建覆盖实时反欺诈、智能反洗钱、信用风险、市场风险和操作风险等领域的全方位、立体化、全场景的智能风控体系，覆盖长尾人群，降低人工成本，从粗放式风控向精细化风控转变。在监管领域，借助现代信息技术能提高金融监管机构的监管水平，也能满足金融机构被监管的合规化需求，并且在交易监测、信用风险分析等领域的应用方案保持一致性。

金融科技创新究竟能带来多大价值？陈等（Chen et al.，2019）的研究提供了金融科技创新对金融公司和行业价值的第一批大规模证据。使用涵盖 2003—2017 年的专利申请的独特数据集，应用文本分析和机器学习技术来识别金融科技创新，并将其分类为关键技术类别。为了衡量创新的潜在价值，使用的方法是将股票价格对创新的反应与观察到的专利申请数量相结合。通过横截面分析发现，大多数类型的金融科技创新为创新者带来积极价值，区块链技术尤其有价值。对于行业而言，区块链和物联网（IoT）是最有价值的技术。一些创新类型具有"破坏性"，因为它们给某些金融行业带来了负面价值。当金融科技创新源自金融部门之外时，破坏性金融科技创新对行业的影响更大，而且往往会影响行业追随者，而不是行业领导者。

2.5 金融风险理论

1. 创新更易产生金融风险

首先，从道德风险的角度看，推出创新产品的金融机构可能会借助自身专业优势和信息优势，利用投资者对创新产品认识不足的弱点进行寻租，即故意模糊化创新的金融产品并销售给投资者，因而金融创新可能带来金融风险（Henderson and Pearson，2011）；同时，金融创新相当于给予投资者一定的保险，从而减少了投资者主动规避风险的动机（Piazza，2015）。因此，容易导致投资者将极小风险看作无风险而积极参与，引发创新金融产品的过度发行（Gennaioli et al.，2012）。而若创新产品过度发行，则容易将小概率的金融风险扩大，增加引发产生金融风险的概率（Rajan，2006）。其次，从金融创新的动机看，金融科技创新的主要目的是降低交易成本、提高金融服务效率、解决信息不对称问题，规避风险只是金融科技创新的目的之一，并非所有的创新都能规避风险。再次，从风险类型看，金融科技不仅具有创新前传统金融的常规性风险，还具有创新后导致的特殊性金融风险，风险种类繁杂，处理更加困难。最后，从风险累积看，金融风险本身相对隐蔽，不易表现出来，经过长期累积后容易爆发系统性金融风险。金融科技本身是一种金融创新，同时又存在组织载体创新、基础设施创新、网络平台创新、渠道整合创新等各种具体的创新形式，与传统金融相比，金融科技创新会增大金融风险（见表 2 - 3）。

表 2 - 3　　　　　　　　　　金融科技创新增大金融风险

内容	具体原因
创新加快风险传播速度	借助现代信息技术，金融科技的各种数据信息能够快速传递并远程处理。一方面，这种快速传播能有效提高效率，使得支付结算等各种金融科技业务能够在较短时间内完成，客户体验好。另一方面，这种快速传播也可能导致风险的快速扩散，使得非常小的风险因管控不当而迅速扩散成为系统性风险，不仅错过了控制风险的最佳时机，风险危害还会被蔓延
创新扩大风险危害范围	由于金融科技具有金融普惠性，服务了大量的未被传统金融所覆盖的人群，即为掌握了 20% 财富但占据 80% 数量的长尾群体服务，所以比传统金融的受众面更为广泛。当长尾群体作为资金供给方时，由于其金融知识的欠缺，风险识别能力和抗风险能力都较差，一旦遇上风险可能使大量人群遭受损失；当长尾群体作为资金需求方时，可通过金融科技获得信用贷款，而信用贷款本身风险就很大，长尾群体在出现状况时极易违约而导致较高的坏账率。金融科技风险对社会的负外部性很大，数量庞大的长尾群体出现状况很容易引发系统性风险，危害容易被快速扩散到影响整个社会，造成更大面积受害
创新增大风险交叉传染	由于金融科技的各个网络节点相互关联，相互融合，所以不能像传统金融那样，通过分离分业经营的风险源头来遏制风险。在金融科技行业，很多金融科技公司跨界混业经营，提供着跨地区甚至跨国的金融服务，并与传统金融机构深度合作互联互通，关联性与交叉性越强，则相互之间风险的传导性越强，网络平台安全风险的敏感性越高，金融科技风险交叉传染的概率越大。任何网络节点上的金融风险都可能通过互联网传至金融科技领域甚至整个金融领域，最终可能危害国家金融系统稳定
创新加大风险监管难度	第一，金融科技交易的虚拟性导致交易对象的不确定性，使得监管者与交易对象之间存在信息不对称，很难掌握交易对象的真实情况；第二，金融科技交易不受时间和地域的限制，交易频率快，这给金融交易者带来便捷体验的同时，也增加了监管者信息梳理和数据分析的难度；第三，金融科技已经呈现出混业经营的特征，而目前是采取分业监管来分配监管任务，两者之间的矛盾也增加了监管难度

2. 创新更易管控金融风险

风险管理是金融的根本，也是金融的核心；风险管理既是金融科技的核心要素，更是立身之本。现有研究普遍认为，金融创新更易于管控金融风险，究其原因主要有三个方面。一是金融创新可分散风险。安棱和戈（Allen and Gale，1994）系统研究了金融创新与金融风险的关系，认为在不完全市场中，受政府和企业一定条件约束限制的金融创新能够分散投资者风险。二是金融创新能更好地再分配风险。恩瑞克等（Enrique et al.，2009）认为国际间金融体系的融合会易于定价金融风险，更易于金融风险的跨国再分配，金融创新可提高金融效率，还可再分配金融风险。三是金融创新更利于识别金融风险。兰温等（Laeven et al.，2015）在借鉴熊彼特（Schumpeter，1980）的基础建立模型分析后认为，金融创新者需要挖掘出会发明新产品来获利的企业，而这一挖掘过程本身就包含了识别投资风险；土番卢（Tufano，1997）认为金融创新有助于解决信息不对称，从而便于识别金融风险。四是金融创新能增加金融主体规避风险的能力。马草原和张昭（2020）认为，金融创新可能带来收益，也可能导致风险，而风险和收益的并存让金融部门与政府部门之间存在不稳定博弈。与传统金融相比，金融科技创新更易管控金融风险，具体体现在四个方面（见表2-4）。

表2-4　　　　　　　　金融科技创新更易控制金融风险

内容	具体原因
选择多样易分散风险	①从投资者角度看，金融科技创新出很多新的产品，这些众多的创新金融产品给投资者更多选择，有助于分散金融风险。比如，除了传统的投资方式外，金融科技创新出"众筹"等模式，均可为投资者提供投资服务。②从融资者角度看，资金需求者特别是众多的中小微企业，不局限于银行获取融资，而互联网供应链金融、电商金融、众筹融资等多种形式均可能获得融资
方法多样易管控风险	金融科技本质是金融，因此可以借鉴传统金融控制风险的部分方法，用于控制金融科技领域的金融风险。但是，这只是金融科技风险防控的一部分，最主要的是借助大数据、区块链技术、生物识别技术、加密技术等金融科技手段来防范和化解金融风险

续表

内容	具体原因
产品个性化易规避风险	金融科技下的产品更容易满足客户个性化需求，而个性化产品不仅有助于金融科技网络化运营实现盈利，还能降低金融风险
信息透明易发现风险	金融科技创新解决了信息不对称问题，让信息更加透明，更易挖掘问题，从而控制逆向选择和道德风险。①互联网技术使金融机构共享信息，降低了金融机构与客户之间的信息不对称。②大数据等技术易于捕捉个人或群体的各种信息，用于分析个人或企业的信用状况，防范道德风险和欺诈风险。③众筹融资平台等多种金融科技平台提供信息中介服务，有助于解决借贷双方的信息不对称问题，易于管控风险

3. 践行普惠增大金融风险

普惠金融是在机会均等和商业可持续性的前提下，金融服务的供给主体能够以可负担的成本为有金融服务需求的社会各阶层和群体提供适当及有效的金融服务。金融科技在降低交易成本的同时提高了金融服务效率，践行普惠金融，但同时也增大了金融风险（见表 2-5）。

表 2-5　　　　　金融科技践行普惠金融增大金融风险

内容	具体原因
更广覆盖人群增大风险	与传统金融主要为高净值客户服务所不同的是，金融科技主要为中小微企业、农民、城镇低收入群体等普惠金融的重点对象提供金融服务，扩大了服务覆盖范围的同时，势必增大推广普惠金融的风控压力。①普惠金融的服务对象普遍存在信用记录缺失的问题，导致金融科技从业机构难以控制信用风险，由此容易出现道德风险、欺诈风险等；②普惠金融的服务对象普遍存在金融素养较低、风险意识不强、风控能力较差等特点，导致他们对金融科技从业机构的资产情况、经营状况等认识不充分，金融科技的长尾客群风险增大；③金融科技主要服务于人口中 80% 的长尾人群，远远高于主要服务于人口中 20% 的高净值客户，受众面更广，不仅容易出现非理性事件，而且也容易出现金融科技从业机构对他们因地域分布较广无法准确把握其风险状况，从而其负担的社会外部性较大，风险更大

续表

内容	具体原因
更低服务门槛增大风险	普惠金融服务的供给主体和需求主要的门槛较低。一方面，因为金融科技中多种业务模式，比如众筹等，供给主体的进入门槛相对传统金融机构而言较低。另一方面，金融需求主体的进入门槛较低，以较少资金就可投资理财。因此，金融科技行业早期出现鱼龙混杂的现象，他们或者缺乏金融专业素养而风控能力较差，或者本身的风控意识相对淡薄，增大了风控难度
互联网渠道增大风险	金融科技要践行普惠金融服务，必须在降低交易成本的同时提高金融服务效率，以实现规模经济。要达到这一目的，必须改变传统金融借助实体网点提供金融服务的模式，借助互联网为客户提供服务。而互联网的使用势必出现网络安全风险、客户信息泄露等问题，因此金融风险增大。并且，出现任何风险都容易提高互联网快速传播，加大风险扩散力度，还可能引发声誉风险。另外，若成本下沉不够低，则金融科技公司无法实现成本与收益之间的对称性，又会出现经营风险

第 2 篇

技术实现：金融提质增效重要基础

第3章

人工智能金融

3.1　技术原理梳理

人工智能（Artificial Intelligence，AI）是由人研究制造出来的机器，具有人的智能，能够具备人类的推理、规划、感知、交流等能力。从底层技术到技术应用，人工智能的技术逻辑层次包括基础层、技术层和应用层（见图3-1）。

1. 实现层次

按照人类借助计算机实现人类智慧并完成任务的难易程度，人工智能可以被划分为三个层次：计算智能、感知智能和认知智能。

计算智能体现在机器的两大超级能力上，一是超级大的存储能力，二是超级快的计算能力。人工智能要发展，需要存储海量数据，也需要强大的计算能力，所以人们开发神经网络等算法，建设各类超级计算机，最终借助机器实现了海量数据的处理和存储。当计算智能发展到一定程度，感知智能和认知智能才逐步发展起来，所以计算智能是人工智能的基础。

感知智能体现在机器能够像人一样看到、听到、感觉到外界（见表3-1），从而可以获取外界获取信息。感知智能是机器在部分应用领域进行深度学习的基础。

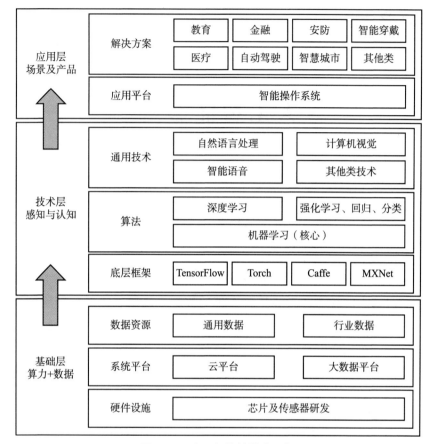

图 3－1　人工智能的技术逻辑

资料来源：招商银行研究院。

表 3－1　　　　　　　　　　　　感知环节技术

技术方向	感知环节主要内容
听觉技术	识别声音、识别语义，是智能家居、智能翻译、人机交互的基础
视觉技术	处理图像、视频等，重点是人像、虹膜识别、动态图像处理
触觉技术	一种复合传感技术，机器通过自身表面的温度觉、力觉等传感器提供的复合信息来识别物体的冷热、尺寸、柔软度、表面形状、纹理等

　　认知智能体现在系统或机器能够像人类大脑一样，进行理解、分

析、判断，作出决策，并采取行动。通过认知智能，系统或机器就能全面辅助或者部分替代人类活动。认知智能主要包括语言理解、联想推理、机器学习等，是人工智能的顶层技术。

2. 关键技术

人工智能的发展离不开技术的不断创新，在众多技术中，公认的五大核心技术是生物特征识别（Biometric Identification Technology，BIT）、机器学习（Machine Learning，ML）、自然语言处理（Natural Language Processing，NLP）、计算机视觉（Computational Vision，CV）和知识图谱（Knowledge Graph，KG）（见表3-2）。

表3-2 主要人工智能技术

生物特征识别	机器学习	自然语言处理	计算机视觉	知识图谱
指纹识别	强化学习	语音识别	图像分类	信息抽取
人脸识别	监督学习	文字识别	对象检测	知识表示
声纹识别	无监督学习	语义识别	语义分割	知识融合
虹膜识别	半监督学习	智能识别	实例分割	知识推理
指静脉识别		信息抽取		

（1）生物特征识别

生物特征识别技术是指通过计算机将声学、光学、生物感应、生物统计学等高科技手段结合，利用指纹、人脸、虹膜、指静脉等人体固有的生理特性，以及笔迹、声纹、步态等行为特征，对用户身份进行识别，防止出现他人冒用或取代身份等欺诈风险。与传统的身份识别技术相比，生物特征识别技术安全方便，不易伪造或破坏。各种生物特征识别技术相比，各有所长（见表3-3）。随着非接触式生物特征识别技术的逐渐成熟，特别是新冠肺炎疫情的催化，非接触式生物特征识别产品将获得很大程度的推广，相关产品的市场需求将不断增加。

表 3 – 3   各种生物特征识别技术性能比较

识别方法	认知性	易接受性	难复制性	非接触性	便捷性	安全性	涉隐性
人脸	好	好	好	好	好	好	
声纹	好	好		好	好		
指静脉					好	好	好
掌纹			好			好	好
虹膜			好	好	好	好	好
指纹					好		好

（2）机器学习

机器学习是人工智能的核心领域，通过运用统计学、概率论等算法以及心理学、社会学等理论，让机器能够从观测数据中找出规律，并根据这些规律对未来数据和无法观测的数据进行预测，从而模拟或实现人类的学习行为并做出反应[①]。根据数据形式的不同，机器学习被分为监督学习、无监督学习、半监督学习和强化学习。监督学习是从用于训练的数据集中学习出一个模型（即已经明确获取参数值的函数），然后人们就可以将新数据输入模型得到一个结果，并根据结果做出决策。在监督学习里，训练的数据集中每一条数据都同时包括输入（或特征）和输出（或目标），输出可能是实际业务中采集的结果，也可能是人们基于现有经验或相关知识而给数据添加的标签。监督学习包括分类任务（输出是离散的）和回归任务（输出是连续的），常见的学习方法有线性模型、决策树与随机森林、贝叶斯方法、支持向量机、人工神经网络等。无监督学习中的训练数据集没有标签，即只有输入没有输出，但可以解释数据内在性质和规律，是进一步数据分析的基础。智能风控中无监督学习常被用于欺诈监测，对行为进行监测后开展关联分析和相似性分析，发现欺诈用户行为间的

---

① 人工智能标准化白皮书 2018［S/OL］. 北京：中国电子技术标准化研究院，［2022 – 06 – 01］. http://www.cesi.cn/201801/3545.html.

相似性，从而发掘欺诈行为。例如，一群人在凌晨2点至3点，采用chrome浏览器注册了某产品，其IP地址的前20位相同，GPS定位小于1千米，且注册后都去修改了昵称和性别，当一群人这样做时就很不正常。通过构建以登录时间、浏览器类型、IP地址、GPS地址、昵称修改等为特征的多维空间向量，因诈骗账户在多维空间向量上距离相近，聚类算法（如层次聚类、密度聚类、K-均值聚类等）可以将可疑行为聚划分到一组，分析它们共有的潜在特征，并自动生成训练数据后进入监督学习阶段。半监督学习中训练数据集中，部分数据有标签，部分没有标签，因此会利用没有标签的数据样本来提升样本训练的效果。强化学习模拟人适应环境的过程，通过和环境的交互，获得环境"奖赏"和"惩罚"的反馈，从而反复调整自身行为并最终形成一个智能体。

（3）自然语言处理

自然语言处理是计算机科学的一部分，主要研究如何用计算机软件系统实现人与计算机之间用自然语言进行的有效通信。自然语言是随文化演化形成的语言，自然语言处理的研究有很大难度和挑战性，但目前已有一些技术相对成熟，如文本分类、信息抽取、机器翻译、自动问答、舆情分析和观点挖掘等。比如，巴塞尔协议中规定"一级资本充足率下限从4%上调至6%"，自然语言理解技术首先抽取"一级资本充足率"这个词，然后将其与知识库进行匹配，理解其所代表的具体变量。然后识别到"上调"这一动词，进行记录操作，将0.04更新为0.06。最后通过语义理解，将这则监管规则识别为逻辑判断语句，进而更新规则库。传统的自然语言处理技术主要是通过语法对语言结构进行分析，并用语法来约束计算机行为，从而使计算机能够理解自然语言。语音识别（Automatic Speech Recognition，ASR）是将语音信号变为文本或命令，并让机器识别和理解语音，包括语音识别、语义理解、语音合成等。语音识别技术广泛应用于多个领域的自动客服、自助语音翻译、交互等。语音识别涉及语言学、人工智能、数字信号处理、声学、情感学等多学科交叉的科学，技术处理过程相对复杂（见图3－2）。首先，系统对输入语音进行预处理，比如分帧、加窗等；其次，特征提取，选择合适的特征参数，特征参数有基音周期、共振峰、幅度等，实际识别时要对测试语言按训练过程产生模块；最后，根据失真判决准则进行识别。

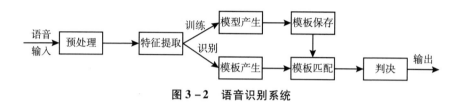

图3－2　语音识别系统

（4）计算机视觉

计算机视觉（Optical Character Recognition，OCR）是一门研究如何让机器"看"的科学，即让机器能够分析和解释其面对的各种图像，让机器能够像人一样识别出图像中的对象及其形状、纹理、颜色、大小、空间排列等特征，从而尽可能完整地描述该图像。具体而言，计算机视觉主要是借助光学技术，利用计算机将文字和图形读取出来，并转化为人类可以接受和理解的格式。计算机视觉主要包括物体识别和图像搜索等技术。物体识别就是识别出图像中有哪些物体，并报告物体的位置、方向等；图像搜索是指在既定图库中搜索相同或相似图片，主要用于图片精确查找、拍照搜同款或相似款的商品等。日常中应用较多的是拍照过程中的人脸检测，自然场景中的文字定位和识别等。目前，计算机视觉主要用于自动驾驶、医疗行业、制造业等领域。

（5）知识图谱

知识图谱的目的是将真实世界所存在的实体、知识以及概念等描述成机器可以理解的数据结构，将数据转化为知识：图的节点（point）是真实世界所存在的实体，由一个唯一的 ID 来标识和索引，每个实体可以带有若干不同的属性（property），用来刻画实体的特性，而图的边（edge）则用来刻画各个实体间的关联关系。所以，知识图谱会把各种信息连在一起形成关系网络，以便于人们通过"关系"去发现关联的问题。例如，在识别企业财务造假、增厚利润的场景中，知识图谱聚合各类数据源，逐步绘制出企业的资金往来，从而有针对性地识别企业财务造假。以一个企业举例，目标企业可以有资产负债表、利润表、现金流量表等财务数据，这些属于企业的属性信息；而目标企业必定与上下游企业或商业银行具有资金往来，目标企业与上下游企业之间的关系也就是边（edge）是生产商与采购商的关系，表现为资金的一进一出。目标企业与银行的关系可以是存款客户、贷款客户；上下游企业也具有合同的付款金额、供应商的付款比例等银行流水信息。这些信息可以来自多个渠道，可以由企业自己申报，或是积累的历史数据、银行凭证，通过大数据技术在互联网上获得，甚至通过推理得到，往往具有冗余性；信息通过图的形式联结，展示出企业的资金往来。当融合来自不同数据源的信息构成知识图谱时，有一些实体会同时属于两个互斥的类别，或某个实体所对应的一个 property（如同一笔货款）对应多个值，这样就会出现不一致性，这个不一致性即可识别为潜在的财务造假风险。因此，知识图谱可用于反欺诈、不一致性验证、组团欺诈等公共安全保障领域，需要用到异常分析、静态分析、动态分析等数据挖掘方法。特别地，知识图谱在搜索引擎、可视化展示和精准营销方面有很大的优势，已成为业界的热门工具。

3.2　金融场景应用

人工智能技术落地最快的行业之一就是金融。人工智能的核心技术已经成为金融发展非常重要的驱动力，正在赋能金融各个业务环节，风驰电掣般地改变着金融（见表 3-4）。

表 3 - 4　　　　　　　　　　人工智能金融场景应用

应用场景	功能体现	具体应用
智能风控	全面提升风险控制的精准度和效率	信贷、反欺诈、异常交易监测
智能支付	以生物识别技术为载体，提供多元化消费场景解决方案	人脸识别、指纹识别、虹膜识别、声纹识别
智能理赔	简化处理流程，减少运营成本，提升用户满意度	智能审核（人脸识别、声纹识别）、智能定损定价（机器学习、深度学习）、智能支付（人脸识别、指纹识别）
智能客服	通过知识管理体系提供高效交互体验	客户服务（语音识别、自然语言处理）
智能营销	改变传统营销模式，提供个性化营销服务	各种产品销售场景
智能投研	克服传统投研模式弊端，快速处理数据并提高分析效率	文本分析、智能资产管理、智能风险预警、智能搜索推荐
智能投顾	降低个人理财交易成本并提升用户体验	投后服务、资产管理、流程引导、资产配置、风险测试

1. 智能风控

风险是金融行业的固有特征，风控是金融行业的核心。智能风控就是运用大数据的计算能力，通过机器学习、知识图谱等人工智能技术，进行金融业务的风险防控、反欺诈、反洗钱、异常交易监测等。从本质上看，智能风控就是数据驱动的风险管控。人工智能技术可以帮助金融机构从海量数据信息中快速挖掘并发现潜在风险，提高风险防控精准度，还可节省人力成本。比如，人工智能技术可实现机器对贷款申请的自动审核，极大缩短审核时间，还可减少人工可能存在的操作风险。通过机器学习等技术建立反欺诈模型，从而识别欺诈风险，还可进行欺诈监测。利用人脸识别技术可以帮助金融机构快速检测，还可以将借款者的脸部信息、身份证信息、联网身份信息三者进行比对，从而防范他人身份被冒用的状况发生。知识图谱中的复杂关系网络可以帮助金融机构找出借款者和众多实体之间的关系，从而挖掘更多潜在风险。就信贷业务而言，智能监管贯穿贷前、贷中、贷后整个业务流程，人工智能技术让信贷风控智能化自动化（见图3-3）。

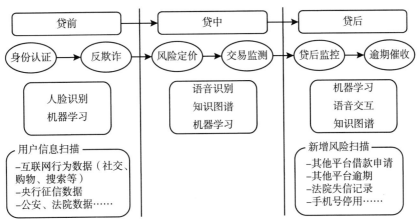

图3-3 人工智能的风控场景应用

2. 智能支付

借助人工智能技术中的生物特征识别技术，指纹识别、人脸识别、虹膜识别、指静脉识别等智能支付方式逐渐兴起，目前已经成为智能支付的主要方式，广泛应用于金融领域（见图3-4）。用户无须携带金融IC卡等介质，即可完成身份认证，与现金支付和刷卡支付相比，该智能支付方式极大地提高了支付便捷性和效率，提升了用户体验。借助计算机视觉技术，企业可智能化分析识别客户，为客户推荐个性化产品；同时还可以增强银行安全等级，实时监测异常情况，包括客户体温等。另外，以无感支付为代表的新型支付技术会给客户带来全新体验，特别是当前新冠肺炎疫情期间，无感支付可能迎来机遇爆发期。目前大家熟悉的无感支付主要有两种，一是刷脸支付，二是无感停车收费。人脸识别从看镜头到成功支付，只需要几秒钟，识别率非常高。无感停车收费在车辆驶入闸机口时无须停车，只需要放慢车速，闸机扫描装置自动识别车牌号后抬杆，车辆通过后支付宝或微信自动扣费，高速公路 ETC 收费与之类似。

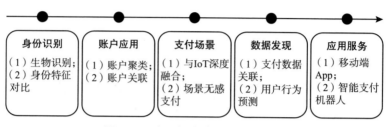

图 3 - 4   人工智能的支付场景应用

3. 智能理赔

智能理赔主要出现在保险行业，指的是针对车险和医疗保险在赔付时能自动处理，快速结案。智能理赔能极大提升车险行业的运营效能，用户体验好，还能减少保险公司对查勘定损人员的需求，从而降低人力成本。具体而言，利用机器学习、图像识别和智能算法，结合现场照片对风险事故进行分析，并与历史影像进行比对，从而快速核验客户身份，精准判定车辆的损失程度，确定事故是否存在套用车牌或故意制造事故等欺诈骗保行为，并据此自动定损，最终完成智能支付。由此可见，智能定损是智能理赔非常重要的组成部分，也是智能理赔实现的必要条件。蚂蚁金服的"定损宝"就是采用智能定损的模式。比较而言，传统理赔通常手续烦琐，耗时耗力，而智能理赔整个流程简化，借助人工智能技术取代部分人类劳动，理赔时间短，定价更客观，减少赔付纠纷，欺诈骗保更易识别。

4. 智能客服

智能客服是在借助自然语言处理技术、深度学习、虚拟显示技术（VR）、增强现实技术（AR）和全息投影技术等新兴技术的基础上建立起来的一套面向行业应用，适用于进行大规模知识处理、自然语言理解、知识管理、自动问答和推理等专业技术服务系统（见图 3 - 5）。目前智能客服主要应用于五个方面：智能语音质检、智能语音导航、实体智能机器人、在线客服机器人和智能外呼系统。语音识别技术将人类语音中的词汇内容转换为计算机可读的输入，是智能客服系统可以通过客户语音感知客户需求的关键。自然语言处理技术是智能客服系统智能引擎的核心，可以快速准确地理解语音识别技术所识别到的客户需求。机器学习算法是智能客服系统实现自然语言处理、识别客户需求及解决事务的关键技术。目前，智能客服系统渗透率越来越高，可解决八成以上的问题。

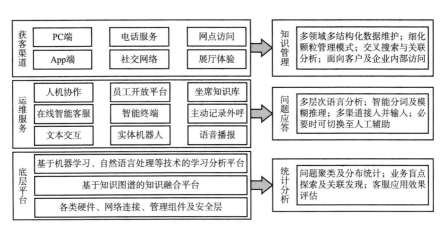

图 3 - 5 人工智能的客服场景应用

资料来源：艾瑞咨询。

5. 智能营销

人工智能作为智能营销发展的核心驱动力，利用机器学习、知识图谱等技术驱动营销走向自动化和智能化。与此同时，人工智能还可以帮助客户在选择、比较金融产品和服务时，通过与机器的交互，更好地了解金融产品和服务。因此，人工智能技术在营销获客环节的引入，有助于提高银行和保险等金融机构的新客户覆盖面、营销活动转化率和沉睡客户唤活率，并可加强对客户服务的主动性、针对性和有效性，进而提升客户的黏性。传统营销主要以线下实体网点为主，通过电话、地推、短信等方式向可能客户推销金融产品，但是这种方式容易触发客户的抵触情绪，无法满足客户的个性化需求。比较而言，智能营销是基于数据分析的市场需求，从而能精准把控需求状况，还能实现千人千面为客户提供精准化个性化的金融产品，提升客户体验，销售效果更好。

6. 智能投研

在投资理财中，大部分时间花在研究上。新的机器学习模型围绕给定的条件提供可用的数据。在对公司和经理进行尽职调查时，情绪分析可用于允许分析师一目了然地查看大量文本数据（如新闻或财务评论）的基调/情绪，还可以提供有关经理如何反映其公司业绩的见解。卫星图像识别可以让研究人员深入了解许多实时数据点。先进的自然语言处理（NLP）技术可以帮助研究人员快速分析公司的财务报告，还可以找出公司最感兴趣的关键话题。目前，利用人工智能技术，机器可以实现对数据信息的获取、自动化进行海量数据的批量化处理和分析、研究报告的撰写等工作，为投资决策提供重要参考。

7. 智能投顾

智能投顾是指利用云计算、大数据和人工智能技术，通过现代投资组合理论等投资方法，结合投资者的风险偏好、财务状况和收益目标，构建投资模型，以在线自动方式为客户提供投资组合管理咨询等财富管理服务。投资者参与证券市场的主要目的是实现财富的保值、增值，因此客户期望能从证券公司获取专业化的投资咨询服务。传统的投资顾问服务模式下，一名客户精力往往需要服务数十至上百位客户，同时投资顾问的水平往往参差不齐，难以有针对性地为客户提供专业化、个性化的投资建议。机器学习主要用于根据已有的历史经验和获取的市场信息数据预测出相关信息和资产价格之间可能存在的相关性。自然语言处理用于对国家政策、宏观经济、新闻资讯等进行分析，从而找出市场波动原因。知识图谱用于人为设置出让机器能够排除黑天鹅事件和无经济关联事件影响的规则时修正各变量和关系的关联性。

第4章

区块链金融

4.1 技术原理梳理

区块链（Blockchain）是按照时间顺序将数据区块顺序相连而形成的链式数据结构，并通过密码学技术保证数据不可篡改和伪造的分布式账本。具体而言，数据会以区块的形式被保存下来，区块按照时间顺序生成；区块链是由一个一个的"区块"串联起来，像一根链条，有始无终不断延长；每个区块包括块头和块身，块头用于连接前一个区块，为区块链的完整性提供保证，块身记录自身创建过程中所有经过验证的价值转移记录；新产生的区块会添加到区块链的尾部，形成链接；一个区块就是一份包含一段时间内全部交易的账单，为避免账单顺序错乱和恶意篡改，账单（区块）和账单（区块）之间通过哈希值来连接。

1. 主要特征

去中心化。区块链是分布式账本，各种数据信息都会被储存在分布式网络的各个节点上成为公开账本。并且，各个节点同时维护公共账本，还能通过网络广播实现数据同步。网络中节点分为两种类型：共识节点和广播节点。共识节点是主要的，且只有共识节点才具有记账权和投票表决权。在传统中心化网络里，中心机构（银行或者第三方支付机构）承担了所有的记账和清算职能，中心系统遭受攻击将造成整个系统瘫痪。而在区块链的去中心化网络里，对单个节点的攻击无法实现对整个网络的控制或破坏，除非攻击方能掌握51%以上的节点，但这很难完成（见图4-1）。

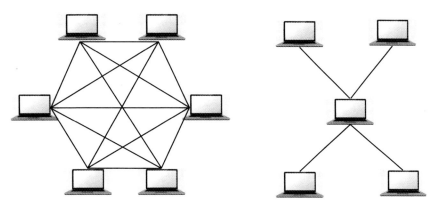

图4-1 去中心化网络与中心化网络

加密安全和不可篡改。哈希算法能实现数据信息的安全性和不可篡改性。哈希函数的重要特征是自变量不同则得到的哈希函数值也不同；任何的哈希函数值都不能逆推出自变量的值。因此，将哈希函数作用于明文，将生成一段固定长度的输出散列，且输出散列无法推导出明文。一旦输入明文变化，输出散列马上显著变化。一方面，时间的不可逆性使得任何试图篡改区块内部信息的行为都很容易被追溯，导致其他节点排斥。另一方面，如果需要更改系统中某一交易数据，只需要得到系统中51%以上节点的同意即可修改所有节点上的那一数据，从而保证整个公共账本的正确性和完整性。

隐私性和可追溯性。虽然区块链的分布式网络中各节点都会记录交易信息，但是所有节点都只能知道交易情况，却无法将其与现实中的特定交易者对应起来，因为区块链为保护各节点隐私都通过公钥加密而匿名了，即使参与交易也不予透露对方身份信息。并且，区块链中所有记录在案的数据都可以查询，所有信息都可以溯源，因为区块链中数据都是通过区块由哈希算法以顺序相连的方式组成，形成的链式结构使得信息可追溯。

去信任化。信息的不可篡改意味着区块链解决了交易过程中的信用问题。在传统信用背书体系里，参与者对中心机构的信任是该网络交易有效运行的基础，但随着参与人数的增加，系统处理载荷提升，整个系统的安全性和稳定性逐渐下降。而在区块链体系里，无须任何权威机构对交易的可信度背书，并且随着区块链参与人数的增加，要想获取区块链控制权的难度更大，可信度更强。

2. 应用形态

根据使用范围和权限的不同，区块链被分为公有链、联盟链和私有链（见表 4-1）。三类区块链上数据信息都公开透明且不可篡改，并且信息还可追溯，但它们去中心化的程度不同，主要区别在于共识机制和信任的建立。

表 4-1   区块链类型比较

名称	功能	特点	代表
公有链	公有链没有官方发行机构，任何参与者都可以自由进入或退出公有链网络。公有链中采取工作量证明机制，所有节点都参与共识。网络中没有任何中心化节点，因此被认为是完全去中心化网络	去中心程度最高，缺点是交易速度缓慢，吞吐量（TPS）低	比特币、以太坊
联盟链	想要加入联盟链，需要主动提出申请，待验证身份并通过申请方可加入；也可以联盟链成员主动邀请机构加入，被邀请方确认即可。联盟链是基于协议的共识机制，是利益相关的联盟预先选择控制某些节点。联盟链中所有节点都可进行交易并查看交易账本，是部分去中心化网络	可以通过创建分布式账本的公开标准，实现数据交换	R3 的银行联盟

名称	功能	特点	代表
私有链	建立在机构内部，并由机构自身确定规则，可用于机构内部数据管理与审计	交易速度快、成本低、隐私保护好，但未能"去中心化"	Overstock

3. 商业价值

区块链以更广泛的经济结果维持市场均衡。威廉等（William et al.，2017）研究认为，区块链技术提供了去中心化的共识，并通过智能合约潜在地扩大了合同空间。同时，产生分散的共识需要分发信息，这必然会改变信息环境。去中心化程度越高则共识质量越高，并且利用区块链的本质特征能重塑竞争格局。智能合约可以通过增强进入和竞争来缓解信息不对称，改善福利和消费者盈余，但在达成共识的过程中分发信息可能会鼓励更大的共谋。总体而言，区块链以更广泛的经济结果维持市场均衡。

区块链分布式特性提升了资源配置效率。区块链信息公开透明且不可篡改，可编程特性使得在区块链中可自动进行交易，这有效降低了交易成本、协调成本和监督成本，大幅提升商业运行的效率。同时，区块链采用点对点的动态式网络能够提高资源对接效率，实现资源配置帕累托最优。

基于机器信任的区块链能够极大程度地降低信任成本。一是通过非对称的公钥密码学原理来验证身份，替代传统人工审核，简化了身份验证过程。二是通过加密技术保证交易安全，信息公开透明不可篡改，免去了交易过程中借助第三方信任的成本。三是利用区块链可编程特点，以智能合约的形式保证合约的执行，省去依靠第三方担保交易执行的成本。

作为价值传输网络的区块链有很大商业价值。互联网很难提供对有价值信息的保护机制，区块链使得基于纯技术手段传递有价值的信息成为可能（Alabi，2017）。区块链通过密码学等技术突破地理限制，安全传递有价值信息；可编程特点使得传递可附带规则，提高传递有价值信息的效率。

4. 关键技术

分布式网络。区块链本质是解决分布一致性的分布式记账技术，因此首先需要通过技术确保满足分布式记账的两个条件，即存储去中心化和记账行为去中心化，而前者通过分布式网络技术就能实现。区块链采用动态点对点网络，每个参与到区块链网络的计算机终端都是节点，每个节点可发送服务和请求服务，并与其他节点共享并交换信息，以此实现每一个节点都具有完整的账本记录，数据篡改行为难以实现。同时，区块链也是一个动态网络，随时有节点加入或退出。

共识机制。共识机制是在一个互不信任的市场中，要想使各节点达成一致，需要每个节点出于自身利益最大化目的而自发遵守协议中规则，判断记录真实性并将认为真实的信息记录在区块链中。共识机制是区块链得以实现自信任的前提。区块链通过共识机制的规则来实现记账行为的一致性。区块链的共识机制可分为四大类，分别是工作量证明机制（PoW）、权益证明机制（PoS）、股份授权证明机制（DPoS）和Pool验证池。比如，工作量证明机制通过算力竞争来决定哪个节点具有记账的权利，区块链中每个节点的计算机算力决定该节点获得一次记账（写入一个新区块）权利的概率，通过人人都可以验证的特定结果，确认竞争的参与者完成了相应工作量，最终决定在一次算力竞争中的最终获得记账权利的节点。

加密技术风控。在传统的技术条件下，高度一体化的全球金融市场是封闭的，市场参与者只有通过专用终端在专用线路上使用专有协议才能接入交易中心。互联网的普及使金融交易远远超出了传统金融专用网络的承载范围，逐步发展成大众化的网络。比传统专用系统成本更低、更方便、效率更高。然而，金融的各种数据信息有极大的敏感性，且都是通过网络传播，信息容易被篡改和重组，产生网络被黑客入侵或病毒感染等问题，因此有必要保障网络安全。网络安全包括信息的安全性和信息的认证性，前者确保信息在传输过程中不会被泄露给不确定的第三方，后者确保验证信息的发送者是真正的交易者且验证信息没有被篡改或重组。采用信息加密技术可以解决信息的安全性问题。信息加密技术是指使用数学或物理手段对数据信息的传输和存储进行保护，以防信息泄露。加密技术会对文件或数据信息进行加密处理，当输入的密钥错误时解密失败，文件或数据信息不可读取，从而防止信息被盗窃，防范网络攻击。按照收发的密钥是否相同可以分为两种：一种是私钥加密算法（或常规算法），其关键特征是收信方和发信方的密钥相同；另一种是公钥加密算法（或非对称加密算法），其收信方和发信方的密钥不同，无法从加密密钥推导出解密密钥。比较而言，从管理角度看，私钥加密算法不适合广域网使用，不支持数字签名；从安全角度看，公钥加密算法几乎不能破解，更为安全。目前，数据加密技术广泛运用于金融中。最大的运用在于金融业务中身份的认证，通过采用非对称加密技术可辨别数字签名的真伪，防止身份的仿冒；电子商务需要消费者在网上进行消费，将加密技术运用于电子商务中可保障银行卡消费的安全性，也可使交易双方的信息安全地交换；将数据加密技术运用于各公司自己的局域网中，通过路由器加密和解密，可以防止信息被别人盗取；将数据加密技术运用于数据传输中，如果运用数据加密技术的对方使用的是同一个解密钥匙且对方不泄密，则可保证信息的完整性和传输的安全性。

哈希算法。哈希算法用于保证区块链上数据信息的不可篡改性。当接收一段明文后，哈希算法能将其转化成一段固定长度的输出散列。如果明文发生变化，输出散列就会发生显著变化，以此保证当区块链中的信息被篡改时能够很快被发现。此外，从哈希算法的输出散列逆推回原明文需要大量（天文级）算力，这使得哈希算法具有不可逆性，由此保证了带有价值的信息能够在区块链中安全地传递。

4.2 金融场景应用

在区块链系统中，使用共识算法来记录和更新数据，使用非对称加密来保护用户隐私和数据安全，使用智能合约来确保合同的执行（Li et al.，2018）。区块链不是颠覆式技术，而是集成了智能合约、分布式记账、哈希算法等多种技术的集成创新。集成创新后不仅建立起低成本信任机制，还能有效解决部分金融痛点（见表4-2）。区块链网络中上链信息公开透明，所有参与者均可获得相关交易信息，能有效降低信息不对称；上链信息真实可靠不可篡改，这种全新的信任机制极大降低各机构耗费人力物力财力确认信息真实性的成本，从而降低了金融服务价格；智能合约简化交易流程，减少了支付结算出错率，提升了金融效率。

表4-2　　　　　　　　区块链技术助力解决金融行业痛点

行业痛点	技术特点	区块链助力金融	原因
参与节点多	分布式记账	解决安全问题	分布式记账去中心化，各参与者都是节点之一并共同记账，攻击难度更大，并且万一某一节点被攻击也可以通过其他节点获取数据
验真成本高	不可篡改	解决信任问题	区块链网络中所有参与者均可以无差别地获取所有数据信息，有效解决信息不对称问题；并且根据区块链中哈希算法生成的链式数据结构，所有上链信息都可追溯
交易流程长	内置合约	解决效率问题	利用智能合约，凡是达到支付条件就可直接付款，从而实现实时结算

1. 数字货币

目前，数字货币的定义并未统一，但大多有宽口径和窄口径之分。宽口径中数字货币包括数字化的法定货币即电子货币、特定虚拟环境流通的传统虚拟货币、采用分布式记账系统的加密数字货币，而窄口径仅指加密数字货币，本文的数字货币主要指窄口径的加密数字货币。按照发行主体的不同，加密数字货币又分为两类：一是私人部门发行的数字货币即私人数字货币，比如比特币；二是中央银行发行的数字货币即央行数字货币（Central Bank Digital Currency，CBDC），比如数字人民币。数字货币交易主要包括五个步骤：一是交易方将交易信息填入数字钱包内；二是将填写信息置于特定区块；三是通过广播将信息传递给所有节点；四是所有节点对此次交易无异议；五是添加该区块入区块链系统中，交易结束。由此可见，区块链在数字货币交易中助力远程数字货币交易实现，可大幅降低交易手续费。

从货币职能角度看，私人数字货币目前发挥了部分的货币职能，比如比特币等私人数字货币在商品交换中实现"一手交钱，一手交货"，具备货币交易媒介职能；虽然目前私人数字货币的使用范围有限，但由于其价格波动剧烈而被视为一种投资品并具备资产职能。从货币需求角度看，根据凯恩斯的货币需求理论，货币需求动机分为交易动机、预防动机和投机动机，私人数字货币由于可以购买商品和支付劳动，表现出一定的交易动机，但由于私人数字货币流通范围受限，所以交易性动机的货币需求影响有限；由于私人数字货币价格波动大，是一种极具风险的投资品，因此投机动机的货币需求影响也有限；由于货币的交易媒介和价值储藏职能受限，所以预防动机的货币需求影响非常有限。从货币供给角度看，私人数字货币去中心化特征导致央行无法控制私人数字货币发行量，也无法规定其法定准备金，因此私人数字货币的出现对央行垄断货币发行权地位产生一定挑战，影响了央行的货币发行。

从研发动机看，CBDC 是央行在面对私人数字货币对现有支付体系、运行体系和金融稳定等方面冲击时使用的一种应对方案；同时，CBDC 也具备一定优势，一是既能表现出与现钞一样方便快捷的支付结算还能匿名做好隐私保护，二是能实现交易介质和支付渠道的普适性，三是可以用于创新货币政策工具提升货币政策有效性，四是可用于追踪反洗钱反欺诈等以保障金融安全。从基本框架看，央行数字货币是中央银行的负债，由央行进行信用担保，与纸币一样具有无限法偿性，是现有货币体系的有效补充；央行数字货币采用"双层运营体系"进行投放，即通过上层中央银行按照 100% 准备金制度将 CBDC 兑换给商业银行，下层商业银行将 CBDC 兑换给社会公众。以中国央行数字货币——数字人民币为例，早在 2014 年就已展开了法定数字货币的相关研究，2016 年人民银行成立数字货币研究所具体推进数字人民币相关工作。2022 年 10 月该研究所在《扎实开展数字人民币研发试点工作》文章中写到截至 2022 年 8 月 31 日，全国 15 个省（市）的试点地区累计交易笔数 3.6 亿笔、金额 1000.4 亿元，支持数字人民币的商户门店数量超过 560 万个。数字人民币在批发零售、餐饮文旅、教育医疗、公共服务等领域已形成一大批涵盖线上线下、可复制可推广的应用模式。

2. 供应链金融

传统供应链金融中的企业往往分布在不同地域，涉及很多机构，业务系统也未打通，存在非常严重的信息不对称问题，因此各交易背景和交易数据难辨真假，供应链金融各主体间的数据壁垒导致供应链成员信息很难传递，融资主体之间也很难沟通协调。

区块链＋供应链金融系统采用联盟链的方式将供应链金融中上下游中小微企业、核心企业和金融机构联系起来，能解决传统供应链金融痛点。第一，区块链分布式账本实现数据实时共享，确保数据信息真实性。在实际操作中，核心企业以企业资源计划（ERP 系统）为中心串联上下游信息，银行需调用核心企业 ERP 系统数据再融资，但有核心企业与供应商或经销商合谋篡改交易信息或勾兑虚假贸易以骗取信贷资金，因此必然增加银行验真成本。区块链去中心化、一致性和可追溯性特征让供应链所有交易数据分散记录在各节点数据库，并加上时间戳以确保交易活动被顺序准确记录，还能确保交易活动可追溯交易信息无法篡改，所以区块链技术使数据信息真实可靠，能解决供应链金融中信息不对称问题。第二，智能合约助力操作风险和市场风险防范。只要预先设置好程序，智能合约就能根据相关信息进行识别和判断，从而在预先设置条件达到时自动执行实现约定的条款。将区块链智能合约应用于供应链金融，即将债权债务关系的参与方约定好的条款写入区块链合约层，当预先设定的条件达到时将自动并强制执行条款，从而实现按时清算结算，既减少了人员审核和操作的成本，降低审核和操作的事物概率，又防范了价格大幅波动而产生的市场风险。第三，区块链能帮助传递信任。区块链技术使商业体系中的信用变得可溯源、可传递，填平了金融机构与中小企业之间的信任鸿沟，这不仅能降低中小企业融资门槛，还能为中小企业提供融资机会，有效降低其资金成本，有利于供应链上下游中小企业融资。第四，供应链金融中的基础合同、账单、支付等数据信息上链，能保障记录的完整性和结构的严密性，提高信息的透明性，有助于穿透式监管。因此，区块链 + 供应链是金融领域最热门的落地场景。

乔德等（Chod et al. ，2020）认为，采用区块链融资的一个重要好处是通过为企业的供应链打开透明窗口，区块链技术提供了以较低的信号成本获得优惠融资条件的能力。此外，对首选信令模式的分析揭示了使用区块链技术最大限度受益的公司或供应链类型。

3. 资产管理

目前，区块链技术可以用于资产管理的多个应用场景（见表4-3）。第一，减少交易成本。（1）区块链去中心化有助于打破信息不对称。由于市场机制不健全、时间空间等因素制约，资金供求双方信息往往是非常不对称的。因此，很多金融中介服务介入实现低成本搜寻、甄别企业及个人的信息，并将私人信息转化为公共信息，通过信息共享以缓解信息不对称造成的效率损失，但这样可能导致信息不完整、不确定、抬高使用成本等问题。区块链技术为信用信息的形成和共享提供了另一种更加有效的渠道，在区块链上可以实现所有信息及活动的高度透明、低使用成本，从而打破信息不对称的困境。(2) 区块链不可篡改、可追溯特点可以抵制机会主义。机会主义行为源于人的逐利本性，在利益面前，人们往往会隐瞒某些信息或否认甚至篡改既定事实，并从事其他损人利己的行为。而在区块链系统中，复杂的加密算法使得交易一旦被写入即无法更改。一切交易的主体和内容都可以被追踪和查询，具备更强的公信力，也就是说即使是机会主义心理作祟，但现实条件并不允许其成功达到目的。(3) 区块链应用于资产管理后降低成本，从高到低依次表现在销售和市场中转向自助服务、运营中更高效的数据管理和自动监管报告、IT 中高效数据管理、组合管理中平台和中介机构去中心化、财务中更高效的数据管理和减少对账、风险管理中吉纳谷地数据处理成本等。

表 4 –3　　　　　　　　区块链应用资产管理驱动力

应用场景	基本情况	潜在收益
关键数据在各个独立体系的分布	区块链可以用来将各个内部数据源整合成一个数据库（如不同的账本）	不再需要内部核对；在复杂的组织内部提供更准确和更全面的观点
采购和存放非流动性产品的对等网络	非流动性的场外产品购买者可以在分布式账本上找到对手方	重要产品的标准化；减少大规模购买资产的交易成本；经授权许可后才可以访问网络，防止市场敏感信息泄露
向监管机构自动报告	监管机构可以进入联盟链和分区区块链获得自动生成的报告	降低监管报告失败的风险

续表

应用场景	基本情况	潜在收益
客户分析端口	客户可以通过直接渠道或端口获得实时交易数据，还有支持工具和界面可以进行组合和业绩分析	客户获取丰富信息的实时工具；基于身份和分析需求对不同用户进行分类（数据方面）
新产品形式	投资者可以拥有记录在区块链上数字化基金的一部分，类似于 ETF 结构，能够进行交易；智能合约执行的交易可以确保标的资产反映确定的"一揽子"资产或配置	能够提高市场份额，减少交易和行政相关的运营费用；不需要每天提供流动性，能够影响 SEC 对流动性监管政策
点对点的托管和结算网络	构建对等场外交易网络，但是可以将资产数字化，所有权可以在分布式账本上转移和记录	不需要代理人和中介机构；大大加快结算流程

第二，增加交易收入。随着交易成本因为区块链系统而不断降低，给资产管理公司带来更大的利润空间。并且，由于交易模式去中心的变化与转移，也给资产管理公司带来不小的变革，同时伴随着更多的交易机会的出现，增加了交易收入。对于终端投资者而言，因为中间环节简化而省去了不少费用，增加了投资者回报。

4. 资产证券化

资产证券化是我国金融市场上一种新兴金融产品，在发展过程中其交易结构也不断复杂化。当前我国金融服务基础设施水平难以满足资产证券化发展的需求，且资产信息与交易链条对业务整体形成冲击，发展瓶颈随之显现。第一，入池资产多，穿透性差。投资者目前大多倾向依靠发行主体信用背书和外部评级，底层资产缺乏透明性，且资产池情况难以有效监管。第二，融资流程复杂冗长且效率低下。真实资产状况掌握在发起人手中，当前管理水平的信息整合时效性、条理性不达市场期望，增加多余试探成本。第三，信息数据缺失，评级定价困难。资产动态入池提高信息披露难度、加重不对称性，在投后管理阶段，后入池的资产质量难以保证与及时跟进，发行方对资产的管理能力存疑。征信制度相对匮乏给金融公司建立客户信用档案造成很大挑战，大量模型试验提高了坏账风险，风险定价准确性低，投资者信心不足。

区块链技术应用于资产证券化，是因为该技术存在三大应用优势。一是监管穿透。对于传统的资产证券化来说，存在信息不对称的情况。投资者在二级市场上购买由融资人将一些不良资产形成资产池，然后打包成的证券，投资者无法知道融资人所融资到的资金的用途，而且不知道融资人的杠杆情况。而当资产证券化使用区块链技术后，由于区块链的共识机制，投融资双方会基于平等的信息，可以有效监督融资机构合理使用杠杆的情况，还可利用智能合约写入预警参数，设置业务时间和资金阈值，一旦达到触发条件将自动执行条款，预防参与者违规行为，降低资产证券化风险。二是提升效率降低成本。传统的资产证券化通常链条很长，交易机制较为复杂，资金的流转效率不高。然而，区块链技术实现了价值去中心化的互联网传递，各参与方在区块链平台中可自由完成 ABS 产品交易。并且，区块链技术由于其去中心化的特点，可以避免主体之间存在的信息漏洞，主体之间可以避免信息失真情况，加快了信息传递的效率。另外，智能合约可实现走动划账、收益自动分配等，能有效降低人工操作风险和人力成本，提升资金管理效率。三是活跃市场。信息不对称不透明、定价可信度低是 ABS 在二级市场交投寡淡的重要因素，引入区块链技术的 ABS 能曝光资产证券化交易结构中的激励错配信息，缓解委托—代理问题，帮助更好地完成价格发现，从而提升投资者信心，促进 ABS 在二级市场的流动。同时，区块链技术有助于提升金融交易系统的安全弹性。攻击者需改写一半以上的节点才能破坏数据，系统安全性随着参与节点的增加而提升；多个同时运作的"并联"节点能保证在某一节点出现瘫痪时，其他节点仍能可靠运作，容错能力大大提高。

2017 年，度小满金融区块链技术就落地了国内第一例基于区块链技术发行的标准化资产证券化产品"百度—长安新生—天风第一期资产支持专项划"（以下简称：天风一期 ABS）。天风一期 ABS 与传统的 ABS 项目不同，天风一期 ABS 不仅具有直观的信息查询界面，更重要的是项目中的每一笔交易、每一条信息都借助度小满金融开发的 ABS 业务管理平台和区块链技术服务平台，在金融信息技术应用产品落地上做出了许多创新的尝试，首次利用区块链网络实现了 ABS 项目多方数据分布式存证与更新。度小满金融 ABS 业务的目的是结合金融科技和数据优势，对外输出 ABS 能力，包括资产获取的能力、风险识别的能力、结构设计的能力、产品发行的能力和存续期的管理能力等方面。2022 年，度小满公司作为原始权益人的"中信证券—小满 1 号第 5 期资产支持专项计划"在深交所成功发行 ABS。

5. 反洗钱监控

我国金融行业反洗钱的监管机构主要有中国人民银行、国务院有关金融监督管理机构、中国反洗钱监测分析中心、行业自律组织等。我国监管机构在反洗钱方面付出了很大的监管成本后取得了一定的监管成果，但总体看来仍存在客户身份识别效率低、信息化程度低、监管成本高和相关数据不同步不共享等问题。而区块链技术具有去中心化、不可篡改、公开透明等特征，正好能极大地缓解反洗钱工作中存在的痛点。商业银行将可用于身份验证的客户信息收集并上链，成为客户的身份证明，任何交易都需要通过客户地址的私钥和银行公钥进行验证方可进行，系统还能自动保存交易记录并识别不良客户，极大地减少了商业银行交易监管中的错误识别率，减少反洗钱监管罚款。

具体而言，区块链技术应用于反洗钱存在如下优势。①提高资金监测分析能力。传统的反洗钱监管机构通常需要大量的专业人员从事该岗位，并要求从业人员对业务数据敏感并具备非常强的分析技能。但这可能导致大量的人力成本和不可避免的人为错误，高强度的工作也会使这些专业人员分析错误。从业人员通常是按照中国人民银行所制定的标准进行资金监控，但这仅仅是一种防范业务检查的合规风险，对于洗钱这种犯罪行为的打击并不大。而利用区块链技术，商业银行等每个反洗钱参与方都是节点，因而数据信息实时共享，能把客户全部交易纳入监测系统中；商业银行与客户形成的区块链中每个客户都是节点，可利用反洗钱 ID 对客户进行线上线下的身份识别；区块链去中心化让反洗钱监测系统实时更新交易信息，追溯交易来源，提高交易透明度和监测效率。②保证客户身份的真实性。《中华人民共和国反洗钱法》《中华人民共和国中国人民银行法》《金融机构反洗钱规定》以及《金融机构客户身份识别和客户身份资料及交易记录保存管理办法》等均对反洗钱工作进行客户身份识别做出规定，对于预防洗钱及相关犯罪、维护金融秩序有着非常重要的作用。银行无法保证客户身份的真实性，还有的犯罪分子甚至通过在海外开设空壳公司，与内陆的企业进行业务往来，从中进行赃款交易，其原因就是银行缺乏一个完整的信息共识平台和数据共享机制，银行无法了解客户与其他金融机构发生交易时的具体情况。将区块链技术应用于反洗钱，银行等参与机构可将客户身份信息收集后上链，参与机构为有电子身份证明信息的交易者提供私钥，并将地址与其电子身份证明信息挂钩。这样，只有经过私钥和银行手中的公钥进行验证方可交易，且所有交易数据还可追溯，便于反洗钱监测。③实现信息共享。目前各家商业银行反洗钱监测几乎都只能监控在本行发生的可疑交易，传统的监管业务人员无法知道客户与其他银行交易的具体情况，无法知道客户是否有过虚假交易行为。区块链技术的去中心化特点让数据信息实时共享，因为智能反洗钱监测系统可纳入中国人民银行反洗钱部门、商业银行反洗钱部门、支付机构，它们均为区块链网络中的节点并均有共享数据。同时，为避免银行间恶性竞争，还可分权限设置用户功能，各节点只能浏览自己名下业务，他行账户信息交易信息部分隐藏。

6. 支付结算

区块链技术实质上就是分布式存储系统。该系统不是由中心节点掌控，而是区块链网络系统中所有节点共同参与并维护系统稳定。区块链能真正实现点对点价值交易，既实现了共享监督，又极大减轻了价值转移中的非必须损耗，而且交易效率更高。因此，区块链在支付结算方面发挥了重要作用。现代社会中，传统支付模式中各种交易清算都离不开银行，并且还需要通过中央机构参与，手续繁杂且耗费大量时间。与之不同的是，区块链本身自信任化，任意两个节点可直接进行交易，省事省时省钱且高效。

以跨境交易为例。传统跨境支付主要借助 SWIFT 系统（Society for Worldwide Interbank Financial Telicommunications，环球同业银行金融电信协会）。由于各国金融机构的金融标准存在差异，国内金融机构与国外金融机构进行交易时，需要一个公认的、标准化的"中转站"，SWIFT 国际结算系统就相当于"中转站"，为该系统内的金融机构提供跨境支付、结算的标准化的信息服务。SWIFT 官方网站数据显示，截至 2022 年 1 月，全球有超过 1.1 万家成员通过 SWIFT 代码与 SWIFT 国际结算系统对接，形成了标准化的互通。但是，当需要进行跨境支付时，付款方需要经历汇款发出机构、国内银行、中间银行、国外银行、汇款接收机构五重关口，所以存在四大弊端：一是不安全，因为中间节点都是高度中心化的，容易遭受黑客攻击；二是成本高昂，因为整个过程中需要支付处理成本、接收费用、财务运营成本和对账成本，并且很多时候因为中间耗时还需要承担外汇价差；三是慢，因为中间节点多，无法实现实时结算；四是难监管，因为整个价值链是各封闭体。如果将区块链技术应用于跨境支付，则付款方和收款方都是区块链网络中的节点，相互之间可以直接支付。与传统跨境支付相比，区块链优势明显：一是更安全，因为采用去中心化的分布式记账，节点越多越难攻击，并且交易流程更加透明；二是费用低，因为点对点支付删去了中间方就没有中介费用，降低了交易成本；三是高效，因为全程自动支付，基本可以实现实施支付实时到账，无须像传统支付那样考虑交易的转移时间（银行是否上班）；四是易监管，因为区块中数据信息不可篡改并且还能追溯。

乔然和柯珀（Jonathan and Koeppl，2019）研究认为，区块链的主要好处是支付结算更快、更灵活，而结算失败需要排除在参与者分叉链以抵消交易损失的情况下。使用工作证明协议机制，区块链需要通过区块大小和时间限制结算速度，以产生交易费用，从而为昂贵的采矿提供资金。尽管采矿的成本非常高昂，但通过数据分析发现对美国公司债务市场而言，也能从区块链中产生 1~4 个基点的净收益。

第5章

大数据金融

5.1 技术原理梳理

大数据（Big Data，Mega Data），或称巨量资料，指的是数据量非常庞大，无法通过传统流程或工具分析处理，而采用新手段新技术处理后能及时识别和获取数据中的信息价值。一般而言，大数据具有4V特征，即 Volume（大量）、Velocity（高速）、Variety（多样）、Value（价值）。Volume 说明数据规模要大，通常会以 TB、PB 甚至 EB 作为大数据存储单位；Velocity 体现数据的时效性，既是指数据的产生速度快，又是指数据处理速度快；Variety 是指数据类型多样（涵盖文本、音频、视频、各种信号等）、来源多样（企业自有网站数据、内部 POS 系统数据、官方微博微信数据、客服中心数据、线下零售网点数据等）、种类多样（包括客户姓名、电话等基本信息，性别、婚姻状况等人口统计信息和收入、教育、职业等社会信息，购买渠道、商品偏好等行为信息）；Value 是指利用大数据特有的专业技术处理有意义的大数据并发现数据中的价值，是大数据的战略意义所在。

1. 关键技术

大数据技术是指如何高效地采集、存储大量数据，然后通过数据分析与挖掘技术从中提炼有效信息，服务乃至驱动生产生活。大数据技术综合了信息科学中的统计学、数据库、数据挖掘、信息检索、模式识别、自然语言处理等领域中与采集、处理、分析数据相关的方式和方法。

大数据的战略意义并不在于掌握的数据信息数量上多么庞大，而在于利用大数据特有的专业技术处理有意义的大数据后能发现数据中的价值，因为大数据产业中盈利的关键在于对数据的挖掘及加工能力，以此可实现数据的增值。具体看来，从获得大数据到分析出大数据的价值，大致需要经历三个环节（见图 5 - 1）。

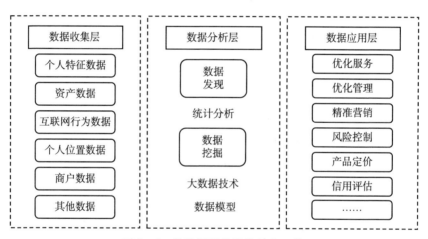

图 5 - 1　从数据到价值的简化环节

首先，数据收集环节，需要考虑数据来源，可能来自互联网上的公开数据，或者是企业内部的数据，也可能是行业共享的数据，这些数据既可能产生于物理世界，也可能产生于人类社会。物理世界的数据非常直接，也可以量化，而人类社会产生的数据具有明显的 4V 特征，是大数据时代主要的数据源。人类社会数据的一个缺陷是存在很大噪声，因为某一个热点事件发生时会马上产生很多并发数据，导致数据多而杂。在收集数据时，一是需要考虑数据的许

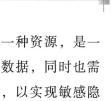

可和信任问题，因为大数据在互联网时代是企业的一种资源，是一种无形资产，需要得到数据所有者的许可方能使用数据，同时也需要保护个人的隐私，对某些敏感信息需要脱敏处理，以实现敏感隐私数据的可靠保护；二是需要考虑数据价值，因为大数据时代的数量级别都是 TB 或 PB，对于有价值的数据当然是量越大越好，但是对于冗余和有噪声的数据需要筛选出价值密度高的数据，以提高数据质量。

其次，数据分析环节，需要发现和发掘数据关系：发现是指利用传统的统计分析方法分析数据后，根据结果找出数据间的显性关系（多为因果关系）；挖掘是指利用大数据技术，通过建立模型将不能关联的数据关联起来，找出数据间的隐性关系（多为相关关系），挖掘的关键是大数据技术和模型构建。

云计算是大数据处理分析的基础，是整个大数据的底层支持技术，通常与大数据联系在一起，因为实时的大数据分析需要分布式处理框架来向成百上千甚至上万台电脑分配工作。云计算提供基础构架平台，大数据必须在这个平台上才能顺畅运行。云计算强大的计算能力需要运用在信息沉淀后的大数据身上才能展示出来，大数据的价值也只有通过云计算处理才能体现，所以云计算相当于发动机，而大数据相当于电。若大数据与云计算结合，可以创新出更多基于海量业务数据的服务，也可以随不断发展的云计算降低服务创新的成本。除了云计算平台外，通常需要大规模并行处理（MPP）数据库、数据挖掘电网、分布式文件系统、分布式数据库、互联网和可扩展的存储系统等大数据技术。根据数据分析的目的不同，构建的数据模型也有所不同，比如有欺诈模型、还款能力模型、信用卡评分模型、用户流失预测模型等。易观智库自主研发应用成熟度（AMC）模型，借助用户使用意愿/关注度、用户/广告主付费意愿、投资者投资意愿三种指标，来衡量市场对企业产品或应用的认可度，以此来测量产业发展的成熟度。

分布式技术是大数据的另一基础技术。大数据的处理过程对整个计算机体系的运算能力、稳定性、存储能力提出了很高要求，单台计算机的性能难以满足大数据技术的需求。分布式技术是一种基于网络的计算机处理技术，与集中式计算的概念对立，其主要分为分布式存储技术和分布式计算技术。分布式技术主要研究如何把一个需要巨大的计算和存储能力才能解决的问题分成许多小的部分，然后把这些部分分配给许多计算机分别对数据进行处理和存储，再将计算结果综合起来形成最终结果。

最后，大数据应用环节，需要将不同行业的大数据应用到不同场景中。金融行业的大数据应用广泛，花旗银行利用 IBM 沃森电脑为客户推荐理财产品，招商银行利用客户行为数据为客户发送具有针对性的产品广告和优惠信息。

2．商业价值

（1）深度挖掘实时分析

由于数据量大，对数据的处理并非传统统计方法能够驾驭的，而是采用以云计算为基础的大数据处理，分析相关关系而不是因果关系，更利于深度挖掘数据的内在价值。

大数据克服了传统金融数据存在的数据来源单一、数量有限、数据滞后等缺点，能为金融机构和金融服务机构提供决策依据。金融行业作为金融供给方，会为客户提供金融需求服务，这些交易信息会在金融机构或金融服务平台上留下数据痕迹，该交易数据连同产业链数据、社交类数据、电商类数据等，一起形成大数据并上浮至云端。一方面，大数据挖掘和分析处理后可以丰富并完善征信体系，金融机构或金融服务机构会根据征信系统自动给用户进行客观评价从而防范信用风险；另一方面，利用大数据可以对客户行为进行分析，金融机构或金融服务机构也会根据分析对用户画像，主动精准地定位客户，并根据客户需求进行市场预测和精准营销。

（2）优化产品定价机制

金融市场价格主要有资金价格和证券价格。资金价格用利率或收益率表示，与市场上资金的供求情况、资金供给者和需求者之间的竞争情况、市场平均利润率有关。证券价格主要包括股票价格和债券价格，与发行者的盈利情况、资金供求状况和市场利率有关。在货币市场中，将新兴科技与金融业务和服务融合，能有效提高资金使用效率，提高支付效率，缩减中间环节。并且，金融机构间竞争更加激烈，资金价格更加客观公正，更好地优化金融资源配置。在资本市场上，将大数据等技术引入证券交易系统与实时报价系统，证券价格可以更加真实地反映其市场价值。所以，利用大数据强大的分析和挖掘能力，能完善金融市场中风险资产的定价功能，有效提升金融市场价格的信息提供功能。

基于大数据的开放平台，各种信息公开透明，并且大数据金融能快速处理和分析数据，可以打破金融市场各参与者之间的信息壁垒，降低信息不对称，破解传统金融中的融资约束等问题，促进金融产品竞争价格的形成，并最终形成最优的竞价机制。这些开放的金融服务平台上呈现出的各种金融产品和金融服务价格，都是各参与者相互竞价后最终出现的结果。因而，大数据金融能优化市场定价机制，形成比传统金融更透明、更合理、更丰富的竞价机制。

（3）提升资源配置效率

金融资源配置有两种方式，直接融资和间接融资，即通过股票、债券或其他形式票据等直接证券而进行的资金融通，或金融机构通过钞票、存款等间接证券而进行的资金融通。在传统金融模式中，资金供求双方存在信息不对称，由此可能导致道德风险和逆向选择，还可能出现兑现风险溢价。因此，商业银行等金融机构可能采取抵押、担保、征信等方式来降低自身风险和损失。但是，这些方式过程繁杂且极大提升金融交易成本，因此商业银行会因为成本过高而要求的预期利润高，从而对借款额度小的借款者惜贷。随着大数据技术在金融领域应用的不断深入，越来越多的互联网平台利用大数据技术为客户提供可以自由选择的产品，并且提供便捷支付，从而快速实现了资金供求双方的匹配，自动实现金融交易，节约了交易时间，降低了交易成本，客户体验更好，而大数据技术在金融资源去中介化过程中发挥着重要作用。

利用客户基本信息、交易信息等各种大数据，金融机构会利用大数据技术实时处理这些数据，并深度挖掘数据的内在价值，能从很大程度上降低信息不对称，交易成本低。所以，这种运营模式对传统金融产生较大冲击，能有效提升金融资源的时空配置效率。利用大数据分析技术，金融科技平台能让资金供求双方自身对资金的期限、风险和数量进行更好匹配，更好地实现了金融脱媒。因此，一些长尾客户群体比如中小微企业、中低收入群体，在传统金融中金融需求无法满足，但是由于大数据提升了资源优化配置的效率，所以也能以合理的价格获得金融服务。

5.2　金融场景应用

1.业务逻辑

首先，数据获取由被动模式转化成主动模式。以信贷业务为例，传统金融业务对于数据信息的获取，大部分是客户按照银行等授信机构需求提供的资质证明材料，存在真实性、选择性和滞后性等问题。目前，无论是供应链金融还是消费金融，将金融业务流程融入产业流程或消费流程中，主动地获取更多客观的相关数据和信息。

其次，数据获取范围由金融数据扩展至行为数据。金融业务中的金融数据是指能直接反映主体资金流相关情况的数据，如动账数据、授信数据、还款履约数据等，具有很强的金融属性。对于客户画像、信用评估等用途而言，金融数据是价值密度最高的数据信息，但在一定程度上存在滞后性、片面性等问题。相较而言，金融场景应用中决策者需要获取更多的行为数据，这些行为数据的金融属性较弱。比如，供应链金融中的生产数据、销售数据、仓储物流数据等，消费金融中的消费行为数据、支付行为数据等。行为数据的补充，有助于进行更丰富的多维评价，同时在一定程度上可以改善滞后性的问题。

最后，业务数据场景由单一模式升级为综合模式。相对于传统的单一金融产品，金融场景应用与用户更紧密，离数据更近，适合提供一揽子金融解决方案。反观之，综合金融方案也有助于提供更加丰富、更加全面的数据信息，从而形成"数据—业务—数据"的正向反馈（见图 5 - 2）。

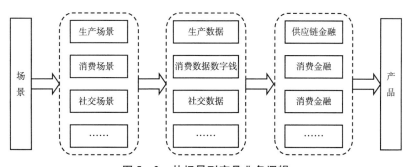

图 5 - 2   从场景到产品业务逻辑

2. 应用逻辑

金融数据的占有，仅是数字金融的起点。真正发挥数据赋能作用的，是在金融数据处理、分析和迭代过程中使用的金融科技。金融科技对金融产品创新、金融经营模式优化、业务流程再造等都发挥着巨大作用，助推金融发展提质增效（见图 5 - 3）。

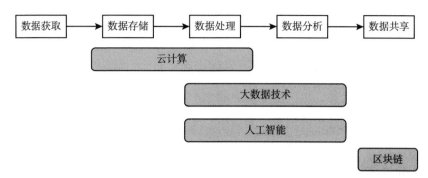

图 5 - 3　金融场景科技应用逻辑

大数据技术在金融场景应用中的核心作用是提升数据分析能力，既包括对增量数据洞察能力的提升，也包括对存量数据挖掘能力的提升。云计算在金融场景应用中的核心作用是提升数据的存储和计算能力。与传统的本地存储和本地计算面临瓶颈约束所不同的是，云计算借助分布式计算、分布式存储，在资源整合、弹性伸缩等方面发挥着重要作用。人工智能在金融场景应用中的核心作用是提升数据算法的有效性。通过智能算法和模型，实现在资产管理、授信融资、客户服务、精准营销、身份识别、风险防控等领域的智能化和自动化。区块链在金融场景应用中的核心作用是提升数据共享效率。利用分布式技术，区块链实现金融数据在共享时可信、可靠和可追溯。

3. 主要场景

大数据金融需要将汇集的大量非结构化数据进行实时分析并深度挖掘，可以为金融机构和金融服务平台提供客户的全方位信息，从而根据客户的金融需求进行金融产品设计和金融产品创新，以及根据客户信息进行风险控制（见图 5 - 4）。将大数据应用于金融行业，可促使那些原本由于信息不对称而存在的金融业态、金融模式、金融产品等发生改变。传统金融机构在提供金融服务的时候，也会通过信用评级机构得到借款人的信息和数据，并且金融监管部门、金融统计部门都会整合金融行业数据，进行统计并发布结果。但是，这些数据的应用都是以传统的统计方法为基础，不是大数据金融的体现。大数据金融是要将与金融参与者相关的信息尽量多地采集并形成数据库，不仅局限于传统金融机构的交易数据，还包括支付信息、电商平台交易信息、政府机构的公共信息等。

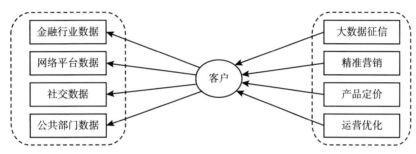

图 5-4　大数据金融场景应用

（1）大数据征信

大数据征信是大数据最主要的应用。数据并不能改变风险，但是可以量化风险，因此大数据征信备受关注。征信是体现金融普惠特性非常重要的基础设施。信息不对称会带来金融风险，让投资者在贷前很难识别借款人的风险类型，贷后出现道德风险，而传统的担保、抵押物、风险保证金等方法对低收入人群和中小微企业等普惠金融对象不太适合，因为它们缺乏信用记录和抵押物，而人工调查成本太高。征信可减少信息不对称，信用分和信用报告反映借款人的还款能力和还款意愿，贷前就可掌握借款人的信用状况，信用分和信用报告又类似于一种隐性抵押物，可为贷后还款提供一定保障。因此，征信的存在极大地扩大了金融服务的覆盖人群，充分体现金融普惠性。

对于授信机构而言，征信是其利用内部信息管理风险的过程；

对于征信机构而言，征信为授信机构提供外部信息以帮助其管理风险，是依法设立的、独立于信用交易双方的第三方。从征信对象看，征信包括企业征信和个人征信，分别收集企业和个人的信用信息，生成企业和个人的信用产品。从服务对象看，包括信贷征信、商业征信、雇佣征信和其他征信。信贷征信是指为金融机构或金融科技公司等提供信贷业务的部门提供决策服务，商业征信是指为批发商或零售商的产品销售提供决策服务，雇佣征信是指为雇主提供用人时的决策服务，除此之外还包括市场调查、不动产鉴定等其他征信。从征信用途看，可分为公共征信、非公共征信和准公共征信。公共征信是指征信结构被直接公布于社会，供政府职能部门、行业协会、各种商会或联盟等无偿使用。非公共征信是指征信过程不公开，征信结果仅用于自身业务，比如商业银行为授信业务做的征信，企业的信用销售等，都是为了自身风险管理。准公共征信是指独立的第三方机构开展的征信服务，征信报告能帮助客户判断和控制信用风险。

大数据征信与传统征信相比较，区别主要体现在四个方面（见表5－1）。比如，传统征信主要对线下渠道获取的数据进行加工处理，考虑借款者的历史贷款记录来估计其信用状况。大数据征信的数据来源非常广泛，线上线下的任何数据都可能被囊括进去。以个人信用风险为例，传统征信与大数据征信在数据维度还是存在很大差别（见图5－5）。

表5－1　　　　　　　　传统征信与大数据征信的比较

类型	传统征信	大数据征信
数据来源	数据来源单一，主要以财务数据为核心的小数据做定向征信，且数据主要来源于授信机构、供应链和交易对手，且采集频率低	数据维度广，从全网中非定向获取，因此数据来源更广，种类更丰富，时效性更强，涵盖面更宽，有利于全面评估信息主体信用风险

续表

类型	传统征信	大数据征信
数据类型	基本信息（身份、居住、职业等）、历史信贷信息（银行流水、个人贷款、行用卡、担保等）、非银行信息（电信、税息等）、公共信息（社保、住房公积金、行政处罚等）、查询信息	社交数据、司法数据、社会行为、搜索数据、电商数据、线下消费行为等
产品特征	产品种类少，及时性较差，且获取不够便利	产品丰富且及时有效，获取便利
技术方法	以单维度收集整理后人工处理为主，以财务数据风控分析为核心	基于互联网大数据的多维度分析
应用场景	应用场景少，数据孤岛导致信息长期不对称	应用场景广泛，信用评估时效性高，减少信息不对称
覆盖人群	覆盖有信用记录人群，客群有限	通过大数据技术捕获传统征信没有覆盖到的人群，满足没有进入征信范畴但有借贷需求的人群

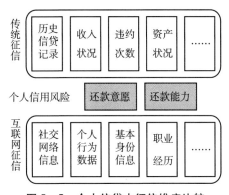

图 5-5　个人信贷中征信维度比较

　　大数据征信产业的业务流程基本包括：数据收集、数据处理、数据产品、数据应用（见图5-6）。大数据征信的第一步是数据收集，主要指收集不同来源的数据，比如来自银行等金融机构、政府部门、工商企业、社交网络、电商平台、搜索引擎等；然后，企业征信机构或个人征信机构对采集到的数据进行集中处理，并通过构建应用模型提供信用报告、信用分、增值服务等产品服务；最后，将产品服务应用于具体的场景中去，金融场景应用包括银行信贷、互联网融资、供应链赊销、催收、反欺诈等，商务应用场景包括客户往来、招投标、商务合作、人才管理等，应用后的数据又会回流作为数据源被收集起来。在这一过程中，数据处理和产品服务能充分体现征信机构的核心竞争力。

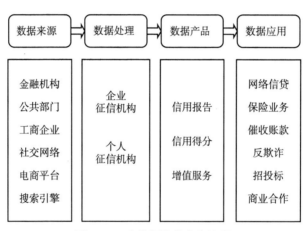

图 5-6 大数据征信业务流程

中国征信体系采用的是政府主导模式，包括公共征信中心和社会征信机构。提供公共征信的央行，包括个人征信系统和企业征信系统，社会征信机构也是如此。央行征信系统覆盖广，是中国征信体系的基础，社会第三方征信机构对央行征信系统起着补充、辅助和完善的作用，主要服务于中下游。图 5-7 给出了中国大数据征信的产业链。

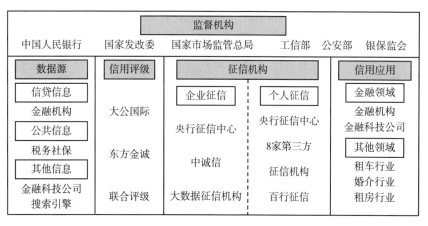

图 5 - 7　中国大数据征信产业链

在互联网征信中，多维度的非结构化行为数据极大拓宽了征信的应用范围，而非仅限于金融领域。对个人征信而言，征信机构通常有个人信用分、信用报告和反欺诈产品等类型的产品。信用分能直观有效地反映个人信用，比如芝麻信用分、考拉信用分等；信用报告更加全面具体，而我国人民银行的个人信用报告最具权威性；反欺诈产品可验证个人身份，还可测评潜在的欺诈风险，如腾讯旗下就有人脸识别核实身份，还能测评欺诈风险。

（2）精准营销

随着大数据技术的深入研究，企业日渐聚焦于如何利用大数据精准营销，进而深度挖掘其潜在商业价值。通过大数据分析客户行为，得到客户偏好后精准推送和销售符合客户个性化需求的商品。精准营销包括实时营销、交叉营销、个性化推荐和客户生命周期管理。实时营销是根据客户所在地、最近消费状况等信息有针对性营销产品；交叉营销是交叉推荐不同业务或产品；个性化推荐是根据客户偏好对客户需求精准定位，挖掘潜在需求后精准推送相关产品；客户生命周期管理是考虑客户流失、获客等，并根据客户生命周期获取新客户，挽回流失客户。但是，无论是哪种类型的精准营销都需要准确分析客户需求，而用户画像（Persona）可实现消费者的一切行为的"可视化"，帮助企业根据客户的需求画像准确投放广告和产品，实现精准推送；企业还可将客户需求植入产品研发中，增强产品的用户体验，提升企业核心竞争力。

（3）产品定价

产品定价直接决定销售利润，金融企业要普惠发展，所有企业都应该发现每一种最优价格，但是产品定价的影响因素有很多，且影响因素还经常发生动态变化，合理定价变得困难，大数据正好可以解决这一问题。利用大数据对产品定价的关键是通过大数据分析客户的支付意愿，并以支付意愿为基础实行差异化定价。数据源来自与客户互动的可利用的大量交易数据，不同交易的相关影响因素会发生变化，而大数据分析能够在产品定价时将相关影响因素都纳入考虑，同时大数据是随着这些影响因素的变化而在变化中产生的，影响因素的动态变化也纳入了考虑，所以基于大数据的产品定价更为合理，企业可以得到相应回报。在产品定价时，只要充分了解公司的现有数据，放大而不是缩小数据的作用，动态定价系统就可能及时找到最优价格。

（4）运营优化

大数据对金融科技公司的运营有很大的推动作用。一是市场优化和渠道分析。企业可以借助大数据分析出各个市场的推广效果，并据此优化调整销售渠道；借助大数据分析每种渠道更适合的产品或服务，并优化渠道推广策略。二是优化产品和服务。金融企业可以将客户行为转化为信息流，分析客户的风险偏好、用户习惯、客户个性特征等，从而智能化预测客户需求，并据此创新并推送产品。三是舆情分析。借助爬虫技术，从各种社交论坛、微博微信上抓取与金融企业自身相关的信息，并通过自然语言处理后进行正负面判断；面对负面信息，在充分掌握问题后及时处理；面对正面信息，自我总结后继续强化。金融企业还可掌握同行的正负面信息，充分借鉴后改进自身的产品和服务。

第6章

云计算金融

6.1 技术原理梳理

云计算（Cloud Computing）是一种能够利用网络"云"将庞大的计算处理程序拆分成多个小程序，然后借助多个由服务器组成的系统来分析众多小程序并返回计算结果。很多计算资源，如网络、服务器、存储、应用和服务等，云计算都可以提供，只要按需付费，就可以便利地获得。云计算就像电厂和自来水厂一样，用电不需要自备发电机而是由电厂集中提供的，用水不需要挖井而是由自来水厂集中提供，既节约了资源又方便了生活。

1. 基本特征

①提供自助服务，按需收费。当用户需要获取云计算上的计算资源和计算能力时，可以自助地从云端获取，依据用户的需求进行收费。②多种网络接入途径。用户可以采用多种设备接入云计算，比如笔记本、平板电脑、移动电话等。③云上有资源池。云计算的用户不用知道所需资源在什么物理位置或被谁掌控等信息，各种不同的资源在云端会被动态分配。④云端存储空间和算力有快速弹性。云计算的计算能力富有弹性，即可以按照需求状况快速释放或提供与之匹配的计算能力，因此对于用户而言，这种计算能力通常等于无限。⑤云计

算提供的服务可快速优化。借助计算能力，系统能够自动控制和优化云端资源的使用。

2. 主要分类

从服务层次看，云计算可分为 IaaS、PaaS、SaaS 三类（见表 6-1）。IaaS 是指基础设施即服务，为需要硬件资源的用户提供硬件基础设施部署服务，需要使用者上传数据、程序代码和配置环境才能使用。PaaS 是指平台即服务，为程序开发者提供应用程序部署与管理服务，使用者需要上传数据和程序代码方能使用。SaaS 是指软件即服务，为企业和需要软件应用的用户提供基于互联网应用程序的服务。

表 6-1   IaaS、PaaS、SaaS 分解

比较内容	IaaS（基础设施即服务）	PaaS（平台即服务）	SaaS（软件即服务）
特点	最底层，应用难度高	基于 IaaS，应用难度中等	最上层，应用难度低
客户管理	访问设备、安全与整合、应用程序、运行环境、数据库	访问设备、安全与整合、应用程序	访问设备、安全与整合
供应商管理	虚拟服务器、服务器硬件、存储、网络	应用程序、数据库、虚拟服务器、服务器硬件、存储、网络	应用程序、运行环境、数据库、虚拟服务器、服务器硬件、存储、网络
典型案例	Amazon Web Services EC2	Microsoft Azure	Salesforce CRM

从服务范围看，云计算可分为私有云、公有云和混合云三类。私有云指云计算基础设施为某一家企业单独使用而构建的，所供服务只有企业内部使用，安全可控且服务质量好，只是前期投入较大。私有云安全可控，因为私有云会在各网络出口部署防火墙、入侵防御系统等以保证网络安全，还会记录所有用户操作行为以防数据泄露。同

时，私有云服务质量也有保证，因为私有云部署在企业数据中心，能为企业提供高速且稳定的业务访问体验，不会出现网络不稳、断网等问题。并且，私有云成本可控，即企业可以在业务高峰时出现资源不足的情况下将访问引导到公有云中，而无须在私有云中为预留太多资源而耗费更多成本。公有云指云计算基础设施被提供云服务的组织拥有，组织将云计算服务提供给社会公众。由于公有云中数据没有存储在企业自己的数据中心，因此安全性和可用性会比私有云要差。混合云由公有云和私有云一起组成，但各种云都相对独立。混合云可安全扩展，既可以将企业内部核心数据置于私有云中，又可使用公有云中计算资源。

3. 关键技术

（1）虚拟化技术

虚拟化技术是指通过虚拟化手段将系统中的各种异构的硬件资源转换成为统一的虚拟资源池，形成云计算基础设施，相当于分离了操作系统与硬件设备，使得在同一台计算机上可以运行多台逻辑计算机。各台逻辑计算机之间的操作相互独立、同时运行，从而提高计算机硬件设备的工作效率。虚拟化技术既可以将一台性能强大的服务器虚拟成多个独立的小服务器，也可以将多个服务器虚拟成一个强大的服务器，这两个方向使云计算具有良好的扩展性。

（2）分布式系统

分布式存储是云端海量资源的存储方式。与集中式存储相反，分布式存储将云端的数据分布存储到数据中心不同的节点，突破了集中式存储存在的存储瓶颈，相当于将存储空间共享，使得各用户能够按需求获得存储空间。分布式计算是一种计算方法，与集中式计算相对应。有些应用需要非常大的计算能力才能完成，如果采用集中式计算，需耗费相当长的时间，而分布式计算能够将该任务分成很多小任务，分配给多个节点进行处理，从而提高计算效率。

（3）多租户技术

多租户技术可以实现用户数据的隔离。类似于租房子，云服务商就像是拥有很多设计与功能相同房源的房东，用户根据自己的需求选择房子租住，每个用户住的房子内部构造都是一样的，但各用户之间具体使用房子的信息是隔离的。云计算的用户可以通过云平台享受同样的计算资源，但如何利用这些资源以及用户数据信息是相互隔离的。这样既能保证开发者开发出的服务能同时提供给多个用户使用，从而降低了服务的维护成本，也能保证数据在多租户隔离机制下不被泄露或被冒名访问，从而保障数据安全。

（4）大规模数据管理技术

大规模数据管理技术可以实现对云端海量数据的管理。Google 的 BT（Big Table）数据管理技术是比较典型的大数据管理技术。BT 是一个大型的数据库，对数据进行处理后形成大型表格存储大规模的结构化数据。BT 采用列存储的方式对数据读取过程进行优化，提高数据读取效率，方便存储数据的管理。

（5）并行编程模型

并行编程模型帮助云计算处理大数据量的计算问题，同时提高计算的容错性。Google 开发的 MapReduce 是目前比较流行的并行编程模型，其运行的基本思想是先将任务分给多个计算节点，多个节点进行计算后形成最终结果。如果其中某个节点出现错误，该节点则会被自动屏蔽于系统外等待修复，而该节点需要执行的计算任务会被转移到其他节点上继续执行，使整个计算任务顺利完成。

6.2 金融场景应用

1. 电子支付

近年来，电子支付已经覆盖线上线下众多场景，支付频率也大幅提升，支付次数的爆炸性增加对支付系统提出了更高的要求。云计算已经形成了完善的包含基础硬件、网络构建、操作系统、虚拟化、容器、数据库、中间件、应用系统的全栈式技术框架和解决方案，其推进实施涉及云基础平台的建设、云配套基础软件的建设、基于云技术路线的应用改造、基于云计算理念的研发运营体系调整等多个方面，且这几个方面既有一定的独立性，也相互影响。云计算的技术能契合当前电子支付业务发展所带来的海量业务与数据的弹性计算需求。

2. 风险控制

随着互联网时代的到来，金融行业场景化和网络化的趋势增强，传统的风险管理体系缺乏灵活性、防控手段落后等弊端凸显，同时互联网金融的加入，金融风险呈现传染性、隐蔽性、影响性等增强的现象，对金融风险管理和控制能力提出了新的挑战。而基于云计算、大数据、人工智能等金融科技的风险控制方法具有覆盖面广、维度丰富、实时性强等特点，为解决金融风控问题带来了新的契机。

基于金融科技的风险控制解决方案主要通过深度分析金融交易、客户信息、市场交易等海量数据，进一步整合金融活动复杂信息，帮助金融企业建立事前预防、事中预警、事后分析行动的全面化风险控制。大数据、人工智能是其依赖的主要技术手段，而其底层性则需依赖云计算技术为其提供强大的计算力和分布式架构支撑。云计算是与大数据、人工智能相辅相成、相伴相生的技术，为金融风控提供底层动力引擎。

3. 大数据服务

金融行业对大数据有很强的依赖性，将分布在各处的信息加以收集和整合，提炼隐藏在数据中的有用信息，将获得的数据信息作用于决策中，可极大地提升决策效率，提高决策判断的正确性，从而提升企业竞争优势。大数据服务对 IT 基础架构要求较高，一方面要有超大、可扩展的存储基础设施支撑海量数据的存储能力，另一方面也需要有可扩展、强大的计算架构提供数据快速处理能力。而云计算恰恰满足这两点需求，是目前支撑大数据技术的最佳解决方案。在实际应用中，云计算为大数据提供基础平台，依托云计算平台提供的并行计算能力、分布式架构、云存储等能力构建的大数据平台运行其上，对海量数据进行收集、存储、挖掘，并实现可视化，最终发挥数据的最大作用。

第7章

物联网金融

7.1 技术原理梳理

物联网（Internet of Things，IoT），就是将物与物相连接的互联网。通俗地讲，世界上的万事万物，小到钥匙、手表，大到冰箱、汽车、楼房等，只要在这些物品上嵌入微型传感设备，就能实现人与物、物与物之间自动的对话和信息交流，实现物物之间的智能化识别与管理。物联网的核心是覆盖万事万物的互联互通，使得人类和物理世界进行自动的"对话交流"，从而提高生产效率，为商业社会乃至人类社会的发展带来新的洞见。

金融科技在发展中期，科技主要体现在互联网领域，带来了互联网金融的蓬勃发展。随着5G等技术的发展，在互联网提供信息传递功能的基础上，万物互联成为可能，物联网使得信息的即时感知和低延迟传递成为可能。因此，互联网是物联网运行的基础，物联网是互联网的拓展和延伸，将互联网中面向"人"的服务拓展到可以面向"物"。物联网可以应用于金融、交通、环保、公共、工业等几乎所有领域，通过物联网对各领域各个运行环节的实时感知，实现物理系统与人类社会的有机结合，大幅提升社会各环节的运行效率。

例如，共享单车通过手机扫描二维码获取单车信息，再经通信网络将信息上传到云端服务器，然后服务器以 GRPS 接收信息，下发解锁指令到单车，并进行后续的计费处理，这一过程是典型的物联网架构，体现了对信息的感知、传输和智能处理的物联网过程特征，也体现了物联网的发展对生活的改变。

1. 关键技术

对物联网技术手段的认识，可以从两个方面把握，分别是物联网的技术体系架构和物联网中的关键技术。

①系统架构。首先考虑物联网的系统架构。物联网可以实现万物互联，"让物进行思考"和"对话"的功能和实现相互之间信息的传递，因此对"物"进行全面感知后，可以将数据信息进行安全传输，然后进行智能化分析和处理。要想感知，需要凭借传感器、视频识别、二维码等技术手段从物体上采集和获取信息。可靠传输，即通过各种不同的通信协议如 Wi－Fi、Zigbee、蓝牙等，充当物联网中的信息传输载体。智能处理，即在上层应用上实现对信息的分析决策和处理，这也是实现智能化识别和管理的关键步骤。物联网的技术架构和网络是实现以上功能和特征的手段。国际电信联盟（ITU）给出了物联网基本架构的参考模型，模型由下到上分别为装置层、网络层、业务支持和应用支持层、应用层，以及与每层相关的管理和安全能力，该体系被称为泛在传感器网络（USN）。欧洲电信标准化协会在 USN 的基础上提出了其简化版本 M2M（Machine to Machine）架构，主要表示机器之间的互联互通。对物联网的技术架构的认识基本上建立在这一参考模型基础上，例如，马寅（2012）认为物联网架构可分为感知识别层、网络构建层、管理服务层与综合应用层，其提出的管理服务层的内涵应该与 ITU 参考模型中的业务支持和应用支持层是相同的。另外，为简化和让大众对物联网技术架构有更清楚的认识，将物联网技术架构和网络分为感知层、网络层和应用层得到了普遍的认可，加上贯穿于每一层次的公共服务技术，构成了整个物联网技术体系。

②技术层次。就物联网的关键技术而言，主要分为三个层次，感知层、网络层和应用层。

感知层属于物联网中三层结构的最底层，主要是对利用无线射频识别（Radio Frequency Identification，RFID）技术标签和读写器、二维码、传感器、摄像头、GPS 和识别器等传感器件对物体进行识别，并通过对应感应器件的传输网络来采集相关数据信息。因此，感知层主要解决的是物联网中的数据获取问题，实现在低成本、低功耗和小型化的情况下还能全面、智能、准确地感知信息。基本的 RFID 系统至少包含阅读器（Reader）和 RFID 标签（Tag）。无须目标之间建立机械或光学接触，该技术应用甚广，如 IC 公交卡、银行卡以及商品标签等，也是物联网发展中的关键技术。传感器（Sensor）技术与 RFID 技术同样重要，用于信息监测和传输，是赋予物体拥有感官功能，从而实现自动监测和控制的关键技术。

网络层依托于互联网、专用网、移动通信网等各种网络支撑技术，将感知层采集和获取的信息接入网络，从而实现信息的传输。各种网络是实现万物互联的关键设施。网络层涉及的关键技术是网络与通信技术，包括接入与网组，通信与频管。以互联网协议版本 6（IPv6）为核心的下一代网络协议，为物联网的发展创造了良好的基础网条件。无线传感网络技术在网络层发挥作用，无线传感网络技术目前主要有六种，分别是蓝牙、Wi‒Fi、超宽带通信、近场通信、ZigBee 和红外线通信 IrDA 技术（任小洪等，2011）。近年来，由我国华为公司最早推进的低功耗广域网 NB‒IOT 被认为是物联网的一个重要分支，具有覆盖广、连接多、速率低、成本低、功耗低、架构优等特点，其应用被认为将推动物联网的进一步发展。

应用层对信息进行决策和控制，实现智能化识别、定位、跟踪、监控和管理的实际应用效果，是人们能最终体验到的物联网技术效果的层面，也是发展物联网要实现的基本目标。物联网的技术架构体系与上文的物联网的特征能够进行一一对应。

每一层都体现了物联网的一个特征，如感知层全面感知，网络层可靠传输，应用层智能处理，即通过对信息的管理、计算和分析向社会大众和各行业提供丰富的场景应用。应用层的关键技术包括虚拟技术、信息计算和服务计算等，其中，信息计算可以通过云计算实现，服务计算使应用的场景最终实现智能化。

2. 商业价值

提高效率降低成本。从农业文明到工业文明再到当下的信息文明，技术进步背后的推力往往来自对效率的追求。物联网实现人与物之间、物与物之间的自动信息交互和沟通，降低了信息传输和分析处理的中间环节，提高了生产效率。例如，物联网与工业的结合，在智能工厂中，运用物联网技术实现库存管理，自动地向上游企业发出采购需求，供应商接到订货信息后可以进行自动的物品供给，实现供应链上的协作，大大提高了企业间的供应效率，降低了运营成本。物联网也将降低设备维护等方面的成本。提高效率和降低成本的过程必然是提高企业竞争力的过程。

提高顾客服务体验。在越来越激烈的市场竞争中，以顾客为中心成为企业的共识，利用物联网对货物进行跟踪，实现产品在使用过程中的自动的信息反馈，将极大地促进产品和服务改进，提高顾客的体验。例如，当下的各类智能运动产品对体能和健康数据进行分析，消费者可以通过运动设备对自己的健康状况进行管理。

促进产业创新。物联网在消费领域和工业领域的应用，不仅促进现有产业的创新和升级，同时也将催生新的产业，通过产业创新提高全社会的产出，实现价值创造。物联网在智能工农业、物流零售等经济发展建设领域，市政管理、节能环保等公共事务管理方面，以及医疗健康、家居建筑等公众服务领域的应用，将催生和带动设计制造、软件、网络通信、服务等方面的产业创新。

7.2 金融场景应用

目前，互联网连接着全球约47.3亿人[①]，显然物联网连接的各种设备和物体数量远远超过这一数字。伴随着5G网络的运用，物联网及其应用可能会有更大的变化。物联网在金融领域多方面都有应用。比如，供应链金融经常要控制上游企业的生产进程，如果在这些企业的设备上装一些传感器，借助传感器数据就能知道这些公司是否在正常运营。再比如，在银行做贷款时，抵押品五花八门，既有车也有存货。一些银行针对比较大型的存货安装一些传感器，就知道这个存货是否还在。

目前，物联网应用较多的就是保险行业。一方面，保险公司借助物联网技术进行健康管理，即在确定受保人的健康管理目标之后，保险公司为其制定个性化的健康管理方案。并且，对受保人的日常活动和健康状况等相关数据进行分析后，保险公司据此评估投保风险并调整保险价格。目前，比较常用的健康管理设备是可穿戴智能终端，该智能终端上的多种传感器可以对受保人的状态进行实时监测，自动收集相关数据，从而可以提前预判并极大地降低了风险评估成本。比如，寿险巨头之一的约翰·汉考克（John Hancock）公司为人寿保单持有人免费提供Fitbit智能手环，通过手环获取客户健康数据。牙科保险公司（Beam Dental）售卖智能牙刷，通过智能牙刷的蓝牙装置获取客户刷牙的时间、频率，更换牙刷头次数等，以此了解客户的牙齿健康状况。

另一方面，基于物联网的车险创新商业模式UBI（USsage Based Insurance）得到了蓬勃发展。UBI定价模式下，车险的定价会以车辆

---

① 由2022年6月20日中国国际发展知识中心发布的《全球发展报告》中数据计算所得。

上安装的 OBD（On Board Diagnostics）装置所收集的车辆行驶的过程数据（车辆维护状态、行驶路线及距离）、驾驶行为为依据进行。具体的定价方式会依每部车的评估不同而异。此外，依靠车联网技术，可实现事故的即时通知，更准确地进行责任评估，提升了保险公司的反欺诈能力，使得理赔管理流程的效率得到大幅提升，同时理赔管理的相应成本得以高效控制。

很多银行也尝试了物联网的应用。2017 年 6 月，中国工商银行正式上线自主研发的"工银物联网金融服务平台"。第一，在对某企业原酒融资进行风险管理时，使用物联网技术对融资抵押物进行 RFID 封签报警、融资抵押物变化报警，监管融资抵押物周边环境，并自动收集这些报警信息和监管信息，同时还可以通过手机、电脑对融资抵押物进行远程监控。第二，在受理某小生产企业融资申请后，收集融资企业的开工状况、车间人员密度、水电表数据等具体信息，为信贷审批、尽职调查和贷后预警提供了客观翔实的信息。物联网金融能够破解小微企业信用评估的难题，进一步助推普惠金融发展，服务实体经济。第三，为了使银行金库能实现智能化管理，运用 RFID 等电子标签、容器货架等智能设备，实现对工作人员的身份认证，对存储物的物联网技术定位，并借助新型货架对实物查找、流转等过程进行全面智能化管理，提高了库房的存储能力，提升了管理效率。

第 *3* 篇

集成创新："存贷汇"业务全面升级

第 8 章

资管科技集成创新

资产管理业务（简称"资管业务"）对应了传统金融业务"存、贷、汇"中的"存"，其核心是价值跨期逻辑的另一种体现。资管科技主要包括两大类：从资金端看，指的是财富管理，对应客户的营销能力；从资产端看，指的是资产管理，对应资产的配置能力。

8.1 资管科技理论分析

8.1.1 相关概念梳理

2018 年 3 月，人民银行、银保监会、证监会和外汇局联合发布《关于规范金融机构资产管理业务的指导意见》，明确规定资产管理业务的相关含义。该指导意见规定，资产管理业务是指银行、信托、证券、基金、期货、保险资产管理机构、金融资产投资公司等金融机构接受投资者委托，对受托的投资者财产进行投资和管理的金融服务。该指导意见还规定，金融机构为委托人利益履行诚实信用、勤勉尽责义务并收取相应的管理费用，委托人自担投资风险并获得收益。顾名思义，资管科技就是金融机构在代为投资和管理客户财产时利用科技手段以期提供更好的金融服务。从以上规定可以看出，资管业务的主体是金融机构，无论是银行、证券公司、保险公司，还是期货公司、基金公司，都需要获得资管业务许可。资管业务的客体是投资者财产，即金融资产。

资产管理产品是一种载体，是金融机构作为管理者通过这个载体对普通大众委托的资金进行投资和管理，即金融监管部门制度中的资产管理产品就是普通民众投资的理财产品。管理者不同，资管产品的称呼也有所不同。银行理财产品、信托计划、保险资产管理公司等发行的资产管理计划，都属于资产管理产品。从底层投资标的来看，资管业务有股权、债权、衍生品和另类投资四类。

根据 2018 年的资管新规，资产管理产品按照投资性质的不同，可分为固定收益类产品、权益类产品、商品及金融衍生品类产品和混合类产品。固定收益类产品投资于存款、债券等债权类资产的比例不低于 80%。权益类产品投资于股票、未上市企业股权等权益类资产的比例不低于 80%。商品及金融衍生品类产品投资于商品及金融衍生品的比例不低于 80%。混合类产品投资于债权类资产、权益类资产、商品及金融衍生品类资产且任一资产的投资比例未达到前三类产品标准。

8.1.2 资管科技产业图谱

资管市场中，投资者将委托资金交付给资管机构，资管机构再根据投资者偏好选择投资标的，因此，大资管产业链中的主要参与者是投资者和资管机构，分别对应产业链的上游财富管理业和中游投资管理业，而投资标的对应下游投资银行业，科技公司、银行金融科技子公司等主要为资管机构提供科技服务（见图 8-1）。资管机构在选择到合适的投资标的后，既能满足上游投资者的财富管理需求，也能满足企业的融资需求，将社会上的闲散资金投入社会再生产，从而推动实体经济发展。

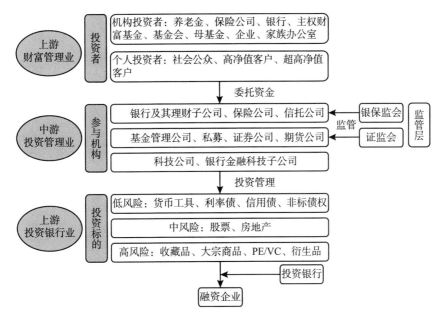

图8-1 资管科技产业链图谱

1. 上游财富管理业

在上游财富管理业中，主要的参与主体是投资者。投资者可以分为两类：一类是机构投资者，包括银行、保险公司、养老金、主权财富基金、基金会、母基金、企业以及家族办公室等；另一类是个人投资者，包括社会公众、高净值客户以及超高净值客户等。投资者自行承担投资的收益与风险，将资金委托给资管机构并交付之前约定的管理费用，资管机构帮助委托人实现资产保值增值。从资金角度来看，得益于我国经济的高速增长，2021年全国居民人均可支配收入35128元，比上年实际增长8.1%①，财富管理需求进入新阶段。经济快速发展，财富不断增长，居民投资理财需求越发旺盛，资产管理行业迎来新的发展机遇（邱晗等，2018）。

① 资料来源：国家统计局网站。

2. 中游投资管理业

在中游投资管理业中，主要的参与主体是各类资管机构和科技公司。当前，我国主要有银行及理财子公司、保险、信托、券商、公募基金、私募基金以及期货公司等资管机构。目前，各类资管机构基本包括前端销售、中台投资顾问和后台投资管理三个主要的业务环节，随着资管产业的发展，后期可能会演化出更多相关业务，各类资管机构都可能利用自己的优势在竞争中获得最佳定位。"资管新规"实施以前，产业链分工不够精细，对应的牌照也不够清晰。"资管新规"实施之后，产业分工将会越来越细，目前已经形成这三大主要业务模块。此外，还有一类与资管机构相关联的链条，即监管层与资管机构的监管关系。在目前的监管体系下，主要有两个监管主体：一是银保监会，主要监管银行理财子公司、信托公司和保险公司；二是证监会，主要监管基金管理公司及其子公司、证券公司及其子公司、私募机构以及期货公司。在银保监会以及证监会的监管下，各类资管机构依据各类规章制度进行合规的业务运作。银行金融科技子公司和其他一些科技公司在资管科技中发挥了重要作用，或直接为资管机构提供服务，或通过参股或合作的方式参与资管业务。

3. 下游投资银行业

投资银行业会创设投资标的，随着投资品种的丰富，除了标准化证券外还有很多非标准化证券。在我国，从事投资银行业务的主要有三类：一是外资投资银行；二是券商投资银行部门；三是商业银行投资银行部门。在下游投资银行业中，主要的主体是投资标的。投资标的主要包括三类：低风险产品如货币工具、信用债、非标债权等；中风险产品如股票和房地产等；高风险产品如 PE/VC、大宗商品、衍生品等。

8.1.3 资管机构生态系统

1. 产业链维度

从资管产业链角度看，资管业务的三个子行业，即财富管理、投资管理和投资银行，对各种资管机构而言，都有各自的优势和劣势（见表8-1）。

表8-1　　　　　　　　　资管机构资管子行业优劣势比较

资管机构	优势	劣势
商业银行	投资银行和财富管理。因为银行能够进行账户结算，拥有大量实力雄厚的企业客户和个人客户资源	投资管理，因为激励机制不完善，投研能力有待提高
银行理财子公司	财富管理。一是因为银行理财子公司有牌照优势，可以同时从事公募和私募，目前国内只有理财子公司和少部分的券商能同时从事两种业务。二是银行理财子公司可以利用母行获取优质客户资源和资产来源。三是销售渠道广，还可以通过其他机构代销产品	
保险公司	财富管理和投资管理。因为保险公司资金来源广，拥有众多线下销售网点和代理人打通销售渠道	投资银行，还处于起步阶段
信托机构	财富管理和投资银行。财富管理方面，创新出养老信托和家族信托；投资银行方面，创新出信托贷款	
基金公司	投资管理。基金公司的核心业务，投研体系相对成熟，有对应激励机制	投资银行，处于尝试阶段；财富管理，受限于渠道和网点
私募公司	投资管理。私募股权和创投类基金对企业的调研和预判能力强；私募证券基金和资产配置基金有很强的风控能力	
券商	投资管理和投资银行。投资管理投研能力强，投资标的全。券商有一定客户资源，有国内外网点	

续表

资管机构	优势	劣势
期货公司	投资管理。起步晚，但是期货公司有强大的风险管理能力，还能用衍生产品对冲交易	

2. 资管产品维度

就投资标的产品角度而言，各个资管机构都有自己擅长的资管产品（见表8-2）。通过分析发现，各资管机构在资管产品上各有所长，并且从短期来看这种优劣势很难有较大改变。

表8-2　　　　　　　资管机构资管产品优势比较

资管机构	优势
商业银行	债权类资产。银行信贷投放业务非常成熟，最擅长非标债权，在产品开发和管理上优势明显
银行理财子公司	现金管理类产品、定期开放型理财产品、权益类产品
保险公司	大类资产配置。对长久期、价值导向以及绝对收益资金的投资具有丰富经验，信用风险控制能力较强，债权投资主要投向交通、水利等基础设施项目，组合投资主要投向股票和债券
信托公司	非标债权为主，但资产类别广泛，在基础设施建设和房地产投资方面优势明显
基金公司	标准化证券为主
私募公司	擅长投资的领域较为广泛，在固定收益和权益类方面有投研经验和人才储备优势
券商	资产类别最齐全，涉及标准化证券、衍生品和非上市股权等，但标准化证券领域最为熟悉
期货公司	大宗商品、量化策略产品储备及布局，期货公司对于宏观对冲配置的天然敏感性，使得期货资管业务可进一步加强期货宏观策略产品发展。期货资管通过加强股东东方和战略合作伙伴的资管业务联动，其资管业务可涵盖多类资产配置

8.1.4 资管科技关键技术

知识图谱能用来描述各种实体和概念之间的关联性，本质上就是利用信息可视化技术构建的复杂网络。当通过知识图谱将各种实体间的关联性直观呈现出来后，很容易将实体或者关系的变化展现出来，分析这种变化的后果和影响可以帮助资管人员全面掌握相关信息进而进行深层次研究。在金融领域，知识图谱的实体可能是企业和金融产品，实体之间的关系可能是股权关系、债权关系、担保关系、竞争关系、合作关系、价格联动关系等。在资管科技中，基于知识图谱的复杂网络非常重要，包括识别出实体并构建关系，这是整个知识图谱的上层建筑。识别实体可能需要从公司年报公告、媒体报道、研究报告、图像视频等海量非结构化数据中自动化提取相关信息，而提取过程需要用到自然语言处理和情感分析等技术，提取后的挖掘分析则需要用到机器学习。

自然语言处理在资管领域主要使用其智能问答和语义搜索技术。具体而言，当资管人员以自然语言的形式提问后，深入分析语义以理解资管人员意图，再快速准确获取信息并生成答案，资管人员也可以直接以搜索引擎的方式获取信息。资管领域里，资管人员日常需要借助各种渠道搜索大量相关信息，在金融智能问答和语义搜索的帮助下，信息获取通过简单提问就可完成，节省了资管人员的时间，提高了信息获取效率。而且，语义搜索不仅会直接返回平面化网页信息，还能把各种相关信息组织起来立体化，并提供分析预测。

机器学习主要包括监督学习、半监督学习和无监督学习。监督学习主要是通过回归或分类进行拟合预测（如判断资产价格走势）或判断分类（判断是买还是卖，波动率高还是低）。与以线性回归为主的传统统计学相比，监督学习能更好地处理异常值、大样本数据、输入变量有相关性、有非线性影响等问题。非监督学习主要进行聚类分析和因素分析。在金融领域，正确识别历史机制，如波动率高或低，利率上行或下行，发生通胀或通缩等，对投资组合如何分配不同的资产和风险溢价十分重要，而因素分析能识别出数据的主要驱动力或识别最好的数据表现，如主成分分析。

深度学习是一种基于神经网络理论的技术，通过模仿人类学习过程，采用多层学习分析数据的方式来解决问题。深度学习主要用于执行一些人类很难定义但比较容易执行的任务，比如图像识别、文本分析等。在资管领域，深度学习主要为自然语言处理技术和非结构化数据处理技术提供一定的技术支持。在日常工作中，资管人员往往不会直接应用深度学习，但是深度学习的应用成果能拓宽资管人员的研究视野，能促进投资策略的生成。比如，通过提取识别卫星或无人机图片信息，分析特定时间内特定区域货车进出的数量变化，用于估算企业的经营数据和工人的就业数据，或者通过人流量分析商业地带零售状况。

8.2 资管科技创新应用

8.2.1 智能投顾

1. 基本原理

大多数个人投资者可以从股市参与中受益，然而参与的好处取决于投资者是否持有适当多元化的投资组合。财务顾问可以通过帮助投资者转向更加多元化的投资组合来潜在地减轻欠多元性，但财务顾问容易出现行为偏差并表现出认知上的局限性。因此，智能投资顾问（robo - adviser）成为一个新选择。弗兰西斯科等（Francesco et al.，2019）研究了一种智能投资顾问优化器，它根据投资者的持股和偏好构建量身定制的策略。在人口统计方面，采用者与非采用者相似，但管理的资产更多、交易更多，则风险调整后的绩效更高。智能投资顾问在采用前对不同多元化程度的投资者产生相反的影响。它增加了投资组合的多样化，降低了那些在采用前持有少于5只股票的投资者投资组合的波动性。使用该工具后，这些投资者的投资组合表现更好。同时，智能投顾几乎不会影响在采用前持有超过10只股票的投资者的多样化。这些投资者在采用后交易更多，对平均业绩没有影响。对于所有投资者来说，智能投顾减少了（但并没有完全消除）普遍存在的行为偏见，如处置效应、趋势追踪和排名效应，并基于在线账户登录增加了关注度。

智能投顾是借助大数据、人工智能等技术对传统投顾的改造升级。传统投顾中投资顾问凭借自己的专业能力和相关经验，并结合投资者的风险偏好、预期收益等给客户提供理财资讯或投资建议。智能投顾是指利用云计算、大数据和人工智能技术，通过现代投资组合理论等投资方法，结合投资者的风险偏好、财务状况和收益目标，构建投资模型，在线自动提供为客户提供投资组合管理咨询等财富管理服务（见图8-2）。智能投顾充分考虑投资者自身特点和需求，所以提供的组合配置建议具有明显的定制化和个性化特点。并且，智能投顾能够提升投顾效率，全面推动投顾行业智能升级。

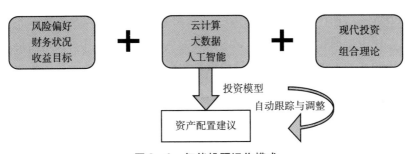

图8-2　智能投顾运作模式

资料来源：兴业证券经济与金融研究院。

通过技术的引用，智能投顾与传统投顾相比优势明显。①低费用。智能投顾平台由于是利用机器自动提供咨询服务，一对一模式变成一对多模式，因此边际成本明显下降，而且随着客户数量的增多边际效应更加明显。②低门槛。传统投顾门槛在百万元，而很多私人银行理财都在600万元，甚至有些还是1000万元门槛，主要针对高净值客户，大部分中产阶层和长尾客户很难享受个性化定制化咨询服务，但这类人群基数大，资产的保值增值意愿强烈。智能投顾平台由于低费用，因此对客户的最低投资额度要求也低，多为1万~10万元，客户覆盖范围广，真正实现了全民理财。③投资广。智能投顾平台可以为投资者提供全球的投资组合，自动化决定最优方案。④易操作。智能投顾服务流程简便，全流程均可以在互联网上实现，仅需几分钟就可达到高效、精准匹配用户资产管理目标。具体而言，投资者在平台做问卷调查，智能投顾再根据投资者状况确认资产配置方案。⑤透明度高。智能投顾充分披露金融产品信息、收费标准、投资理念等，客户可随时查看投资信息。并且，机器自动决策会更客观公正，减少道德风险。⑥个性化定制化。智能投顾是根据用户自身的风险偏好、财务状况和收益目标而确定的投资组合，所以在客户进行了问卷调查后，智能投顾平台能为投资者提供个性化定制化的投资方案。

金斯顿等（2019）认为，智能投顾本身能通过使用技术而降低人力成本，使用基于金融理论的可复制算法克服主观认知局限和偏见，还可以简化和加快与客户的联系，更加透明并且其实现策略更加简单和高效。但同时，智能投顾也可能存在陷阱，即使用自动化工具时个人不愿将所有决策权交给算法；智能投顾可能会将公司利润置于投资者利益之上；均值—方差优化法未考虑投资机会的时间变化，也未明确考虑到有效边界是每个个体投资者视野的函数，方差协方差矩阵难以精确估计等。

拥有技术优势的智能投顾可提供多种服务（见图8-3）。①客户分析是通过问卷调查等方式对用户画像以了解用户偏好，是智能投顾的准备环节。②大类资产配置是根据现代投资组合理论给出收益确定时的最佳投资。③投资组合选择可能根据风险等级或投资风格来选择投资组合。④交易执行多少自家券商或合作券商提供服务。⑤投资组合再平衡是在市值变化导致资产配置偏离目标过大时把资产配置从动态向静态调整。⑥税收规划是通过卖出亏损资产以抵消部分资本所得税，同时买入其他资产以增加客户收益。⑦投资组合分析为客户提供业绩、风险因素或投资组合等多方面的分析。

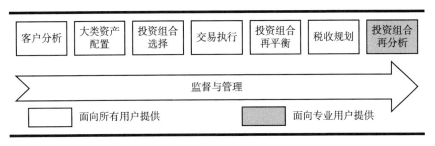

图 8 - 3　智能投顾服务

2. 核心技术

智能投顾是传统投顾与科技融合的产物，通过运用大数据、人工智能和区块链技术等技术，智能投顾实现了资产配置建议的自动化、智能化和定制化，还实现了对投资组合的自动追踪和调整。而核心技术大数据挖掘、人工智能技术在智能投顾中发挥了重要作用，比如分析宏观经济状况、证券公司业务，研究网络舆情，判断信息和市场之间的关联性等，主要涉及机器学习、自然语言处理和知识图谱。机器学习主要用于预测，即根据已有的历史经验和获取的市场信息数据，自动化修正分析模型，并据此预测出相关信息和资产价格之间可能存在的相关性。自然语言处理主要用于舆情分析，即根据已有的数据信息，分析国家政策信息、新闻信息、社交媒体信息等，从而找出市场波动缘由。知识图谱主要用于关联性分析，即人为设置出规则，让机器能够排除黑天鹅事件和无经济关联事件的影响，从而修正各变量和关系的关联性。

对智能投顾而言，最关键的三大支撑是数据、算法和模型（见图8-4）。数据是智能投顾的基础，算法和投资模型是智能投顾的核心竞争力。智能投顾要为客户量身定制个性化的投资方案，必须先对客户进行分析，既需要知道客户的预期收益目标、风险偏好、财务状况等数据，还需要掌握宏观经济状况、网络舆情，证券公司业务状况等数据，并据此为客户画像并提供方案。因此，只有掌握海量有效数据才能建立投资模型并选取投资标的，也才能在突发状况出现后及时对投资决策进行调整。模型决定资产配置比例，算法决定投资分析方法，利用算法可找到调仓方式以提高投顾效率，因此有必要结合自身优势优化模型和算法。

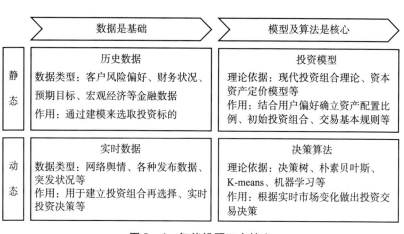

图8-4 智能投顾三大核心

3. 创新发展

智能投顾发展经历四个阶段（见表8-3）。证券公司结合先进的技术和自动化工具，在咨询服务方式上具有更多创造性。智能投顾对证券行业起到了催化剂的作用，促进人工顾问提供服务的技术化特征，优化人工顾问推销自己、与客户互动、优化流程和指定投资策略的方式。未来证券公司将继续开发适合不同投资者的渠道，人工顾问和智能顾问将在未来共存。

表 8-3　　　　　　　　　　智能投顾发展阶段

发展阶段	功能
1.0 阶段	(1) 线上问卷； (2) 产品或投资组合建议； (3) 上市 ETF，债券，股票
2.0 阶段	(1) 专有基金管理； (2) 调整与再平衡； (3) FOF 和投资组合； (4) 基于风险的投资组合分配
3.0 阶段	(1) 基于算法的调整与再平衡建议； (2) 预定义的投资规则集
4.0 阶段	(1) 完全自动化的投资； (2) 自学人工智能算法； (3) 自动化资产转移

智能投顾 1.0 阶段。客户在回答问卷后，证券公司会通过网络或智能收集向客户发出投资产品的单一产品建议或投资组分配。然后，客户使用自己的账户购买和管理这些组合，同时对这些组合进行积极调整，组合包括股票、债券、ETF 和其他投资工具。

智能投顾 2.0 阶段。投资组合是作为基金中的基金（Fund of Funds，FOF）创建的，可直接建立投资账户或直接执行订单。投资经理人工监督投资算法和定义规则集，并对资产配置进行管理，包括投资和再平衡服务。问卷不仅用于筛选合适的产品，还用于将客户分配到少数预定义的风险分配投资组合中。

智能投顾 3.0 阶段。提供基于算法的投资决策和投资组合再平衡建议，这些算法满足预定义的投资策略。而专业的基金经理是最终监督者，人工的介入使得客户能够遵循或者忽略智能顾问的再平衡决策，以个性化管理他们的投资组合。

智能投顾4.0阶段。通过自学人工智能投资算法，智能投顾4.0可以根据不断变化的市场条件和个人投资需求，实时监控和调整单个客户的投资组合，跟踪所选择的投资策略，并实现自动化的资产配置。

目前，德国、英国和美国大约80%的智能投顾到达了3.0的水平，并且自动化的趋势越来越明显。智能投顾很可能会继续作为一个渠道，与诸如亲身体验和虚拟体验等触控式渠道并举。随着应用场景的不断发展，它将利用技术支持来优化和整合客户服务价值链的各个方面。

8.2.2 量化投资

1. 量化投资含义

量化投资是指传统的人为主观判断被先进的数学模型取代，借助计算机从海量历史数据中筛选能带来超额收益的大概率事件以制定投资决策。具体而言，庞大的历史大数据存在多种可能，因此选择获取概率最高的量化模型，并通过计算机根据量化模型严格执行指令并进行操作，比如在选取股票方面，从技术基本面入手加入相应条件，再把符合条件的股票筛选出来，然后根据模型操作，比如当股价产生波动时怎么操作，什么时候加仓或减仓等。把这一系列内容制定在量化模型中，最终由计算机执行买卖指令。量化投资能够极大地减少投资者情绪波动带来的影响，可以避免在市场极度悲观或极度狂热的情况下的非理性投资行为。与传统投资交易相比，相同的是两者都是居于市场非有效或弱式有效理论，不同的是量化投资非常注重历史数据在投资决策中的作用。我国量化投资人概从2004年的量化投资产品开始，但真正意义上的量化投资开始于2010年4月的沪深300股指期货上市。

量化投资有如下几方面特点。①纪律性强。量化投资是由机器进行数据挖掘和分析，然后客观执行，可以克制人性中的恐惧、贪婪、侥幸等缺点，也可以避免认知偏差。②取胜概率高。量化投资采用大数据处理，都是从历史数据中不断挖掘有望重复的规律并加以利用，以统计模型作支撑，并依靠组合资产而不是单个资产来获胜，策略选股更精准。③效率更高风险更小。无论是开始的历史数据收集，还是中间的数据分析，或是最后的投资决策执行，所有过程都是由机器完成，比起传统的投资交易效率更高，也能更好地控制风险。

2. 量化交易策略

股票策略。股票策略指的是单一应用于股票的交易策略。股票筛选既可能通过投资者的主观判断进行决策，也可能通过计算机决策，前者成为主动权益投资，后者成为主动量化投资。在主动权益投资中，投资者会对行业和企业进行深入调查，形成投资逻辑并选股。在主动量化投资中，计算机根据输入的投资逻辑，通过快速计算来构建投资组合。比较而言，主动量化投资是基于数据进行分析，无法获取那些不是以数据形式存在的信息，而主动权益投资中投资者却可以处理。另外，主动量化投资中计算机有快速处理信息的能力，通过构建自动化模型，能够快速消化各种数据信息并转化为有价值的交易信息。因此，主动量化投资的研究更具广度。

宏观策略。宏观策略需要从宏观层面考虑全类型市场，包括以期货为投资工具的 CTA 策略（commodity trading advisor，CTA）和宏观资产配置策略。CTA 策略属于动量策略的典型代表，而动量策略是通过找出价格变化的规律和趋势来获取收益。为了能分散动量策略的高风险，CTA 借助期货标的物将投资范围扩大到各种类型的资产。宏观资产配置策略目前被一些全球资产管理公司和投行采用，主要基于对宏观经济变化的分析而采取做多或做空市场的策略。比如，如果认为中国经济会持续高速增长，资产管理公司就可能会做多中国股指、中国国债或与中国贸易有关联的大宗商品等。

套利策略。套利策略在理论上可用于不同类型的市场。固定收益类产品的价格主要受到时间、利率和通货膨胀影响，信用利差之间的关系更为确定。因此，投资者可以根据固定收益类产品之间的关系制定套利策略。并且，国外市场中固定收益产品有相应的衍生品辅助，所以投资策略会比国内更丰富。事件驱动类套利主要用于兼并收购类事件，通过预测事件是否成功而进行做多或做空与参与者相关的股票、债券等产品。

8.2.3 智能投研

1. 智能投研含义

智能投研是指以金融市场数据分析为基础，利用人工智能、区块链、云计算和大数据等技术，在深度理解金融业务模式的基础上，对数据、事件和结论等数据信息进行自动化实时分析处理，赋能决策、交易和风控等多个环节，为基金经理、金融分析师等提供投资决策参考，以提升其工作效率和分析能力。借助科技手段辅助金融投资决策和投资研究，能降低投研成本，提升投研效率，还能提高分析精准度，排除潜在风险，科技在资管领域发挥的作用越来越大。

从广义角度看，智能投研主要指人工智能等技术在资本市场的应用，更强调对各类数据的获取和利用，所以与传统投顾存在很大不同（见表 8-4）。从使用者角度看，智能投研主要参与者包括一级、二级市场的券商、投资者、监管部门、商业银行等。从投资标的看，覆盖各种类型的公司股票、债券和资产证券化的固定收益类产品、外汇、大宗商品等。从业务环节角度看，智能投研包括研究、市场营销、投资、交易、风险管理、合规管理等。借助高效且优化的算法模型，智能投研实现了从最初的数据收集到最终的报告产出全流程的整合优化，形成金融各细分领域的咨询建议和研究体系，为金融产品创新提供一定支撑。

表 8 – 4　　　　　　　　　　传统投研与智能投研比较

比较内容	传统投研	智能投研
数据来源	主要是宏观数据、行业数据和公司等结构化数据	数据来源范围更广，还包括网络舆情数据、社交网络数据等各种结构化非结构化数据
获取方式	通过结构化数据库或手动搜索获取，数据获取不及时	通过网络爬虫、人工智能算法等自动化批量化提取和整理各种数据，数据提取效率高，并对非结构化数据进行结构化处理
处理方式	手动处理相关数据，耗费时间和精力较大	利用知识图谱、自然语言处理等技术，根据规则自动化提取数据并生成图表，自动化投资研究
数据分析	数据理解差异较大，且分析主观性较强，多是基于投研人员自身经验进行投资研究	基于模型优势形成稳定分析输出，分析更客观，思考维度更全，逻辑推理更稳
结论呈现	投研人员撰写研究报告，研究稳定性交叉，报告产出周期长且后期调整比较复杂	能快速生成且动态调整各类报表，实现智能搜索引擎、智能问答、资产管理等，自动生成研报

2. 投研产业链条

上游金融数据服务。智能投研的数据主要来源于三方面。一是传统金融数据。金融机构本身拥有大量的标准化数据，比如公司年报季报、公司财务数据、宏观经济数据、行业数据、交易数据等，涵盖维度也比较多，这些数据形成的金融数据库比较成熟。二是网络爬取数据。互联网上的数据主要包括政府网站数据、监管部门网站信息、社交网站信息和各网络媒体信息等。这类数据相对分散但更加细化，所以对投研价值有很大提升。三是另类数据。目前，通过智能设备采集到的网络卫星图片信息、气候卫星等也被应用于智能投研，逐步纳入移动终端的各种数据。总的来看，这些数据非常全面，多种数据还能交叉验证并挖掘更多价值，数据源基本能实现 24 小时不间断提供数据，能有效保证数据的有效性和及时性。

中游数据处理加工。中游在很大程度上能体现技术对人力的取代程度和智能化程度，主要包括数据处理工具和处理后的数据产品。数据处理工具是开发其他高级工具的底层技术，可用于摘取标准化金融文档关键信息，包括数据提取时所用到的工具和用户需求定制的处理工具等。核查类工具能自动核查有明确规则的金融文本。产业链图谱用于建立标签之间的关系，细分行业，展现产业链条中各竞争对手之间的关系，也展现链条中的股权投资关系，寻找潜在投资标的，发现潜在风险传导路径。金融信息加工是智能投研的重要环节，也是附加值最高的环节。

下游是应用场景需求主体。数据建模后能实现智能搜索引擎、智能问答、数据可视化和预测，下游对数据和生成结论有需求的主要包含四类主体。一是券商。目前，券商的投行部门、网络金融部门和研究所都对智能投研有需求，投行部门用于找项目和提交文件的审核，网络金融部门用于对 App 智能投顾功能提供底层支持，研究所用于提取公告数据、搜索信息等。二是投资机构。一级市场投资者可用于找项目，也可以用于监控竞争对手；二级市场投资者可用于对量化投资的策略因子、资产组合进行监控及风险预警。三是监管部门。主要指证监会和证券交易所对智能投研的监管，比如审核标准化的金融文本，监控信息披露。四是其他类需求，比如商业银行对小微企业的信贷风控，银行寻找潜在的企业客户，企业寻找合作伙伴等。

3. 投研业务流程

智能投研需要从宏观和微观视角综合性全方位地分析经济现象、经济周期、经济数据，市场表现等，深入挖掘到各种事物内部，找出事物之间的内在关系，探索事物发展规律，从而确定可能的投资机会。智能投研能为基金公司、证券公司等金融投资机构和研究机构提供一定的投资决策参考，为投资分析和交易全流程提供一站式服务。

从本质上看，就业务流程而言，传统投研与智能投研无显著差别。传统投研研究流程包括三步。一是搜集信息和提取知识，包括通过金融终端、信息门户网站、公司网站等获取关于宏观、市场、行业、公司的数据信息和提取知识。二是研究分析，即以得到的数据和知识为基础通过逻辑推理、演算等提炼观点。三是观点呈现，即将研究结果用报告等形式呈现出来。其实，传统投研各环节都存在一定弊端。搜索信息和提取知识环节，可能存在人工获取知识不及时、不全面，随机性较强，无法展现研究对象的全貌，而且投研人员在搜索数据的时候可能存在不全面不准确的搜索表达。在研究分析环节，投研结果可能受投研人员的情绪、知识结构体系、分析判断能力等多种因素影响，并且要找出各种事物之间的关联性和内在逻辑对投研人员的专业能力有较高要求。在观点呈现环节，人工整合并发布投研结果会花费较长时间，导致投研要求的快捷性和及时性大打折扣。

但是，借助大数据、人工智能等技术，传统投顾的各个业务环节在质量和效率方面都有了很大提升（万佳彧等，2022）。在搜集信息和提取知识环节，借助自然语言处理技术，智能投研能智能推送资讯，还能智能搜索，即系统的联想能力更强，可以理解模糊化通俗化的搜索关键词。基于自然语言处理技术和情感分析技术，智能投研能够提取结构化数据，从而能从交易数据、天气情况、卫星图谱、社交媒体数据等抓取海量信息，并转化为结构化数据让机器分析处理，因此数据来源更加广泛。

在研究分析环节，借助知识图谱技术，智能投研能从新闻资讯、券商研究报告、公司年报或季报等自动地批量化提取公司股东、供应商、子公司、客户、合作伙伴或竞争对手等信息，构建关系网络图谱。借助大数据技术，智能投研更容易在海量事件中找出关联性。

在观点呈现环节，借助自然语言生成技术，智能投研能把研究结果进行文字化展示；借助可视化技术，智能投研能将研究结果的数据自动转化为图形、表格等可视化形式，并自动排版，极大地提高了工作效率。

8.2.4 财富管理

1. 财富管理含义

2021 年 12 月 29 日，中国人民银行发布《金融从业规范财富管理》（以下简称《规范》），从顶层设计的角度对财富管理行业供给端从业人员进行了规范，并且给出了财富管理的含义：贯穿于人的整个生命周期，在财富的创造、保有和传承过程中，通过一系列金融与非金融的规划与服务，构建个人、家庭、家族与企业的系统性安排，实现财富创造、保护、传承、再创造的良性循环。对财富管理而言，其核心竞争力是客户满意度，即从业人员要根据客户关系、信息提供、专业服务、客户激励四个营销组合要素进行自身定位，结合自身竞争优势，提供高质量服务，提升客户满意度。与资产管理不同的是，财富管理贯穿人的整个生命周期，不限于金融服务，目的还包括财富创造、保护、传承等；资产管理业务（产品）属性是金融服务，目的是资产保值增值。对客户而言，财富管理既能满足客户的财务需求，又能帮助客户增加收益降低风险。截至 2021 年底，按照银行理财、信托、证券资管、公募基金、私募基金、保险和第三方财富管理全口径计算，我国财富管理行业各类机构资产管理总规模达 131.16 万亿元，提供财富管理相关服务的持牌/备案机构总数约 2.56 万家①。

为何我国财富管理行业发展迅猛？从居民收入看，随着我国经济的持续飞速发展，居民收入快速增长，可投资资产规模也在不断增加。据普益集团联合普益标准发布的《2021 中国中产家庭资产配置白皮书》显示，我国居民家庭的资产在 2021 年已达到了 687 万亿元，

---

① 资料来源：新民晚报《中国财富管理行业发展报告（2021—2022）》，2022 年 8 月 3 日。

平均每个家庭拥有的资产上涨至 134.4 万元。超六成中产家庭对投资知识仅有基本的了解或基本无了解；仅不足两成中产家庭有充足的时间去打理投资。中产家庭保险配置困惑多，保险配置体验不佳。因此，我国财富管理有极大的需求市场。随着资管新规过渡期的结束，以"净化值"为方向的理财市场成型，居民储蓄将向理财转型，进一步助推财富管理发展。

从财富管理供给侧看，我国财富管理业务的机构有商业银行（银行理财子公司）、信托公司、基金公司、证券公司、保险公司、基金公司、第三方财富管理机构等，共同形成财富管理蓬勃发展的格局。从各金融机构的财富管理产品规模来看，银行仍然位居第一，因为银行网点丰富，并且客户资源也丰富，银行之后依次是公募基金和保险产品。根据证券投顾基金业协会显示的数据，我国共有 420 家可销售公募基金的机构，其中含 153 家商业银行、102 家证券公司、29 家期货公司、11 家独立基金销售公司。

2. 科技赋能

大数据、人工智能等技术助力财富管理，在行业发展中发挥了重要作用。从营销角度看，金融科技可以通过精准画像实现对用户的精准分析，掌握客户需求偏好并识别出客户潜在需求，从而进行精准营销，大幅提升营销前瞻性。金融科技还能通过移动端、网络终端作用于财富管理，优化运营资源配置，识别交叉销售商机，从而进一步提升营销效率。从产品角度看，金融科技能利用技术为客户提供满足其个性化偏好的组合配置，还可以利用技术挖掘和识别宏观、微观信息并设置预警阈值，当条件触发时会自动平衡组合配置，促进产品升级和提升服务效率。

第一，应用金融科技能加快财富管理行业数字化转型。利用科技连接客户、产品和数据，提升客户体验，提升产品识别和风控能力，夯实运管能力，打造基于客户的智能财富管理生态圈（见图 8－5）。

利用大数据挖掘技术，金融机构可以收集客户基础数据、网上行为数据、支付数据、生活场景数据等并进行剖解，据此进行用户画像，实现客户数字化转型；金融机构还能够根据用户画像为客户提供个性化定制化动态化的营销方案，实现营销数字化转型；金融机构还可以通过客户移动端、网络端为客户打造线上线下一体化服务，实现金融服务数字化转型。

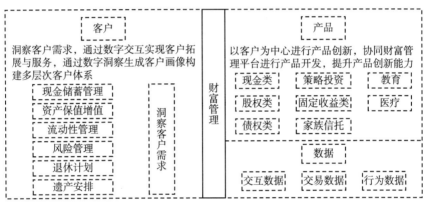

图8-5　金融科技赋能财富管理

第二，应用金融科技提升财富管理服务效率。借助大数据技术全方位利用和剖解客户多维度数据，形成用户全集视图后可为客户提供差异化服务，对客户进行动态化管理，为商家提供智能化运营决策并进行商业分析；通过语音识别技术、自然语言处理技术技术等作用于智能客服，利用语义分析技术和定制化的知识库内容实现对客户需求的快速响应；借助机器学习结合现代投资组合理论搭建智能投顾平台，为客户提供有针对性的投资建议，提升全财富管理行业的服务效率。

第二，应用金融科技可降低财富管理服务成本。利用区块链技术搭建区块链平台，可缩短金融交易链条和中间环节，从而降低金融服务成本；利用移动网络和智能终端可推广业务线上操作，减少金融机构物理网点和人员的数量，从而降低交易成本；利用云计算改变传统基础设施部署方式可大幅降低金融机构软硬件的购买和维护成本。

第四，金融科技拓宽财富管理服务覆盖面。如前所述，金融科技既能提升财富管理服务效率又能降低服务成本，所以，财富管理平台、金融机构利润空间更大，能让渡部分利润空间给消费者，利用金融科技能为更大范围客户群提供财富管理服务，真正践行普惠金融。

3. 场景驱动

对于财富管理机构而言，运营流程基本可分为前端、中端和后端，前端负责售前、售中、售后等销售环节，中端负责产品投资和研究，后端负责产品、账户、运维等管理工作。近些年，金融科技赋能财富管理，已经渗透至财富管理各个环节、各个场景（见图8-6）。

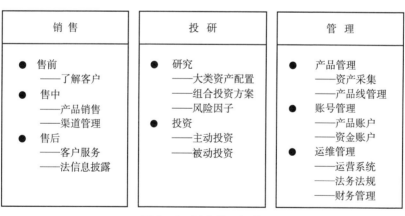

图8-6 财富管理运营

前端。财富管理最终是服务客户，所以前端销售环节尤为重要。金融科技应用于财富管理前端，可助其更精准了解客户，为客户答疑解惑，及时披露信息，优化产品销售渠道和途径，使得客户体验更好，销售效率更高，销售规模更大。具体而言，一是借助多维度大数据等技术对客户进行精准画像，多维度多角度了解客户需求，获知客户风险偏好等信息，为客户的财务规划奠定基础。二是应用自然语言处理等技术于智能客服，实现自动应答，协助办公系统解决客户部分问题。三是利用大数据和人工智能等技术为客户设计出全面的财富规划，并根据客户偏好为其提供债务管理、风险管理、投资组合管理等个性化投资建议。

中端。中端进行产品的投资与研发，能体现财富管理机构的核心能力。将金融科技应用于财富管理中端，可实现中端环节的智能化、规模化、自动化等目标。具体而言，一是应用机器学习、知识图谱、大数据等技术，可智能整合财富管理中的数据与信息，并厘清相互之间的逻辑。利用机器学习、知识图谱、自然语言处理等技术，可以智能化整合数据和决策之间的关系，可以智能化关联各种大数据，还可以自动化打破数据孤岛，自动化生成研究报告来助力财富管理的投资决策。二是利用机器学习，可以优化交易策略，并利用计算机语言下达自动化交易指令，避免传统财富管理中交易决策受投资经理的情绪影响。

后端。财富管理后端主要涉及产品、账户、风险、系统等方面的维护和管理方面的基础维护，其中，产品管理系统主要是利用科技手段让产品线更丰富，研发体系更完善，管理更智能。具体而言，一是利用科技手段可以为客户提供产品全流程管理，包括产品展示到产品购买，提升财富管理机构工作效率和客户的购买体验；二是借助云计算、大数据、人工智能等技术实现财富管理风控、运维系统的智能化、自动化，从而实现机构员工的培训、产品的研发销售、客户账户管理、优惠活动等各种要素一体化管理。

第9章

信贷科技集成创新

信贷科技对应了传统金融业务"存、贷、汇"中的"贷",其核心是资金时间价值的一种体现。从业务流程上看,大数据积累和人工智能等应用科技不仅赋能投资理财等重要流程,还全面覆盖了信贷业务,从银行信贷、消费金融到供应链金融、网络小贷,都全方位地体现了科技赋能金融。

9.1　信贷科技理论分析

9.1.1　相关概念梳理

信贷服务是一种普遍的金融服务,用于解决个人或企业的资金周转问题。传统的信贷服务主要通过商业银行进行,但商业银行依赖人工、基于流程的风控特点,决定了商业银行放贷门槛较高、审批手续烦琐,所以经常将有急切资金需求但量小的小微企业和中产阶级以下群体拒之门外。同时,放贷条件相对宽松的民间借贷又存在利率过高、渠道不正规、难以形成规模效应等问题,使得小微企业和中产阶级以下群体的融资难成为世界级难题。

在金融科技迅猛发展的今天,大数据、人工智能等技术在信贷风险管理领域中逐渐发挥出举足轻重的作用。据此,信贷科技(Credit Technology,Creditech)主要是通过大数据、人工智能、区块链等技术在信贷业务中的创新应用，是信贷与科技相结合的产物。但是现有信贷市场，仍存在如下痛点：

一是限制条件多，程序烦琐。尽管目前我国的融资渠道较广，具体的筹资策略也在创新，但烦琐、严格的限制条件仍然是企业必须面对的问题。银行贷款是企业最常用的融资方式，而企业要想取得长期借款，除了符合国家产业政策、信誉良好、信息完全等基本条件外，还要遵守银行的一般性保护条款、特殊性保护条款，这些对企业再融资行为、股利分配、资产交易甚至主要负责人的薪金等作出限制，可能会影响一大批风险性高盈利业务的开展，企业的经营自主性在一定程度上受到限制。补充性余额机制更是提高了融资成本，企业有效融资额减少，承担的财务压力和风险加大。同样，发行股票融资也要求企业在财务指标水平、公募比例、资产结构等方面合规，并报经证监会审核批准。企业的投资机会对时间的敏感性极高，而我国常见的权益性融资、债务性融资程序十分烦琐，众多约束条款大大增加了资本与项目的匹配难度，低效率造成了资源浪费。

二是中小企业体量小，传统金融机构"嫌贫爱富"。我国的投融资市场长期存在"长尾客户"需求得不到重视与满足的问题。银行等传统金融机构多年来一直坚信"二八法则"，认为最重要的20%的客户为机构创造80%的利润，因此将资本池更多地供给大型企业，以获取更多收益。而为其余80%的人群提供服务收益较小、关注成本高，所以，这部分人群就成为所谓的"长尾客户"。由于证券市场门槛高，中小微企业无法满足公司债券发行条件，不可能在资本市场上筹集资金。而商业银行目前内部的技术是封闭的，系统成本较高，无法灵活调整，深挖客户的需求，甄别风险差别定价。中小企业往往得不到优惠的利率；相反，与实力雄厚的大型企业相比，还要承担用于弥补非系统性风险的超基准利率，除此之外，还需要支付财务审计、信用评估等繁杂费用；而手续简便、放贷速度快、效率高的非银行金融机构一般只提供小额度的融资服务。所以，从根本上而言，传

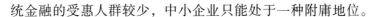

统金融的受惠人群较少，中小企业只能处于一种附庸地位。

三是信用体系不完善，市场秩序混乱。中小企业贷款和担保难在一定程度上与我国信用体系尚未建立完善有关，中小企业本身因为体量较小，自有资金缺乏，从弱到强、从无到有地发展，很多依靠自身内源性融资的积累，成长速度缓慢，信用账户不全。由于企业缺少抵押资产，没有权威的机构愿意为其进行信用背书，因此很多中小企业只能通过互相提供担保来申请贷款。而中小企业自身经营状况不稳定，企业管理者的素质良莠不齐，不一定具有社会责任意识。近些年来，民营企业违法圈钱、套取政策性资金和补贴、盲目借款扩张，最终跑路的事件层出不穷。据中国企业联合会数据显示，我国每年因为诚信缺失造成的经济损失为50000多亿元，不难想象，其中有多少是因为企业不理性融资造成的。

当市场信用普遍缺失、借贷双方信息不对称，以至于信誉良好、提供低风险性报酬的企业退出市场，而承诺高收益回报、现金流状况不佳的企业跃居主流时，就出现了柠檬市场。柠檬市场效应使不同信誉的企业难以被差别对待，都面临严格的审核条件和较高的融资成本。我国商业银行的内部风险控制和管理机制普遍按照保守的原则，通过不良资产率、资本金充足率等指标进行考核，并且实施贷款评审责任制等，都不利于中小企业融资。如果企业相互之间提供担保，一家企业出现状况很容易引发连锁反应。

融资市场混乱，供给需求匹配难的问题反映了我国征信行业尚未成熟，存在数据采集场景割裂化、强相关数据稀缺、数据质量不高、不同机构差异化定位不明确等问题。数据采集难度较大，各个平台尚未建立共识，数据隔离、缺乏共享阻碍了聚集效应的形成，使征信工作的数据源成本投入加大，原始数据质量不高、准确性差，碎片化现象明显。信用体系不健全以及数据信息缺少进一步提升了资本的风险规避意识，中小企业融资需求只能成为烫手山芋。

过去十年，我国信贷科技发展充分体现了金融与科技的双向融合。传统银行信贷业务线上化推进的同时，我国互联网企业也通过持牌或业务创新等方式加入消费金融、供应链金融或网络小贷的行列，逐步布局信贷业务。

9.1.2 信贷理论基础

1. 小微企业信贷市场

一直以来，小微企业融资难是一个世界级难题，小微企业由于存在财务数据不乐观、抵押资产价值不足、轻资产运营以及投入期等诸多问题，难以通过商业银行传统的风控审核获得贷款。而智能信贷机构通过云计算、大数据和人工智能等技术，建立大数据征信模型，进而实现企业信用的审核和评估，主要针对供应链信息系统比较完善、上下游比较完备的产业。越来越多的智能信贷机构开始为小微企业提供贷款服务。

首先，智能信贷机构以在企业办公电脑上安装软件的形式采集其日常运营数据，包括订单、库存、下线、结算、付款五大环节的全流程信息，将这些信息进行整理，转化为能够量化分析的信用数据。其次，通过对数据的分析计算，得到企业的信用评价以及相应的授信额度，甚至未来的成长性和安全性等指标。最后，一些机构通过搭建信用信息云服务平台为银行、政府等提供第三方的信息价值链服务，即通常所说的助贷服务；另一些机构则直接提供交易平台服务，使小微企业能够在平台的撮合下快速获得贷款。在智能信贷机构的帮助下，小微企业在运营中遇到的资金周转问题能够顺利得到解决，融资缺口将逐步减小。

2. 个人信贷市场

个人信贷是指金融机构为个人消费者提供的贷款服务，按照产品特点可以分为抵押贷款、消费贷款和现金贷款三类。

按照产品类型来看，抵押贷款的市场规模最大。传统的抵押贷款产品多由商业银行、典当行等金融机构提供，审批流程复杂，包括资料受理、评估、初审、复审、合同签订、抵押登记、放款、资料归档以及贷后管理。车抵贷还涉及保险受益人变更、GPS安装等步骤，不仅需要借款人提供大量证明文件，而且放款时间长，难以及时满足借款人的资金需求。为了解决以上问题，抵押贷款的智能化有两种途径，一是在传统注重抵押品评估控制的风控方式之上加入信用贷款的风控手段（如汽车抵押贷款），二是将申请、评估等流程全部线上化（如优质房屋抵押贷款）（见表9-1）。两种方式都是利用大数据刻画借款人画像，从而评估其还款能力和还款意愿。

表9-1　　　　　　　　我国智能化抵押贷款代表产品

类型	产品名称	额度	期限	放款速度	逾期后果
车抵贷	投哪网	最高20万元	1~24个月	24小时内审核通过后放款	罚息以及逾期管理费0.4%/天，逾期30天以上被列入全国个人信用评级体系的黑名单
	微贷网	最高50万元	1~36个月	2小时审核完成并放款	风控部门催收，不成功的将变卖抵押车辆
房抵贷	百度金融房抵贷	5万~500万元	1~12个月	24小时放款	—
	杭州银行云抵贷	最高300万元	最长5年	最快3分钟完成审批，24小时放款	影响征信报告

抵押贷款主要采用"线下+线上"的模式运作。通过借款人提交的个人信息并对接征信系统，评估其还款能力，从而决定是否放款；再通过线下抵押品价值评估，确定放款额度；最后面签并办理抵押登记手续。典型代表有投哪网、百度金融"房抵贷"等。

伴随着电商的兴起，越来越多线上的消费分期产品开始出现。电商平台整理用户支付、购买等数据，利用风控技术对用户信用进行评估，进而决定贷款额度，这已经成为网上购物的一种结算方式（见表9-2）。

表9-2　　　　　　　我国智能化消费贷款代表产品

产品名称	场景	费用	期数（期）	最高额度	模式	逾期后果
蚂蚁花呗	淘宝、飞猪、口碑、天猫、滴滴、淘票票、水电煤	最高41天免息，分期费用：3期0.25%，6期4.5%，9期6.5%，12期8.8%	3、6、9、12	5万元	信用卡+分期	罚息0.05%/天
京东白条	京东商城、租房、旅游、装修、教育、婚庆等	30天内免息，分期费用：每月0.5%~1.2%，按照期数确定	3、6、9、12	—	信用卡+分期	罚息0.03%/天
易鑫车贷	购车	每月1.24%	最高36	预估车价九成	分期	—
去哪儿"拿去花"	旅游	最高60天内免息，每月0.3%起	3、6、9、12	—	信用卡+分期	—

狭义的消费贷款主要是指基于真实消费场景下的消费分期产品。目前提供消费贷款服务的机构可分为线下切入和线上切入两大类，线下切入主要是驻店式贷款发放方式，即贷款机构在合作的消费点派驻办公人员和设立柜台，为目标客户提供消费分期服务，而线上切入则是通过和电商合作，在消费者进行线上购物时提供消费分期服务。线上消费产品的透明度更高，放贷机构更容易获取大量用户行为数据，从而利用智能风控技术筛选借款人，降低坏账率。

我国现金贷业务兴于2015年。目前我国市场上活跃的现金贷款产品大致包括三类：第一类是单笔金额超过1万元，笔均期限超过12个月，包括银行系产品以及少量互联网现金贷款产品，期限长、金额大、利率低，线上欺诈风险高，产品验证周期长；第二类是单笔金额在 5000~10000 元，笔均期限为 6~12 个月。以巨头系信贷产品为主，将随着业务发展逐渐放开白名单并调整期限、金额等要素；第三类是单笔金额不到 5000 元，笔均期限不到 6 个月。包括绝大多数现金贷款产品，市场需求大，产品验证周期短，配合人工智能风控能够将规模迅速做大。

9.1.3 信贷关键技术

1. 人工智能技术

从计算智能、感知智能到认知智能，分别对应人工智能技术体系的基础层、技术层和应用层（见图 9-1）。基础层体现底层基础的软硬件能力，包括算法理论、平台框架和基础设施；技术层展示人工智能技术在信贷场景中所需要的技术手段；应用层呈现技术与业务需求融合的具体信贷场景。信贷科技的发展离不开人工智能技术强有力的支撑。

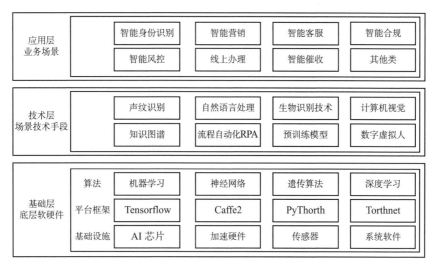

图 9-1 信贷科技之人工智能技术体系

个人信贷业务引入人工智能技术，大幅增强了放贷机构的风控能力。传统银行发放贷款，主要优势在于获客成本低和资金成本低。一方面，由于小额现金贷款的单笔收益过小，导致银行没有业务动力；另一方面，由于传统人工风控是基于如学历、工作、年薪、财产等强特征数据进行定性分析风险，缺乏对信用"白户"的鉴别能力，也不具备业务能力。但是近些年快速发展的人工智能技术将信贷业务引入智能信贷领域，早期无法申请银行贷款的中低收入群体和中小微企业也能享受技术进步带来的便捷的信贷服务。随着算法的发展，风控技术经历了从人工审核到规则引擎，已经进入了智能风控时代，信贷风险的辨识和控制能力已经逐渐增强。

规则引擎是先给予机器特定的规则，让机器自动进行计算和处理，从而减少人工审核中放贷效率低下的问题（Sanaa et al.，2020）。具体做法是首先确定机器审核的规则，并录入机器，然后让机器基于规则自主审核贷款申请，从而快速完成申请人的数据采集并给出审核结果。机器运算能力优于人工，能够处理更多的变量，不仅包括若干强特征，同时将少量弱特征考虑在内。通过数据回测和模型迭代，能够增加评判特征的数量，逐步优化特征的拟合能力。由于变量的挖掘仍然依赖经验丰富的人来完成，因此只能增加少量新特征，增长的速度也较慢，而且风控人员对模型的主观影响较大，仍存在一定的弊端。

人工智能则是赋予了模型自我优化的能力，通过机器挖掘到大量的弱特征数据，让其自主建立评判模型。例如通过输入用户特征数据和最终的贷款偿还情况，得出申请时多次修改申请资料的用户存在信息造假的概率高。此外，机器还可以利用多维度数对用户的真实性和可靠性进行检验，例如申请人输入所在地在 A，但根据手机 GPS 数据显示其实际位于 B，那么用户可能存在欺诈风险。借助机器学习，通过不断的放贷、收贷，积累大量交易数据，促进模型快速迭代优化，精度不断提高，风控能力也随之增强。

2. 大数据技术

大数据风控即使用大数据进行风险控制，通过运用大数据构建模型的方法对借款人进行风险控制和风险提醒。事实上，每一家信贷机构都应有自己的风控措施，但是行业仍然经常暴雷，出现风控问题，这是因为大部分机构的风控系统还不够完善，不成体系。比如，部分机构并没有对借款人进行深入的调查和风险评估便随便出借资金，从而造成大量的损失。风控手段不成体系，有头无尾，支离破碎，会在很大程度上增加信贷机构的风险，因此必须将贷前、贷中、贷后的风控有机结合起来，才能形成严密的风控体系，减少放贷漏洞。

通过大数据采集大量授信企业和个人的信息数据，整合为数据库，并以此为基础建立数据模型，以更好地管控贷前风险。常用的数据模型包括信用评级模型和违约概率模型。信用评级模型是通过对借款人的年龄、工作、家庭等信息进行收集，再代入大数据模型中计算出借款人的信用等级，以此来估计违约风险。平台需要对数据库进行实时更新，以确保违约风险预测的准确性。违约概率模型是通过大数据的应用，对历史数据进行分析，从而预测出较准确的用户违约概率。

随着消费金融的蓬勃发展，风险防范能力也有了快速提升，但仍然可能出现恶意欺诈行为，比如消费信贷套现等欺诈行为也可能发生在贷中。利用大数据技术可以使消费金融的各个流程更加规范，更精准地识别客户的基本信息、借贷需求是否存在异常值，从而提高反欺诈的能力。有的客户借款后未将借款使用于规定的用途，大数据能从贷前的信息分析识别出异常客户，阻止借贷行为的发生。

3. 区块链技术

区块链技术的一大特征是信息的不可篡改性，可以将区块链这一性质运用于信贷业务中，将真实的交易记录完整地存档，这些信息既包括借款者的交易信息，也包括违约信息。由于信息一旦被记录在区块链中便无法篡改，信贷机构可以通过查看被记录的信息来获悉客户真实的信用情况，征信问题在区块链的应用下会有一定程度的缓解。

由于所有交易记录都被记载在区块链中，监管机构可以更全面地了解到信贷机构交易的发生、交易余额、参与者数目、交易是否违约等情况，减少无效的调查时间，进一步提高监管效率。如果整个信贷行业都使用区块链来记录交易信息，信息披露会更加真实、可靠，不良信贷机构会因为屡屡触犯法律底线而面临市场出清，优质信贷机构会获得更大的市场份额。

9.1.4 信贷风险防控

个人信贷单笔数额小、数量大，需要投入大量的人力物力。传统信贷或是通过央行征信系统获得客户信用状况，或是凭借客户历史信用信息进行风险评分，而前者的征信记录覆盖率较低，后者由于信息不对称很难获取真实有效的金融数据。智能化信贷风险防控结合线上线下，利用大量非结构化数据，通过机器学习、人脸识别、知识图谱、语音识别等技术自动化完成贷前、贷中、贷后中各环节的风险防控（见图9-2）。

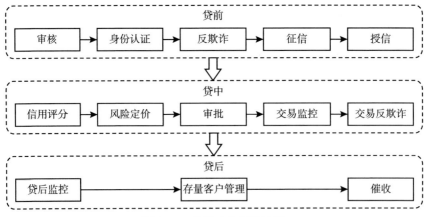

图 9 - 2　信贷业务风控流程

1. 贷前风险控制

贷前风控是信贷业务风险控制的关键，是整个信贷过程中的主要环节，直接决定了信贷服务的质量。贷前各主要环节都可能存在信息不对称，而信息搜集和整合越全面，越能做出正确的决策，从而更易于控制贷前风险（见表9-3）。

表9-3 贷前风险管理主要环节

贷前环节	主要举措
审核	传统的贷前审核主要通过人工方式进行审核，耗费时间长，且审核标准判定可能因人而异，难以保证审核质量和效率。利用当前多样化高维度数据，借助知识图谱等技术，可实现贷前自动审核，节省时间且保质保量
身份认证	借助生物识别等技术，实现客户身份的自动识别，替代传统线下凭借身份资料进行实名认证的方式
反欺诈	利用人工手段很难规避贷前的欺诈风险。贷前反欺诈通常是金融机构与第三方机构或数据方进行合作，通过机器学习等技术建立反欺诈模型，尽早识别欺诈风险，还可提前进行欺诈监测
征信	国内个人征信机构发展缓慢，目前只有银行和部分持牌金融机构能查询央行征信报告，并且央行征信报告覆盖面较小。通过全面抓取各种数据，对借款者的信用轨迹和信用行为进行综合描述，可以客观刻画出借款者的信用状况，已经成为央行征信的重要补充
授信	根据借款者的信用状况，并根据借款者的申请金额、申请事宜等确定信贷额度

2. 贷中风险控制

贷中风险控制主要是防范交易过程中的欺诈风险，因此需要实时对借款人进行监管，防范贷中风险。具体而言，需要在信用评分、风险定价等多个环节进行风险防范（见表9-4）。

表9-4 贷中风险控制主要环节

贷中环节	主要举措
信用评分	利用大数据，建立信用评分模型，对消费者的信用状况进行量化，并以分值的形式表现出来
风险定价	结合线上线下数据，通过建模等方式对采集到的数据进行分析和挖掘，给出风险评级和个性化定价
审批	依据借款人信息、放贷机构的贷前审查意见和信用报告等资料决策是否放款。智能审批可以综合前面流程中的多维数据、差异化定价模型实现自动化审批，节省时间，减少人力成本
交易监控	对贷款流程中潜在或者已经发生的风险进行监控，以预防坏账和交易欺诈。传统的交易监控依赖于人工，更新周期长，信息延迟导致决策失准，智能化交易监控可以实现实时监控反馈，及时调整风控策略，优化模型，防控风险
交易反欺诈	交易欺诈是针对信贷业务发生时的第三方欺诈，以往交易反欺诈系统由于数据库技术限制，只能实现事后风险识别和管控，时效性差。利用机器学习等技术构建反欺诈模型，可以识别可疑交易、降低欺诈损失

智能信用评分能帮助贷款方从多个方面考察借款者的还款能力和还款意愿，因此需要做出合理、全面的信用评分，同时还可以实现个性化定价。以大数据分析技术为基础，融合多角度多维度数据信息，采用机器学习进行预测，并对关联性进行数据转换；然后，从不同层面对个体进行建模打分，结合单个层面评分和综合信息，形成信用评分。

在贷中，借助机器学习等技术，构建针对业务信息中的欺诈特征与风险的自动化识别与评估，可实现交易监控及反欺诈（见图9-3）。传统信贷风控对于贷中的监控和反欺诈管理较弱，依赖人工往往无法解决风险的实时抓取，导致风险后置。发生在贷中的交易反欺诈区别于申请反欺诈，核心能力体现为能否及时识别风险的发生并对交易进行拦截。基于机器学习技术，信贷业务端可以构建针对业务信息中的欺诈特征与风险的自动化识别与评估，通过关联各类数据中的机构关系，自动发现新的欺诈模式，为不同场景提供反欺诈模型。除了机器学习以外，广泛应用的技术还有关联学习、图学习等，可以实现生成式模型，自动检测到异常风险，提供统一量纲的概率型异常度指标，作为上层风险评估模型的输入。在交易过程中数亿节点的复杂网络上，通过风险分团和全风险特征提取，基于企业规则和集成学习模型，驱动模型迭代优化，实现信贷业务流程中的实时风险精准监控，及时拦截交易欺诈行为，助力金融机构高效、及时的智能化风控管控决策。

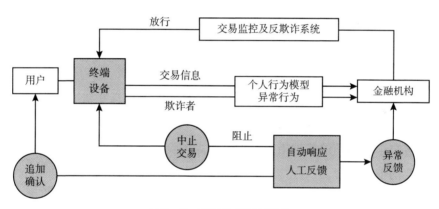

图9-3　交易监控及反欺诈

3. 贷后风险控制

贷后风险控制是信贷业务风险管理的最终环节，对信贷业务长期可持续性发展有重要影响。贷后风控精细化程度越高，贷款安全性、案件防控和业务管理质量也越高。贷后风险控制主要包括贷后监控、存量客户管理和逾期催收三个环节（见表9-5）。

表 9 – 5 贷后风控主要环节

贷后环节	主要举措
贷后监控	从贷款发放后到本息收回或信用结束的信贷监控行为：通过扫描借款人新增风险，帮助信贷机构动态监控借款人信息变更，及时发现不利于贷款按时归还的问题，调整相应催收策略，解决坏账隐患
存量客户管理	存量客户既包括当前未结清的借款人，也包括已结清贷款账户的历史客户。通过经营存款客户和贷款之间交叉营销，是金融机构常见的管理过程，其核心目标是提高客户价值
逾期催收	逾期贷款回收的一种方式，通常把逾期 M3 + 定义成不良、M6 + 定义成坏账。传统金融机构的催收分为内催和委外催收两种，成本高、效果差，智能技术有望赋能催收产业实现智能化、科技化、合规化

贷后监控主要是借助人工智能和大数据技术，对客户进行差异化管理，对逾期贷款进行催收。从对客户进行贷后监控开始，就对客户状况有了动态掌握，据此做出贷款风险判断并制定风控举措。随着数据的不断完善，可以实现公共领域的精准搜索，解决客户失联的问题；借助大数据技术关联客户的登记信息和时空信息并精准定位，借助模型预防潜在坏账和潜在失联客户。按照客户的风险水平的不同，对客户采取不同的管理措施，加大对高风险客户的监管，并及时采取必要的催收手段。

存量客户管理与"盘活存量""激活存量"密切相关，体现了信贷机构在当前人口红利消失并且获客成本逐渐攀升的情况下对存量客户的重视。在信贷经营策略上，从早期"重增量"逐步修正为"增量与存量并重"。目前，采用智能化手段可以对贷后信贷存量客户进行有效管理，措施不同目的也不同。一是通过信贷存量管理，提升信贷周转速度，扩大同等信贷资金投入的实际资本供应水平，节约资本；二是通过存量收回再贷，检验原贷款投向的质量和效率；三是通过资产交易、不良资产处置等措施，增强银行信贷资产流动性，为提高资产负债匹配度、改善资产质量提供主动性。

就逾期催收而言，传统催收投入高、成效差，随着国家合规性政策收紧，智能技术逐渐赋能催收产业实现智能化、科技化、合规化。贷后催收主要是针对逾期还款催收，传统的催收环节基本依靠线下，大规模的催收团队成本高、效率低，甚至还存在不合规现象。逾期催收的难点在于，不同逾期时段的催收成功率和重点差距较大。企业的催收能力主要体现在两个方面：失联修复的能力和命中率、催收话术和催收策略。互联网借贷逾期率较高，逾期体量较大，市场对催收的需求呈几何倍增长，借助大数据和人工智能等技术赋能催收产业，贷后催收逐步实现智能化、科技化、合规化。

9.2 信贷科技创新应用

9.2.1 银行信贷

1. 信用卡业务占据优势地位

在业务模式上，商业银行主要通过线下方式，在稳定的、低成本资金和一定的客户基础上，依靠专业的风控体系及成熟的征信系统为市场中较为优质的客户提供购车分期、装修分期、分期商城、账单分期、现金分期、助学贷款等一系列消费信贷产品服务。但缺乏丰富的消费场景及流量；由于风控管理严格、审批流程较长，用户体验不佳。商业银行中，招商银行和平安银行作为主动拥抱金融科技，较早且快速向零售转型的代表，其零售信贷业务得以快速发展。2021 年，我国共开立信用卡和借贷卡 8 亿张，较 2020 年增加了 0.22 亿张，其中，信用卡发卡量最多的是中国工商银行，达 1.63 亿张，信用卡消费额最高的是中国建设银行，为 3.04 万亿元[①]。

一方面，科技助力银行信用卡业务。近些年，信用卡业务蓬勃发

---

① 资料来源：中国人民银行网站公布数据整理所得。

展，积累了海量数据，为数据挖掘技术在银行信用卡业务中的应用提供了重要保障，信用卡业务用户画像就是此项应用的一种具体体现。用户画像是通过建立数据模型，利用大数据对用户标签化处理来表现用户特征，并据此服务于信用卡业务。首先，用户画像需要的大数据可能来源于客户申请表、客户信用记录、客户申请贷款的类型总额等信息、客户的性别年龄学历职业等基本信息、客户申请时提交的年收入等财务信息等。其次，对数据进行清洗，比如删掉重复项数据，遇到缺失值考虑用平均值代替，进行一致性处理，对数据排序，进行异常值处理等。再次，分析数据，对客户性别、职业、学历、收入、贷款分布等情况进行描述统计分析，得到客户收入和贷款总额的关系。最后，进行可视化处理。

另一方面，场景化经营已成为银行信用卡业务的必然趋势。随着银行信用卡业务竞争的不断加剧，银行逐渐改变战略，进行场景化经营。比如，平安银行已经开始深耕汽车生态圈，兴业银行也聚焦到了绿色低碳领域，而招商银行却考虑拓展外部生态伙伴。因此可以看出，目前银行信用卡业务在服务场景上已经出现分化，差异化特征明显。在信用卡存量时代，差异化经营对竞争获胜起着重要作用。

2. 实行差异化信贷

一是通过控股参股的方式实现差异化信贷经营。商业银行除了自身主体，也通过控股和参股的方式设立消费金融子公司达到差异化信贷。特别是区域性银行，可以打破原有地域限制，实现跨区域经营。在资源上，与其他股东实现优势互补，弥补自身在风控技术、场景、流量等方面的劣势。在经营上，可以承接不符合银行风控要求的客户，改善不良贷款率。例如北银消费金融和中原消费金融等。

二是通过差异化信贷政策提升信贷质量。自 2020 年春节开始，新冠肺炎疫情逐渐蔓延，很多企业特别是中小微企业正常的经营计划被打乱，生产和营业停摆，但是房租、工资、利息等刚性支出仍在，一些抗风险能力较弱的中小微企业甚至破产倒闭。与此同时，员工薪酬、奖金等都收到严重影响。对银行的信贷业务而言，中小微企业和个体的信贷需求下降，同时他们的债务清偿能力也下降，银行不良贷款率上升。因此，兴业银行等践行金融企业社会责任，在疫情期间对不同企业和个人实行差异化信贷政策（见表9-6）。

表9-6　　　　　　　　　　　兴业银行差异化信贷政策

信贷对象	差异化信贷政策
疫情影响较大区域	积极收集政府和企业的最新需求，并及时反馈和及时解决，将信贷资源、财务资源、内部审批资源等资源向重要地区和重要业务倾斜，并为之争取各项政策
防疫期增量遇困企业	对于因经营批发零售、住宿餐饮、物流运输、文化旅游等行业，以及其他有发展前景但受疫情影响暂遇困难的企业，特别是小微企业，兴业银行杭州分行不仅没有盲目抽贷、断贷、压贷，还积极对接该行无还本续贷产品"连连贷"，并根据企业情况予以展期支持
防疫期存量授信小微企业	兴业银行杭州分行积极启动"年审贷"产品，确保有续贷需求的企业第一时间应续尽续，确保存量授信的稳定。对于个别确实困难的存量贷款企业，该行则在利率方面给予优惠调整支持
受影响的个人	针对确诊和疑似病人、医护人员、被隔离人员、疫情防控人员予以信贷政策倾斜；为受疫情影响的客户延长30天的还款期限；个人住房按揭贷款以外的其他个人贷款客户可最多延长六个月还款期限
	为疫情严重区域增配个人经营贷款专项信贷规模，疫情防控期间湖北地区个人经营贷款利率在现行基础上下降0.5%
	有绿色通道专门办理因受疫情影响申请延后还款或调整个人贷款还款计划的业务，通过调整扣款日、还款周期、分阶段还款等方式灵活调整住房按揭贷款、信用卡等个人信贷还款安排，满足客户的融资需求

疫情期间，商业银行通过为重点企业开辟绿色通道、提高业务审批效率、优化信贷结构满足信贷需求、降低贷款融资成本、提供"在线呢"信贷服务等信贷策略，帮助小微企业和个人在疫情期间渡过难关。同时，商业银行加大对疫情相关医院、医疗科研单位和企业

的信贷力度，积极满足公共卫生等方面的融资需求，并通过信贷组合、延期贷款期限、减免逾期费用、增加信用贷款和中长期贷款、降低贷款综合费用等方式帮助一些企业克服疫情带来的负面影响。

3. 智能风控助力银行信贷降本增效

对银行而言，智能风控的主要应用场景就是信贷业务，占比约70%①。基于大数据、人工智能等技术，以数据中台为底座，同时整合银行业内部数据和外部数据，建立起一个包含系统数据链条、数据挖掘、数据分析和数据治理于一体的数据资产库，打造风险标签，为客户相关风险统一画像，并在风险预警和风险决策中不断积累数据和经验，不断升级优化模型策略，从而形成智能风控闭环（见图9-4）。

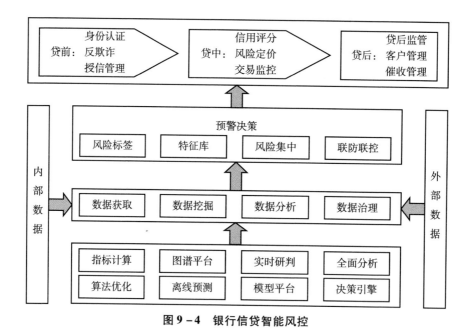

图 9-4 银行信贷智能风控

---

① 资料来源：易观智库《中国消费金融数字化发展分析2022》。

4. 民营银行技术突破场景创新

除传统商业银行外，作为后起之秀的民营银行也在向消费金融领域发力。相较传统商业银行，民营银行具有两大特点，一是在业务模式上实现纯线上互联网化的运营，二是风控管理、反欺诈及精准营销等技术能力突出。当前19家民营银行中，微众银行、网商银行及新网银行已经在国内从事线上信贷业务。未来几年，在国内产业结构调整及金融业强监管背景下，商业银行在致力于零售转型时最可能的趋势是金融科技的转型，在底层系统架构中从集中式架构转为分布式及开放式架构、简化业务流程提高用户体验度，使金融科技与场景深度结合，实现真正的场景金融。

9.2.2 消费金融

1. 含义界定

由于消费金融涉及面广，国内外学术界并无统一定义，但普遍是从消费主体出发，采用"Consumer Finance"一词，即"消费者金融"。根据中国人民银行颁发的《中国区域金融运行报告（2018）》，消费金融有广义和狭义之说，广义的消费金融"既包括传统商业银行向消费者发放的住房按揭贷款、汽车贷款、信用卡和其他贷款等，以及持牌消费金融公司向消费者提供的家装贷、购物分期等，也包括新兴的互联网消费金融，其往往基于网上购物等消费场景，为消费者提供线上购物分期服务"。狭义的消费金融是去掉广义消费金融中商业银行车贷房贷的贷款。就场景属性看，消费金融又可分为线上和线下；从产品类型看，消费金融产品形式主要为消费贷（包含信用卡）和现金贷（见图9－5）。传统消费金融是提供信用卡消费的主力，互联网消费金融是提供消费贷和现金贷的主力，而消费贷和现金贷的差别在于前者与消费场景息息相关，具备高频低额特征；后者具有弱场景属性，具备低频高额特征，且贷款的真实用途很难被追踪。

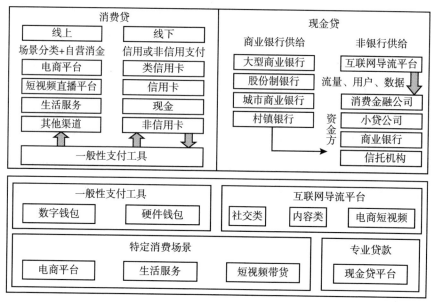

图9-5 消费贷与现金贷比较

消费金融涉及金融服务的供给方和需求方、资金端和资产端，以及为消费金融提供配套服务的衍生组织，并且随着互联网、人工智能、大数据等技术的广泛深入渗透，消费金融生态更加和谐（见图9-6）。

从供给侧看，国内消费金融主要有商业银行、电商消费金融平台、消费金融公司、生活服务平台等参与（见表9-7），还包括提供配套服务的网络个人征信、数据提供、资产证券化等机构。从需求侧看，需求方不仅包括传统消费金融覆盖的中高端客群，还包括农民工等流动人口、大学生等中低端客体。消费金融的资金端主要是消费金融供给主体的自有资金、同业借款、资产证券化、同业拆借等，而传统商业银行还可以利用自己吸收的存款进行消费放贷。消费金融的资产端主要为消费贷款和小额现金贷款，嵌入日常吃、穿、住、行、娱乐、医疗、美容等生活场景，并及时切入跨境电商、智能穿戴、出境旅游、文化消费等新的消费热点。

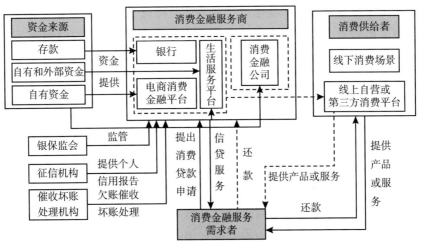

图9-6 消费金融生态系统

表9-7 消费金融参与主体

类型	放贷业务牌照	参与主体	代表机构	业务模式
持牌金融机构	银行牌照	商业银行	招商银行、平安银行	信用卡为主
	消费金融牌照	消费金融公司	捷信消费金融、马上消费金融	消费贷、现金贷
	汽车金融牌照	汽车金融公司	上汽通用金融、宝马汽车金融	经销商库存融资、消费信贷及融资租赁
非持牌机构	网络小额贷款牌照、小额贷款牌照	电商平台	淘宝、京东	现金贷、商品分期
		互联网公司	美团、滴滴	现金贷为主
		金融科技公司	乐信、趣店	商品分期、助贷业务

　　传统商业银行参与消费金融业务，主要是通过持股或参股消费金融公司、同电商平台合作、自主研发创新消费金融产品等方式。比如，中国工商银行等推出线上消费贷款，无须质押担保且可全流程线

上申请，可用于家装、购车、教育、医疗等消费。并且，银行类消费信贷产品基本属于类信用卡，无须真实消费场景依托，可在额度内循环使用，具有额度小、期限短、利率低的特点，适用于征信记录良好的个人消费者。与传统商业银行资金来源以存款为主所不同的是，消费金融公司的资金来源包括股东注资、同业拆借、发现债券、ABS等，资金成本较高，因此提供的消费金融产品年化利率也较高，且审核方式多依赖于大数据、人工智能等技术。与金融科技结合，充分发挥技术的优势成为消费金融公司最好的选择，这也导致目前消费金融公司对金融科技的涉及程度最深、迫切性最强。与商业银行和消费金融公司相比，电商平台发展消费金融业务在获客、场景、科技等方面优势明显。获客方面，电商平台自身积累的巨大客流可以低成本转化为消费金融借款人；场景方面，可利用已有的网络购物平台提供相应的消费金融业务；技术方面，网购群体消费、浏览、地址等数据可为用户画像，进而实现大数据精准营销和智能风控体系建设。

2. 驱动因素

居民收入增加驱动消费金融需求侧改革。近些年，我国居民人均可支配收入和居民人均消费支出都呈现逐年上升的趋势，但前者增速（8.1%）超过了后者增速（7.1%）（见图9-7）。居民储蓄率逐步下降，但相对发达国家还是处于高位，消费贷款占GDP比重与美国等发达国家相比仍存在很大差异。

新消费主义崛起驱动消费金融需求侧改革。随着社会生产力的提升，居民消费需求日益增长，经济发展带来了丰富的消费品，人们的生活需求也出现了差异化增长，消费观念消费结构和消费习惯都在发生改变。具体而言，需求升级，因此早期追求的功能价值逐步转向附加价值，现在追求的是多元化、个性化、品牌化等附加价值；类型丰富，不仅包括之前民生领域衣食住行方面的基础性消费，还包括第三产业中的文体娱乐保健医疗等多个领域；观念改变，比如超前消费完全契合消费金融产品，越来越多的人群接受信用产品；场景渗透，各种消费金融产品逐步在各种消费场景中深入渗透。

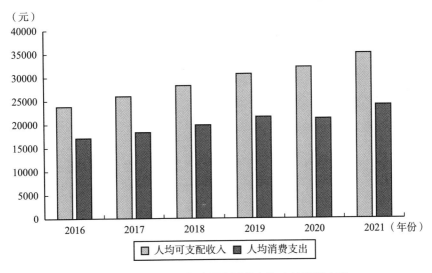

图 9 - 7　中国居民人均可支配收入和人均消费支出

资料来源：艾瑞咨询。

　　互联网金融驱动消费金融供给侧改革。受互联网金融的影响，消费金融在金融产品、风险控制、金融服务等方面都融入科技元素，让消费金融产品具备小额分散、无抵押等特征，充分践行普惠金融，覆盖更多中低收入人群；消费金融借助大数据将授信流程标准化，实现了业务审核和审批的线上化、自动化、及时化，让消费金融的风险管理数据化、智能化、精准化；消费金融利用科技手段极大地提高了审批速度，很多小额消费信贷只需要几分钟就能完成申请、审批、放款全部信贷流程，极大地提升了用户体验。

　　科技驱动消费金融供给侧改革。虽然疫情等因素导致消费者的消费意愿下降，但是科技赋能消费金融，驱动消费金融扭转疫情带来的颓势。社会的发展积累了大量的社交数据、购买数据、电信数据等非金融数据，同时，互联网特别是移动互联网等技术产生大量网上痕迹数据，利用大数据技术可实现精准获客、精准营销，借助人工智能技术可实现消费金融业务的自动审核、智能风控、智能营销、智能客服、管理决策、系统运维，让消费金融提质增效。因此，科技赋能消费金融，进一步拓宽了消费金融边界，降低了服务门槛，越来越多的中低收入人群也能容易、便捷、快速地获取贷款，科技推动消费金融产品的供给渗透下沉市场。

3. 集成创新

大数据、云计算、人工智能等技术赋能消费金融，降低了消费金融服务成本，提升了服务效率，重塑了消费金融行业的业务环节、风险管理环节、营销环节和场景化建设环节，已经成为推动消费金融创新的重要驱动力。消费金融科技集成创新，主要体现在以下四个方面。

（1）业务环节

无论是银行还是消费金融公司，都逐渐在业务环节深耕 RPA（Robotic Process Automation，机器人流程自动化）。银行为了加速智慧化服务进程，需要利用 RPA 优化业务流程，提升运营分析能力。在业务流程方面，由于消费金融业务跨系统且业务连续性要求高，需要优化业务流程并及时响应，还需要全程进行记录，同时存在大量重复流程的业务，容错率低且流程容易出错。基于此，通过对改进区域进行场景分析矩阵和实施复杂度分析，对流程进行 RPA 管理，即通过智能流程解析、嵌入式流程发现等技术对消费金融业务流程进行深度挖掘和管理，同时将智能化技术能力融入流程挖掘与分析的应用实践中。在运营管理方面，为 RPA 机器人应用实践结果提供可视化的分析功能，让银行了解消费金融业务的运营情况，同时引入智能分析功能，为优化 RPA 设计与部署提供建议。另外，RPA 与 NLP 技术、ICR（Intelligent Character Recognition，智能字符识别）等智能技术集成创新，可开展端到端的数字化流程重构；与 OCR、AI 等技术不断融合，可实现银行业务场景中各种复杂流程的自动化水平持续性提升。

消费金融公司聚焦以 RPA 为核心的数字机器人应用。作为消费金融公司全面业务数字化的重要体现，数字机器人让消费金融业务实现了线上自动化、智能化交互，提升了用户体验。在技术层面，消费金融公司以 RPA 为核心，全面打造数字能力系统平台。具体而言，借助个贷机器人自动完成上千笔交易，自动识别用户信息；借助虚拟数字人进行智能交互处理和业务引导；借助风险监测机器人进行自动信息核查和智能报表生成发送。在 RPA 技术应用层面，建设数字机器人服务流程标准化，提高消费金融公司的数字营销能力，助力公司降本增效。具体而言，在架构技术平台，通过数据建模、机器人动作捕捉等实施业务处理规则等；在智能化能力平台，通过计算机视觉、NLP、OCR、智能语言、低代码流程编排等进行业务组合自动学习、建立个性化知识库、业务数据自动触发、异常处理积累学习。

（2）风控环节

在风控环节，一些科技公司、互联网企业、征信公司等消费金融市场众多机构纷纷试水智能风控，快速建设智能风控体系，以期对信贷业务全流程进行多维度风险评估。在技术中台层面，贷中监测不仅要满足监管要求，还可以帮助机构尽早识别套现、欺诈等异常交易，保障资金合规安全。①多渠道多维度获取客户数据。智能风控的基础是数据，因此客户数据需要全面且实时，从而精准判断客户信用状况和风险状况。消费金融数据可能包括姓名、性别、年龄、学历、婚姻状况、职业、房产等基本信息，也可能包括支付记录、消费记录、浏览记录等行为信息，甚至可以借助法院等核实客户有无违法犯罪及不诚信等信息，就可以对用户全面"画像"。②通过多种方式核实客户信息。借助人脸识别、地址信息核验、单位验证等对客户身份信息、行为信息进行交互验证，去伪存真；借助面部微表情识别来捕捉客户在面审环节的细微、异常的神情变化，从而提高反欺诈的准确性；通过人工智能技术基于客户数据信息自动提取关联问题让客户回答，并通过信用评分模型对客户答案进行分析整理，从而判断信息真伪。③利用信用评分系统进行风控。以真实全面的客户数据信息为基础，借助统计分析等判断客户信用行为特征和风险特征，评估客户还款能力和还款意愿，从而确定客户信用评分。在贷前，信用评分是消费金融机构贷款核准的重要依据；在贷中，因客户工作或婚姻等状况变化影响客户还款能力和还款意愿时，对信用评分进行实时调整；在贷后，对客户信用评分按照履约状况进行调整，按期还款者信用评分上浮，违约和欺诈者信用评分下调。为弥补自身数据的不足，当前很多消费金融公司与互联网公司合作，在个人信用评分的时候融合双方数据再进行深度神经网络模型训练，极大提升了自身的风控能力。

（3）营销环节

近些年消费金融业务的发展已经为消费金融智能营销奠定了良好的数据基础，借助人工智能技术不仅能精准定位客群，还能为客户提供个性化的金融服务。比如，机器学习模型能深挖客户偏好，为其推送感兴趣的商品，为其提供偏好的支付途径，并根据客户的收入和资产状况等提供对应的消费信贷产品。①客户分析。借助机器学习分析客户的身份信息、行为信息，掌握客户意向产品和服务，判断客户未来需求，有针对性地推送相关信息以满足客户的潜在需求。②效果评估。为追踪新兴科技在营销环节的效果，需要针对各种渠道和各种形式的营销方案监测客户的流量变化和购买转化率变化，从而客观评估营销效果，并对营销方案进行动态调整和动态优化。③客户维护。利用大数据、人工智能等技术可以帮助消费金融服务商锁定消费意愿强且信用状况良好的客户，还能帮助平台与客户在营销方面的交互，从而为客户提供个性化创新性的产品和服务。④市场预判。机器学习的预测能力可让消费金融服务商更快捕捉市场动态，更快抓取客户需求变化，并根据市场动态和需求变化瞄定目标客群，提供更具个性化的消费金融服务。

（4）场景化建设环节

场景化建设就是基于客户数据信息，利用科技手段设计有针对性的消费场景，从而为客户在合适的时间和地点提供合适的消费金融产品和服务。场景化建设能更好地满足客户偏好，更易激发客户潜在需求，目前已经成为消费金融参与主体突破同质化竞争、抢占市场份额的主流方向。①金融科技支撑客群细化。利用大数据和人工智能等技术进行场景化建设，借助多渠道多维度的数据能让消费金融服务商根据客户身份信息、消费层次、人际关系、购买习惯等更深入了解客户和产品，这有助于服务商精准画像并分类，从而针对不同客群设计最能刺激并满足其需求的场景。②金融科技支撑定位需求。科技支撑的场景化建设能设计消费场景来触达客户需求，而不是直接推送产品。科技支撑的场景化建设包括收集客户信息并分类客户，同时匹配客户和商品；根据匹配情况明确合适的时间和环境；根据客户偏好明确消费需求触发点；触达客户需求后提供对应的消费金融产品。③金融科技支撑客户黏性。科技支撑的场景化建设中客户是核心，基于客户数据展开建设。消费金融服务商既关注客户数量又关注客户兴趣。对新客户，根据客户数据快速分类客户并触达客户消费需求；对老客户，根据历史消费记录进行消费升级，既满足原有消费需求又开拓客户新的消费需求，从而增强客户黏性。

9.2.3　供应链金融

1. 供应链金融属性及生态

2020年9月，中国人民银行等八部门发布《关于规范发展供应链金融支持供应链产业链稳定循环和优化升级的意见》，明确供应链金融含义为"从供应链产业链整体出发，运用金融科技手段，整合物流、资金流、信息流等信息，在真实交易背景下，构建供应链中占主导地位的核心企业与上下游企业一体化的金融供给体系和风险评估体系，提供系统性的金融解决方案，以快速响应产业链上企业的结算、融资、财务管理等综合需求，降低企业成本，提升产业链各方价值。"在产业链、创新链以及资金链的深度融合下，金融服务将与供应链场景无缝连接，推动供应链金融进一步演化升级。

与传统金融融资模式相比，供应链金融特征明显。首先，供应链金融依托供应链实现资金融通，把产业和金融结合在一起构建金融生态圈，金融风险控制具有真实交易的天然优势。其次，银行、核心企业、物流公司、互联网融资平台等多层次融资提供方为供应链上下游提供充裕的资金供给，还能发挥各自的优势为企业提供全方位的金融服务。最后，金融提供方不再单纯看重企业财务报表，而是通过大数据掌控行业动态。

供应链金融的生态结构由宏观环境、产业环境和微观环境组成（见图 9 - 8）。宏观环境是指环环相扣的政策、法律和技术，技术是指在供应链不同环节设计中使用的科技手段。产业环境是指流动性提供者和风险承担者作为供应链金融中直接提供金融资源的主体和风险的最终承担主体，共同提供供应链金融方案。微观环境指与供应链金融活动相关的所有部门，共同推动供应链上商流、物流、资金流、信息流的"四流"归集与整合，无缝对接供应链金融的所有参与方，构成面向供应链所有成员企业的系统性融资解决方案。

供应链金融的服务主体主要由四部分组成（见图 9 - 9）。一是掌握 ABCDI 技术或提供解决方案的服务商，为供应链条提供技术服务；二是为金融机构提供服务的科技公司和金融科技公司；三是提供金融产品和服务的金融机构或服务商；四是供应链条中的重要成员核心企业，以及提供仓储物流服务的仓储公司。

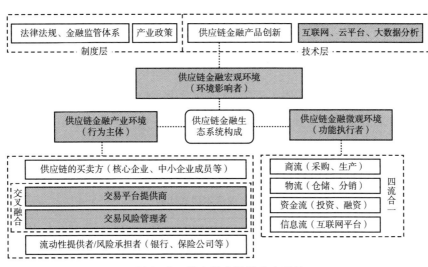

图 9-8 供应链金融的生态系统

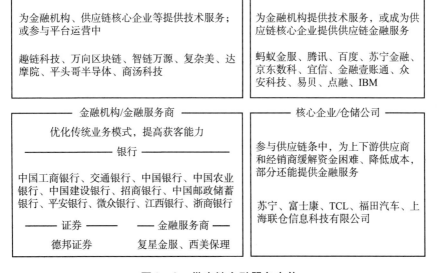

图 9-9 供应链金融服务主体

2. 模式创新

供应链金融属于结构融资。运用各种传统和创新的融资方法，结构融资剥离企业在未来能产生现金流的特定资产，并以此为标的进行融资，解决了供应链条上的资金缺口问题。企业现金缺口主要体现在三个方面，即采购阶段需要预付货款，运营阶段需要以存货保证正常运转，销售阶段又会产生应收账款（见表9-8）。由于企业间正常的业务往来需要融资，所以只要整个供应链条正常运营，企业违约风险就处在可控范围内。

表9-8 供应链金融基本模式比较

资产名称	预付账款	存货动产	应收账款
发生阶段	采购阶段	运营阶段	销售阶段
融资企业	制造商和下游分销商	供应链上的所有企业	上游供应商债权企业
融资目的	买方获得银行贷款后购买生产资料，缴纳保证金后银行先向供应商垫付货款	企业利用存货质押融资，提高了积压资金的使用效率，有利于中小微企业扩大规模	应收账款的转让能让客户提前变现销售回款，加快资金的周转
模式介绍	卖方发货到银行指定的监管仓库；买方向银行交纳保证金；银行依据保证金大小释放部分抵押物给买方	客户质押自有存货产品于银行获得授信，银行委托物流公司或仓储公司对抵质押进行监管	卖方销售商品形成应收账款，银行据此为卖方提供应收账款质押融资及管理综合服务
业务流程	在核心企业回购承诺下，中小微企业以既定仓单向金融机构申请授信	借款企业将自有存货作为质押物向金融机构申请贷款，金融机构发放资金	卖方将赊销的未到期应收账款提交金融机构质押获得金融机构贷款
还款来源	购买方在支付足额货款之前货物权归银行	购买方直接将货款付给借款银行	购买方直接将货款付给借款银行
风控措施	银行与购销方及仓储、物流公司签署四方协议并将货物交由指定仓储、物流运输，便于银行监管	买卖双方交易货物必须存放在银行指定仓库，或由指定物流公司运输，便于银行监管	在企业销售合同中设定将销售货款汇入指定银行账户，作为借款方的还款来源

资料来源：相关资料整理所得。

结构性融资与上述过程相对应，在采购阶段采取预付账款质押来实现账单支付时间后移而减少资金缺口；在运营阶段采取动产质押来减少从账单支付前到存货卖出期间的资金缺口；在销售阶段采取应收账款质押来减少从存货卖出到收取现金期间的资金缺口。按照融资切入点的不同阶段，可将结构性融资分为采购阶段预付款质押、生产阶段存货质押及销售阶段应收账款质押三种，并且每种融资形态下面还可以细分为多种业务类型（见图 9 - 10）。

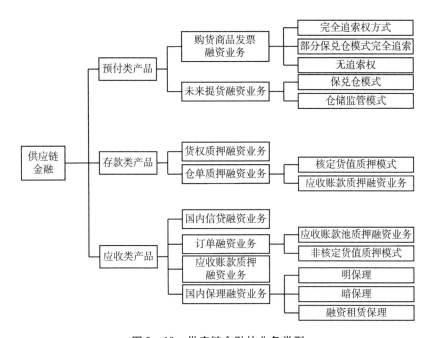

图 9 - 10　供应链金融的业务类型

　　企业采购阶段预付款融资。为了获得生产所需的原材料和产成品，处于供应链下游的企业往往需要向上游供应商预付账款，而资金流转困难的企业可暂时采用预付账款融资获得流动性。预付款融资可以理解为"未来存货的融资"，是指在货物的卖方允诺出现违约时可回购卖方货物，且物流公司为其提供信用担保，买方可凭借金融机构指定仓库的仓单向金融机构申请融资以缓解采购期间的资金压力，则金融机构具有控制仓单货物的权利并贷款给买家（见图9-11）。在贷款未偿还期间，货权归资金提供方所有。预付款融资模式实现了资金供求双方的共赢，对于中小微企业而言，无须一次支付所有货款，只需分批支付和提货，给中小微企业带来了融资便利，缓解了短期的资金缺口问题；对于金融机构而言，放贷的前提是上游供应商允诺回购货物，核心企业有连带责任，且有指定仓库仓单质押，信贷风险较小的同时还可实现盈利。

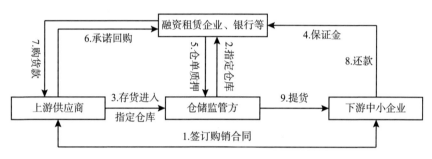

图9-11 供应链金融预付款融资模式

企业运营阶段的存货融资。企业正常经营时的库存成本往往占到供应链运营成本的30%以上，主要包含锁定在库存商品中的资金占用成本与融资成本，需要借助金融手段实现生产销售稳定与流动性充裕两者之间的平衡。存货融资是指企业以存货动产作为质押，向资金提供方办理融资业务（见图9-12）。存货融资模式需要核心企业提供担保，约定在贷款的中小微企业违约时由核心企业偿还债务或回购质押物，因此实力雄厚、信用状况好的核心企业在供应链中发挥了很大作用，既解决了中小微企业的贷款信用问题，又与中小微企业建立了良好的合作关系。物流公司可保管质押物，评估质押物价值，监督质押物动向等，在银行授信中起到了保障作用。金融机构本身不会接受原材料和半成品，但是将其转化为原材料或半成品的质押权，还有核心企业的担保或回购承诺，则为卖家放款就成了担保贷款或质押贷款，风险可控。

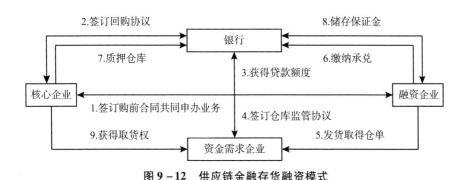

图 9 - 12　供应链金融存货融资模式

企业销售阶段应收款融资。在产能过剩的买方市场背景下，企业往往会采取赊销行为去库存。根据一项针对中国企业信用风险的调查统计，目前全国企业间赊销行为已高达 60% 以上，尤其以 60 天期限的赊销比例最高。由于购买商的实力水平不同，企业货款回收期也会有长有短。如果货款回收期过长，则会给企业带来流动资金短缺的风险。应收账款是下游经销商赊购上游供应商商品时形成的，金融机构为应收账款提供账户管理、融资或催收等综合服务（见图 9 - 13）。供应链中的应收账款融资主要为上游中小微企业服务，它们转让应收账款即可提前变现货款，从而提高资金周转效率。在这种模式里，上游供应商具有债权，下游供应商具有债务，核心企业提供融资担保，金融机构提供资金，都会参与到借贷活动中，并且在出现违约时核心企业需要弥补金融机构的损失。金融机构授信前要先评估贷款的下游企业风险，考察供应链运作状况，并根据结果决定是否授信。

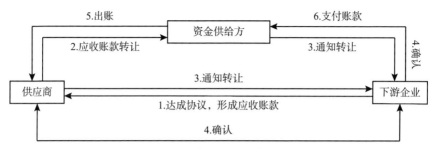

图 9 – 13　供应链金融应收账款模式

3. 集成创新

当前，以人工智能、区块链、云计算和大数据为代表的金融科技正与传统供应链金融深度融合，形成新一代智能供应链金融（见图 9 – 14）。智能供应链金融具有多方连接、链条企业互信、多级信用穿透、生态风控闭环等特点，金融科技是产业信用的传递者，可以让信息更透明、传递更高效，金融科技也是金融生态的促进者，能够更好地控制风险，更便捷地连接多方，促进资金流动。

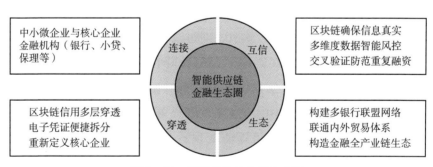

图 9 – 14　智能供应链金融生态圈

（1）区块链 + 供应链金融

区块链应用于供应链金融最主要的作用就是缓解信息不对称问题，提高数据信息的可信度和真实性，让交易全流程可视化。多方共建联合运营的供应链商业模式已经成为主流。区块链技术服务商和金融科技公司为核心企业、银行及供应链企业提供技术解决方案（见图9-15）。银行等金融机构优化自身传统业务模式，提高获客能力，核心企业/仓储公司则帮助供应商、经销商减轻资金压力，降低生产成本。这种模式有三点优势：一是资源可扩展性强，多方达成共识、透明度高，可吸引更多的优质资源；二是单方投入低，参与各方提供自身擅长的资源即可；三是多方参与，整体经验丰富，综合抗风险能力较强。

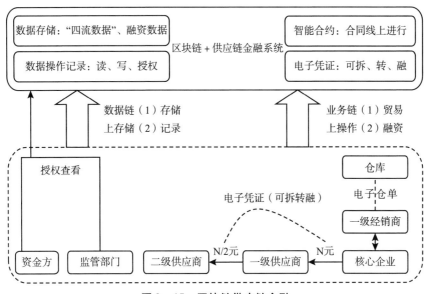

图9-15 区块链供应链金融

资料来源：艾瑞咨询。

区块链供应链金融主要在三方面创新应用。一是智能保理创新。在区块链技术支持下开发供应链金融"智能保理"业务应用系统，提供给所有供应链上的成员企业使用，二级供应商利用"智能保理"系统将开给一级供应商的，记载着该应收账款已转让给某银行的编码（A）的发票发布在区块链上，一级供应商在此发票记录上添加其他必要的编码（B）之后连同原转让信息变成编码 A + B，再发布在区块链上。通过此类系统，不仅参与投资的金融机构可以清晰地看到每一个节点的交易，参与生产的实体经济体也可以通过编码追溯产品生产与销售的每一个环节，从而达到在债务与实物上的双重确权，避免了生产经营事故责任认定时"踢皮球"现象的发生。

二是征信创新。通过利用区块链不可篡改的优势，包括公司高管个人征信与金融行为在内的、涵盖链上企业方方面面的对征信有着重要帮助的信息与细节能够被准确、安全地记录在基于云的系统中，并支持实时调用。同时，在智能合约模式下，预先设定的搜集与管理规则可以得到严格的执行，使得征信过程更加程序化、严格化与透明化，极大地解决了供应链金融中的信息不对称问题。

三是资金流监控创新。区块链中区块数据的确认是去中心化的、需要共识机制的。而在供应链生产经营与融资过程中，每一笔交易与资金流的发生必然不只有一个参与者，甚至有时可能会多达数个。区块链通过制定恰当的共识机制，使得每一笔资金流的所有参与者都参与到有关这笔交易数据区块的生成中，以此达到对资金流的共同监督，提高交易数据的准确性与可信程度，为未来金融机构预估企业还债能力、监管机构侦测与预防经济犯罪提供最可靠的证据。

（2）人工智能 + 供应链金融

随着供应链金融参与者的增加，可用信息的数量和维度也与日俱增，多维度的庞大数据可以为金融机构征信评估与风控建模提供更多选择，但票据、合同、法律文件与企业咨询等诸多定性的非结构化数据给金融机构与实体企业整合、清洗与数据使用带来诸多不便。人工智能应用于供应链金融可以解决当前供应链金融中存在的数据管理、生产管理等问题。一方面，繁多冗杂的数据是金融机构针对供应链进行风控与征信、企业进行上下游与物流管理时必须用到的原材料，而人工智能能实现低成本、低人力消耗、高质量地"阅读"并处理这些数据，乃至进一步完全利用计算机进行供应链管理。另一方面，伴随着计算机与自动化技术的发展，需要使用人工智能技术来提高计算机管理的效率，降低实际自然人员工的工作压力，实际提升供应链金融经济效益。

人工智能在供应链金融的创新应用主要体现在两个方面。一是风控创新。供应链金融与传统金融最大的区别在于风险可控能动性上，即通过使用交易、物流等数据与信息，对企业经营状况、资产情况等可能出现风险的项目进行主动监控。交易、物流等产生的大数据是金融机构风控的基础，真实数据有助于金融机构建立包括贷前、贷中以及贷后的全流程业务闭环的风险管理系统。非真实数据可能是历史无效数据，也可能是主观欺诈数据，可借助深度学习处理无法准确定量的欺诈事件，也可借助知识图谱中的复杂关系网络有效识别出欺诈案件。二是智能管理系统创新。借助人工智能在搜集和识别方面的优势，以及管理信息与资源上的高效性与低边际成本优势，针对不同供应链在生产经营与管理上的不同特征，结合企业已有的电子计算机管理系统，企业可以实现产品生产、物流运输与投资融资等行为的全流程计算机调度与记录，从而提高生产效率，降低生产成本。更重要的是，上述过程能够将企业实际生产经营特征与过程抽象成一个程式化的易于理解的模式，有助于金融机构的理解，并判断企业是否满足其贷前征信要求和贷后资金运用限制。智能管理系统帮助企业在实现优化生产管理的同时，解决因信息不对称而发生的金融机构拒贷、抽贷等问题。

（3）大数据 + 供应链金融

当前，金融机构获取交易信息和企业信息的来源及业务有核心企业、物流公司、上下游企业等多方参与者。随着参与者的增加，数据的维度和复杂程度也急剧攀升，极大丰富了金融机构可获得数据的种类与数量。但是单条数据信息量与质量下降，如何有效地对庞大的数据内容进行总结、内容真实性进行鉴别，对现有技术与模式提出了新的挑战。应用大数据可以有效扩展信息的维度，充分利用海量数据资源，加快信息共享，从而解决供应链金融基础数据不完善、信息流通不顺畅等实际问题。大数据应用于供应链金融，一是能提高上下游中小微企业实际经营状况的透明度，帮助金融机构高效率甄别其信用资质，二是可以扩展到对整条链中交易、抵押物信息真实性与实效性的鉴别与跟踪，进而从更广阔的维度对整条供应链上企业的整体经营情况进行刻画，在弱化信息不对称的基础上，解决诸如抵押物贬值、贷款用途不当等道德风险问题。

大数据供应链金融的创新应用主要体现在四个方面。一是财务数据库创新。现有征信和授信都是以交易数据为基础进行的，而实时、动态、多维的财务数据能有效提高征信服务质量与实时性，避免征信的滞后性，降低信息不对称，降低信贷风险，因此需要创新财务数据库，提供动态多维的实时数据。二是风险评估系统创新。借助大数据技术，结合行业数据、内部数据和外部数据，全面剖析行情、价格波动，并以此为基础建立起更加全面、更加精准的全方位风险评估系统，从而实时监控企业，量化企业授信，精准防控风险。三是金融服务创新。借助大数据，金融机构能更好把握行业动态，预测行业前景，获取企业需求，从而创新金融服务，主动满足中小微企业个性化的金融需求。四是优化生产管理，提升企业质量，降低融资难度。使用大数据技术获取供应链金融服务商高管信息，进而通过对高管往期经历与个人信用的评估、上下游其他企业有关生产经营数据的分析以及对企业实际面临的行业与宏观经济前景的判断，提升企业对供需市场的理解，对预算和产能做出较为精准的规划，对企业未来发展与行为进行一定程度的预测，在决策层有着重要的辅助作用。

（4）云计算＋供应链金融

伴随着供应链金融思维与技术的不断发展，金融机构对于产业的监控和管理已由最初的核心企业逐渐深化为整个供应链条上的所有企业。复杂的数据维度以及庞大的数据量为企业评估与征信提供有力支撑的同时，也带来了全面且准确数据难以获取、难以存储和难以利用等问题。通过引入云计算技术搭建云平台，可将整条供应链上企业以及其他相关企业和机构的全部联网信息，大到股权交易，小到办公用品采购，全部作为数据录入云中。云的分布式特点使得数据的输入、储存与提取不再依赖于单一服务器，能够有效保证并支持不同地理与行业分布的企业数据资源的共享。而立足于云端的算力服务有效降低了数据使用者处理庞大数据的难度，从而为金融机构刻画供应链基本特征与细节提供充足的数据与高效的处理方案。

云计算供应链金融有两种方式，一是借助门户网站为供应链成员以及金融机构提供实时通信和协作，二是借助 B2B 解决方案使各方实现实时通信与合作。比较而言，门户网站很容易实现，各参与者也容易接受，但是该类方案技术复杂度低，安全可靠性弱，且依赖链上企业参与到一个中心化平台的方式来实现云服务，可能存在数据不真实、输入不及时、内容针对性较差等诸多问题，因此需要企业和金融机构对数据质量与个性化要求不高。

（5）物联网 + 供应链金融

物联网技术应用于供应链金融能有效控制风险。传统供应链金融中金融机构难以监控供应链原始物流信息和交易信息，只能对与自身业务的有关信息进行确认和审查，但这些非原始信息在信息传递过程中存在失真问题，从而引发风控问题。此外，金融机构对企业进行评估与授信时，相关商流信息和物流信息很重要，且数据动态性与实效性要求高，而金融机构难以对相关信息进行实时监控，存在风险隐患。引入物联网技术，供应链上的企业可以通过使用统一的网络传递与交流，且信息内容是多维动态的实时数据，可有效防止信息漏传、重复传递的现象，提高同一体系内信息的兼容性与实效性。金融机构也可以利用统一的物联网信息系统参与对信息的使用与贡献中，利用时间序列而非横截面数据复核并跟踪供应链金融业务信息，降低业务风险。

物联网供应链金融的创新应用主要体现在实现抵押品"可视跟

踪"。由于动产流动性强，同时难以实时监控质押物的情况，金融机构的质押类融资业务是其风险的重要来源。借助物联网技术中的传感器、射频识别技术等手段可感知入库质押物，后台根据感应信息锁定质押物品。当质押物状态出现意外变化时系统会自动警报，库管或银行会及时采取措施，降低贷后风险。

（6）技术融合

传统供应链金融中的商流、物流、信息流、资金流都分别存在痛点，导致风险较高且难以控制。一是商流中很难根据交易流水判断交易真实性，导致欺诈风险很高，因此商流很难判断；二是物流中主要靠人工监控货物流向，效率很低并且很难准确追踪货物轨迹，因此物流难以监控；三是信息流中中小微企业信息很难获取，存在信息孤岛，加大风控难度，因此信息流不通畅；四是资金流中传统供应链金融在交易环节很难把控资金动向且交易信息可能被篡改，因此资金流很难追溯。

比较而言，ABCDI 五大技术在供应链金融应用中各有优劣（见表 9 - 9）。要想解决传统供应链金融中的四大痛点，实现产业和金融的有机结合，单靠任何一种技术是不可能实现的。

表 9 - 9　　　　　　　　ABCDI 技术供应链金融应用对比

技术类型	业务应用	场景落地	应用瓶颈
人工智能（A）	辅助进行贷前身份验证、贷中风险评价、贷后风险监测	应用一般	应用并未达成行业公式，重视度和关注度较低
区块链（B）	帮助建立联盟链接参与各方，分布式账本用于加密信息，智能合约用于执行合约	应用很多，很成熟	区块链技术缺乏统一标准，且监管和创新处于摸索阶段，存在安全问题
云计算（C）	用于链上企业网络传递与交流，赋能线上化业务	应用一般	存在云计算安全性难题，导致应用接受度有限

技术类型	业务应用	场景落地	应用瓶颈
大数据（D）	用于信息收集和分析，进而判断企业风险和风险预警	应用较多	数据资源不够充分，导致应用存在挑战
物联网（I）	解决数据和实物关系，提高业务时效性	应用很少	物联网技术本身处于摸索阶段

ABCDI 等新兴信息技术在供应链金融风控中的应用不仅带来数字化风控变革，还能解决传统供应链金融的四大难题，解决大数据风控问题并增强风控准确性。因此，有必要叠加应用区块链等新兴技术实现技术创新，融合 ABCDI 五大技术共同发力，以提高供应链金融风控效能。目前，五大技术的融合主要体现在大数据技术与其他技术的融合上。大数据与人工智能技术的融合已经相对成熟，人工智能有利于数据价值的挖掘与决策，极大地解决了数据的有效性问题，可用于欺诈监测、供应链画像、预警系统建设等。大数据与区块链技术融合还处于发展阶段，区块链具有的分布式特点可用于银行监测企业数据，并且数据收集公开透明开放；不可篡改特点让每个节点都被监督，从而减少各个节点数据造假风险；加密安全能保障数据的安全性。所以，大数据与区块链融合可以解决大数据中存在的数据孤岛、数据泄露、数据质量低的问题。大数据与物联网融合也处于摸索阶段，物联网技术能实现实物和虚拟信息的融合，在供应链中能对贷后实物很好地监控，实现真正的物信合体；物联网技术与大数据融合能从不同维度获取数据，实现商流、物流、信息流、资金流之间的交叉检验，还能减少数据质量低的问题，大幅提升供应链金融的风控效能。

另外，科技浪潮席卷金融行业，科技赋能供应链金融，极大提升了金融机构的业务创新能力。ABCDI 五大新兴技术推动传统金融服务智能化、模式平台化、客户宽泛化。各大银行践行科技引领转型，寻求对公业务破局之道。农业银行等国有银行，浙商银行、平安银行等股份制银行以及众邦银行都陆续推出技术赋能对公业务的创新产品，以寻求对公业务破局策略（见图9－16）。

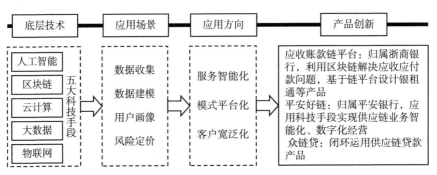

图9－16　科技赋能银行供应链金融业务集成创新

9.2.4　网络小贷

2020年11月，央行和银保监会联合发布《网络小额贷款业务管理暂行办法（征求意见稿）》，明确提出网络小额贷款业务是指小额贷款公司利用大数据、云计算、移动互联网等技术手段，运用互联网平台积累的客户经营、网络消费、网络交易等内生数据信息以及通过合法渠道获取的其他数据信息，分析评定借款客户信用风险，确定贷款方式和额度，并在线上完成贷款申请、风险审核、贷款审批、贷款发放和贷款回收等流程的小额贷款业务。根据央行发布的2022年二季度小额贷款公司统计数据，截至2022年6月末全国共有小额贷款公司6150家。

随着电商平台和互联网公司日益发展及壮大，两者都在布局金融业务并成为银行在消费金融市场中重要的竞争者。电商平台具有丰富的电商场景和庞大的流量，基于丰富的消费者大数据，具备强大的风控能力，最终形成消费金融生态闭环；而互联网公司则具有流量和技术优势。两大市场主体主要通过关联的网络小额贷款公司、消费金融公司或民营银行等机构提供消费信贷服务，主要产品也包括现金贷款，商品分期。从牌照上看，百度、阿里、腾讯、京东、苏宁、美团及滴滴旗下都有网络小额贷款公司，百度和苏宁拥有三大放贷业务全牌照（见表9-10）。

表9-10　　　　　　主要电商平台和互联网公司放贷业务牌照

集团	银行	消费金融公司	网络小额贷款公司
百度	中信百信银行股份有限公司	哈尔滨哈银消费金融有限责任公司	重庆度小满小额贷款有限公司
阿里巴巴	浙江网商银行股份有限公司	重庆蚂蚁消费金融有限公司	浙江阿里巴巴小额贷款股份有限公司、重庆市蚂蚁小微小额贷款有限公司、重庆市蚂蚁尚诚小额贷款有限公司
腾讯	深圳前海微众银行股份有限公司	—	深圳市财付通网络金融小额贷款有限公司
京东	—	—	重庆京东同盈小额贷款有限公司、北京京汇小额贷款有限公司
苏宁	苏宁银行	苏宁消费金融有限公司	重庆科技赋能消费金融苏宁小额贷款有限公司

相比网络小额贷款公司，银行和消费金融公司作为持牌金融机构，资金来源渠道更加丰富，资金成本更低（见表9-11）。从持续发展上看，持牌金融机构在行业竞争中处于优势地位，能够得到更多政策支持。

表9-11　　　　　　　　资金来源及成本比对

比较内容	银行	消费金融公司	网络小额贷款公司
典型机构	平安银行、浦发银行	捷信消费金融、兴业消费金融	蚂蚁小微小额贷款、苏宁小额贷款

续表

比较内容	银行	消费金融公司	网络小额贷款公司
主要资金来源	自有资金、存款、同业拆借等	股东资金、金融机构借款、同业拆借等	股东资金、发行 ABS
资金成本	低	中	高
杠杆率	10 倍左右	10 倍	2～3 倍
可承受预期年化坏账率	低，<3%	中，<10%	高，<15%
2018 年不良贷款率	1%～3%	2%～5%	>5%

第 10 章

支付科技集成创新

支付科技对应了传统金融业务"存、贷、汇"中的"汇"。在所有的金融服务中，支付扮演越来越重要的角色，已经成为我国核心的金融基础设施，是经济金融体系的重要组成部分，在服务货币政策实施、提升金融服务能力、推动国民经济健康有序发展方面发挥了极大的积极作用。

10.1 支付科技理论分析

10.1.1 相关概念梳理

支付科技是指利用科技手段赋能支付业务提质增效，其中电子支付是最主要的赋能对象。电子支付是指使用者直接或授权他人通过电子终端发出支付指令，实现了货物交付与资金转移的同步进行，极大地提升了支付效率。

从支付业务链来看，支付行业可细分为账户、受理和清算三条赛道。对于最具代表性的 C2B 支付模式而言，无论是传统的银行卡支付，还是新兴的互联网支付和移动支付，支付流程都需要经历受理、清算、结算的过程。这其中衍生出账户端、受理端、清算三种细分行业。清算机构连接银行和各类第三方支付机构，提供清算和支付网络服务，向账户端机构和受理端机构收取网络服务费，代表机构是美国

VISA 和 Master，中国银联和网联。收单机构主要是在"银行卡 + POS"模式下，为商户提供收单和数据处理服务，向商户收取手续费获取收入，如拉卡拉、汇付天下等。随着线下移动支付的发展，目前国内收单机构也开始布局基于二维码的"手机 + 智能 POS"模式（即二维码收单）。支付平台是在互联网支付和移动支付模式下，同时参与账户端（以电子钱包为基础）和受理端业务。这类机构多从单一账户侧或受理侧开始布局，进而建立横跨 B、C 端的支付生态，代表机构是 Paypal、微信支付等。

央行支付清算系统和中国银联、中国网联是整个电子支付体系中最核心的参与者（见图 10 - 1）。央行支付清算体系是一个国家的金融基础设施，已经形成了一套完善的电子支付清算—结算体系（见图 10 - 2）。也就是说，先有银行与客户结算，再有银行之间清算，分别完成后支付活动才结束。央行清算系统直接互联互通各家银行，使得银行处理跨行交易时可直接通过清算定期净轧银行间债务债权；银行与非银行支付机构需要通过结算业务为客户提供支付服务，而非银行支付机构通过开户的备付金托管行代理接入清算系统。

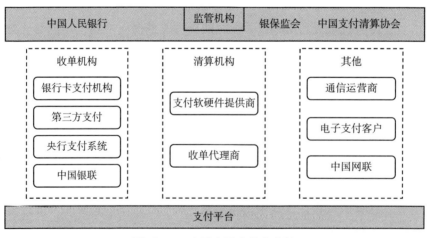

图 10 - 1　中国电子支付产业链

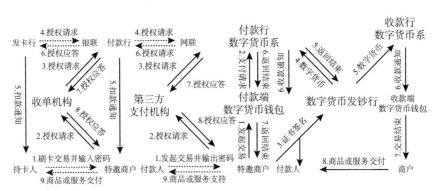

图 10 - 2 电子支付清算—结算体系

资料来源：东吴证券研究所。

10.1.2 传统支付缺陷

1. 交易成本高

随着第三方支付机构的介入，资金在交易双方之间转移的流程被进一步拉长。在此流程中有收款银行、付款银行、银联、网联、第三方支付机构、银行特约商户等，资金每经过一个节点，该节点的支付机构都会收取一定费率作为服务费，提高了支付结算用户所需要承担的交易成本。一般第三方支付公司与银行对接均需缴纳综合的服务费用，再加上人力成本的上涨和支付规模的上升，第三方支付机构的运营成本也在逐渐增长。从 2016 年开始，这种交易成本的压力已经开始被渐渐转移到用户：微信钱包规定，每人有 1000 元免费提现额，超过 1000 元会收取提现额的 0.1%（每笔至少收取 0.1 元）作为手续费，但是微信支付、转账和微信红包都不收取任何费用。

2. 交易时间长

支付结算交易时间也是影响交易效率的重要因素，这一痛点主要体现在跨境支付结算业务中。与境内支付结算相比，跨境支付增加了购付汇与收结汇的过程，这导致了每笔汇款都更加耗时，且需要支付更多手续费，成为跨境支付结算的瓶颈。由于每个国家的清算程序不同，可能导致一笔汇款需要 2 ~ 3 个工作日才能到账，不仅耽误时间，并且占用了大量的在途资金。目前大额跨境支付与结算一般采用 SWIFT 通道进行支付，资金到账速度较慢，并且要按金额比例向银行支付手续费和电汇费。

3. 资金与信息的安全性存在风险

对于票据支付而言，票据风险主要源于假票，即可能存在利用伪造票据来诈骗。对于网络支付而言，主要面临两个方面的风险：用户隐私泄露问题和用户资金损失问题。随着移动支付应用场景越来越多样、用户使用规模越来越大，移动支付行业所暴露出的安全问题也越来越明显。

现有的支付机构掌握着大量用户信息，在支付系统被病毒入侵或支付软件本身存在问题的情况下，用户的隐私信息容易被盗取和篡改，带来骚扰电话、垃圾短信等信息安全问题。进一步地，信息泄露还会给用户带来资金损失。如今使用范围很广泛的扫码支付，其验证方法就是打开移动 App 付款码界面，不需要输入支付密码就可以完成结算；那么在手机丢失或被盗时，犯罪分子就可以利用这 "便捷性" 盗刷用户资金。2015 年，中国电信翼支付所绑定的银行卡就曾遭遇盗刷，盗刷金额从几百元到几万元不等。

10.1.3　支付业务逻辑

一是底层逻辑。从金融本质来看，支付业务的底层逻辑对应了价值转移。因为支付业务对应传统金融业务 "存" "贷" "汇" 中的 "汇"，核心是价值转移。

二是产品逻辑。价值的转移过程依赖于两大要素：账户和系统。账户是价值的载体，具体包括银行账户和支付机构的虚拟账户；系统是价值转移的通道，既是各类清算系统为金融机构提供资金清算服务，又是支付网络里利用各类支付手段和介质提供支付服务。

三是业务逻辑。基于不同的监管规则，以账户和转移的基础产品为逻辑，派生出从传统的收单业务、交易业务，到新兴的生物识别支付、物联网支付、数字货币支付等，并进一步衍生出资管业务、智能营销、大数据分析等业务。

由此，基于价值转移的商业本质，决定了支付业务成为距离资金流、信息流最近的金融业务（见图10-3）。

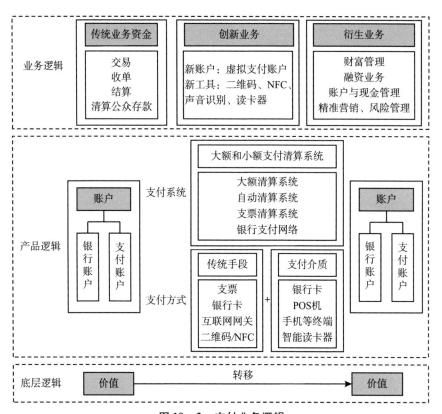

图10-3　支付业务逻辑

10.1.4 支付关键技术

1. 生物识别技术

关键环节。在整个支付流程中，存在三个关键环节，即身份验证、交易授权以及资金交割。对于线上支付而言，业务起点在于用户的身份认证与授权，这是一切线上账户金融活动的前置条件。生物识别技术是利用指纹、人脸、虹膜、指静脉等人体固有的生理特性，以及利用笔迹、声纹、步态等行为特征，对用户身份进行识别，防止出现他人冒用或取代身份等欺诈风险。利用计算机和与生物传感器，结合光学、声学和统计学等知识，就可对人体的生理特征或行为特征进行身份鉴定。生物特征对象不同，识别时表现出来的性能也各有不同（见表 3-3）。这种支付方式使账户的外在载体由银行卡介质和条码介质转化为消费者自身的生理特征，结账时，只需要系统扫描生物特征并自动识别，与数据库进行比对，即可实现支付信息的身份验证环节。用户无须拿出手机、银行卡等物理介质完成验证环节，方便用户在多场景的支付，有效提升客户支付体验，增强金融服务的获得感。2022 年 11 月 8 日，支付解决方案服务商"Wooshpay"已连续完成两轮累计逾千万美元的融资，其中种子轮由红杉中国领投，险峰 K2VC 跟投；天使轮由顺为资本领投，红杉中国与蓝湖资本跟投[①]。

支付风险。虽然以人脸等生物特征作为账户验证手段，可以有效提高用户身份认证与授权流程的安全性与便利性，但在实践中，相关风险的技术性和制度性防范措施尚在构建过程中。这主要表现在两个方面：一是人脸、声音等生物特征是生活中普遍显露在外的生物特征，为典型的弱隐私特征，具有较强的可复制性。一旦用户的面部生

---

① 零壹财经：《支付解决方案服务商"Wooshpay"连获两轮融资，累计逾千万美金》，2022 年 10 月 8 日。

物特征被"黑产"从业者加以利用，通过"换脸"等手段侵入获取其个人隐私，则用户将难以保障个人信息和财产安全。二是生物特征的不稳定性，如用户因过敏、受伤、整容等缘由面部特征发生变化，造成人脸识别准确率下降甚至无法识别。因此，当前刷脸支付普遍采用"人脸识别＋支付口令"的方式，即一方面需要由人脸识别环节连接被绑定账户，并输入与账户绑定的手机验证码，确认后方可完成支付。这种需要手机验证等其他交叉验证方式可以有效降低人脸识别的非授权支付风险。

支付格局。我国零售支付市场格局经历了从银行体系主导卡基支付到非银支付机构码基支付的崛起两个阶段。在条码支付形态下，商业银行因"条码支付合规性"等问题起步较晚，银联虽然于2017年5月推出其扫码产品"云闪付"，但由于用户支付习惯已逐渐固化，扫码支付市场格局难有大的改变。而此次刷脸支付阶段，银联及其联合的商业银行与支付宝及微信基本上算是同时"入场"，也使商业银行和支付机构进入新的产品竞争周期，零售支付产业格局将会出现何种变化值得关注。

2. 区块链技术

区块链采用分布式方式存储数据，任意节点之间可传输信息，相互之间客观信任，并且数据信息有加密算法加持，因此具有去中心化、自信任化、不可篡改等特征，由此创造信任发展信用，降低价值交换过程中的摩擦系数，通过信任共识机制，可以实现全球任何一个地方资金的点对点便捷支付，为金融机构节省大量支付成本，但支付效率高、处理速度快。支付清算是区块链应用热度较高的领域，其中以跨境支付和数字货币支付为典型代表，这种典型的多中心场景与区块链特性的匹配度较高，有助于进一步降低费用成本、缩短支付时间、简化流程手续，还可以确保交易记录的透明性和不可篡改，降低运营风险。基于区块链技术的跨境支付突破原有国际支付的报文网络和底层技术的约束和限制，利用区块链技术实现点对点支付和分布式存储，使跨境支付速度快、客户体验好、免对账、增加资金流动性等。

3. 云计算技术

智能移动终端的迅速发展与普及、各类电商消费类平台的移动化，为电子支付创造出更多的使用场景，促使该行业飞速发展。近年来，各家公司相继推出诸如电商购物节等优惠活动，引发消费者的消费热潮，支付频率也大幅提升。支付次数的增多意味着对支付系统提出了更高的要求，特别是在面对爆发性业务的时候更为重要。

云计算技术能够契合当前电子支付业务发展所带来的海量业务与数据的弹性计算需求。

4. 大数据技术

随着大数据技术的不断发展，支付行业长期积累的海量数据价值被逐渐开发。把数据作为一种全新的资产形态，通过合理运用、科学管理来提高机构管理决策效率，探索数据价值挖掘和业务创新，已成为金融行业大数据时代发展的重要能力需求。中国银保监会 2018 年 5 月发布《银行业金融机构数据治理指引》，明确要求银行业金融机构将数据治理纳入公司治理范畴，建立自上而下、协调一致的数据治理体系，于是各大商业银行逐步将数据作为核心资产去经营。如建设银行建立了完善的数据管理和数据应用体系，通过成立大数据智慧中心为全行提供大数据应用支持；光大银行持续推进大数据资产管理工作，开展数据资产管理机制、数据资产库及知识库的建设。由于目前尚未有针对非银行支付机构数据资产管理的规范，相比商业银行成熟的管理经验，非银行支付机构数据资产管理尚处于起步阶段。未来，随着大数据行业发展环境的进一步优化，大数据技术将广泛应用于支付领域，以大数据为引擎的支付生态将日趋细分化和专业化。

5. 物联网技术

物联网技术将加速支付行业向数字化方向演进，将资金账户和设备 ID 连接，有望实现万物皆可支付，目前物联网支付主要表现在手表和手环支付。物联网在支付行业的应用主要包括以下两方面：一是基于 RFID 无线射频识别技术、红外感应器、全球定位系统、激光扫描器等传感设备的支付结算，目前主要应用于无人便利店，只需要将店里物品和互联网连接，进行信息交换和通信就可完成对物品的智能识别、定位追踪和监管。二是基于物联网＋大数据＋区块链＋人工智能技术的支付闭环。

随着新冠肺炎疫情的暴发，人们对非接触式支付的需求越发旺盛，因此物联网支付逐渐进入人们的视野。在国外，日本三菱 UFJ 金融集团打造对应物联网技术的支付系统，其与家电、汽车等各家厂商携手，让用户在网络下单后以信用卡、虚拟货币等作为支付手段，只要让手机读取 QR Code 就能执行支付的功能。在国内，如支付宝以快捷支付为切入点，涵盖了收银、会员营销、兑卡券、卡券核销等一整套的支付服务解决方案，专门为商家量身打造移动支付应用客户端，现阶段正在加大对餐饮、超市、便利店、出租车、公共交通等支付场景的改造力度。

10.2　支付科技创新应用

10.2.1　支付科技应用价值

第一，金融科技助推支付介质向数字化转变。随着人工智能技术的逐渐成熟，支付介质朝着数字化的方向发展。20 世纪 80 年代，磁条技术、集成电路等推动卡支付走进人们的生活，逐渐取代了部分现金和支票的支付功能。随着时间的推移，网上支付、移动支付等新兴电子支付方式成为用户享受支付服务的新选择。近年来，随着技术的不断进步，人脸识别、声纹识别、虹膜识别等各种生物识别技术推陈出新，生物特征开始用于标识用户身份，为数字支付的发展提供新场景。近年来，新冠肺炎疫情加快了数字支付的渗透。2021 年，全国支付系统共处理支付业务金额 9450.69 万亿元，同比增长 15.32%①。

第二，金融科技促进支付场景与金融服务日趋融合。网络支付的发展使支付服务渠道从线下开始向线上迁移；智能终端和移动通信技术的广泛普及可满足用户在任何时间、任何地点完成支付的需求，体现了支付服务与各种交易场景的紧密相连，体现了支付服务和线上线下交易活动的融合发展。同时，金融科技也推动了支付产业向投融资服务、消费信贷等业务的渗透，加速了支付与金融服务的融合。

第三，金融科技降低了支付服务成本，扩大了支付服务覆盖范围。科技应用使得支付设备成本不断降低，减轻了支付机构和商户的资金压力，减少了交易管理成本和风险防控成本。同时，科技进步进一步扩大了我国支付清算网络在广大农村地区以及世界各地的覆盖范围，拓展了支付服务半径，使得支付清算业务成为普惠金融和市场机构"走出去"的重要抓手。

10.2.2　科技助力支付创新

第一，金融科技丰富支付生态系统。一方面，科技创新推动支付产业链不断延伸，市场参与主体数量快速增长；另一方面，支付产品、支付方式和支付场景更加多元化，支付清算逐渐向信贷、投资、保险等渗透，使得支付清算与其他金融服务融合发展。同时，随着零售、交通、医疗等领域支付场景的形成，新的产业系统逐步显现。

第二，金融科技创新助推支付行业资源整合优化。部分市场主体

---

① 资料来源：《2021 年支付体系运行总体情况：社会资金交易规模不断扩大》，人民网，http：//finance. people. com. cn/n1/2022/0402/c1004－32390911. html，2022 年 4 月 2 日。

在业务体系稳步发展的基础上，凭借其在金融科技方面的创新优势，不断进行资源整合与优化。与此同时，实体企业以及其他金融和类金融机构以并购互联网支付机构等方式进入支付市场，通过支付接口达到资源整合的目的。

第三，金融科技提升支付效率。一方面，金融科技提升了交易效率。传统支付中客户和商家是销售和购买的关系，金融科技的发展改变了客户和商家的关系，一是商家有了了解客户的欲望，会根据客户的消费信息分析客户的消费水平和消费习惯，并据此为客户提供定制化的产品和服务；二是客户不再愿意持现金去支付，而是更愿意随时随地随意地挑选产品和服务，并选择刷脸等更方便的支付方式，这极大地促进了交易活动的开展。另一方面，金融科技提升了支付环节效率。传统支付方式通常需要耗费较长的交易时间，因为中间可能涉及商家点钞验钞找零，刷卡需要输入密码，等待银行信息返回并打印凭条签字。金融科技简化了交易的中间环节，极大地提升了交易速度，节省了交易时间。

第四，金融科技提升支付安全。在支付行业快速发展的背景下，风险控制仍然是全行业的重中之重。借助金融科技之力，风险防控建立起以大数据分析为基础，以人工智能、生物探针、知识图谱、区块链等技术为支撑的智能反欺诈、智能身份认证、风险价值挖掘、用户安全赋能等能力，将"事件案例驱动"的被动式防守转为"数据驱动"的主动式预警的风险管理模式。借助科技手段进行的支付风控，可有效监测用户交易行为，降低支付欺诈风险，提升支付安全性。

10.2.3 支付行业创新发展

第一，支付产业规模持续扩大。近年来，我国支付业务基本以超过10%的年均复合增长率快速发展，特别是以"云闪付"、条码支付为代表的移动支付高速发展，使我国一跃成为全球最大的移动支付市场。2021年中国网上支付业务量达1022.78亿笔，较2020年增加了

143.47 亿笔，同比增长 16.32%①。支付产业的快速发展激发了社会资本的涌入，导致支付服务从纵向看社会分工越发细化，从横向看支付服务与各行业越发融合，支付产业发展态势良好。

第二，支付服务组织体系更加多元。当前，我国已经形成了以中国人民银行为核心，银行类金融机构和非银行支付机构参与的多元化支付服务组织格局。统计数据显示，我国有 4608 家银行法人机构②、228 家非银行支付机构③、255 家财务公司④，共同为单位和个人提供支付服务：中国银联股份有限公司、农信银资金清算中心、网联清算有限公司等特许清算机构为银行卡等特定业务和特定对象提供差异化清算服务。随着支付服务场景化应用不断扩充，支付服务需求主体不断壮大，小微企业和百姓个人等长尾客户在支付服务市场中的重要作用日益凸显，影响更加广泛。

第三，支付基础设施不断完善。国际层面对金融基础设施内含有明确界定，认为为金融活动提供支付、清算、结算或记录的多边系统和运作规则就是金融基础设施，可见支付在金融基础设施中占据非常重要的地位。随着我国经济金融、计算机通信技术发展和金融体制改革，我国支付产业这一基础设施建设已经取得了很大成就，比如数字人民币在多个城市已经展开试点，网联系统已经完成建设，人民币跨境支付系统已经走向世界。

---

① 资料来源：中国人民银行公布数据整理所得。
② 资料来源：银保监会网站 2021 年 6 月 30 日公布数据。
③ 资料来源：2021 年 5 月 17 日零壹财经网站公布。
④ 资料来源：银保监会公布的 2021 年末数据。

第4篇
集成创新：运维监管
效能提升

第 11 章

智能运管集成创新

11.1 智能运管理论分析

11.1.1 概念梳理

运营管理发展至今，经历了三个层面的发展历程：标准化运营、服务化运营、智能化运营。标准化运营解决了以往的运营痛点，部分运营可以通过技术手段帮助实现，比如增加客服的呼出呼入入口，全量活动发送等。但是，随着业务的发展和用户体验要求的不断提高，运营如果要实现更大的转化需要借助更多的技术。所以，在标准化运营的基础上，以"数据驱动 + 闭环服务"为目标，主动而非被动地触动产品运营的痛点，比如精细化分析、数据化分析等，通过有针对性的运营优化解决方案，提升用户体验，实现服务化运营。通过实时数据采集，持续技术优化加上活跃用户精准推送，如精细化运营模式，数据化运营模式等，服务化运营在登录服务、版本服务、下载服务等方面均实现了明显的优化，有效地解决了产品运营的转化不高、流失严重等问题。

服务化运营构建了足够强大的平台，但是还有很多公司不能充分利用自己的用户数据，不能充分挖掘众多用户数据中巨大的潜在价值，未能实施更好的运营措施去提升价值。因此，可以通过更好的智能策略让整个运营更加智能化、自动化，即智能化运营。对于智能化运营而言，关键是要实现业务数据的收集与清洗，从而实现对众多场景的智能分析与智能决策，并自动执行相关命令。可以借助运营中的大数据来影响产品运营决策，最终达到兼顾成本与服务的双重效果。

智能运管是指应用大数据、人工智能等相关技术，洞察海量数据发现商业价值，及时准确制定策略，提升客户体验并取得业务成就。智能运管能显著提升企业灵活性、敏捷性、响应速度，创造更大价值并打造持续性竞争优势。

11.1.2　运管实现

首先，了解用户生命周期管理。用户生命周期是指用户从通过App 或网站等第一次接触该企业，到最后一次打开的时间。比如，有些人只是下载 App，则其生命周期是下载状态；有些人是到付费，则其生命周期是付费。

其次，针对用户生命周期运营。如果企业产品有一个用户，企业需要想尽一切办法去运营，从生命周期的下载或进入你的产品开始到成为付费用户或持续活跃用户，企业都可以通过监控用户的行为，追踪用户状况，并根据用户状况进行运营管理。如果企业有多个用户，每个用户的生命状态会有差别，并且同一用户的数据可能来源于电脑、手机、手表、手环等多端并产生行为数据。企业需要获取这多个用户的数据，并动态分析每个用户的需求。智能化分析的难点是如何将这多个用户当作一个用户来运营。用户的每个生命周期上的每个状态都是用户的关键事件，比如下载、注册、活跃、付费等，智能化的用户运营是将每个状态的用户动态地把握，同时利用运营策略激励用户来延长生命周期。

最后，智能化运营。智能化运营需要企业具备强大的数据收集能力和分析能力。业务数据收集是智能化运营的基础，需要能收集客户动态的跨全端数据；数据分析能力是智能化运营的核心，需要能在复杂的场景下分析并自动决策。因此，有了用户数据的支撑，有了强大的分析能力，则用户在具体的场景下会自动触发运营策略，实现智能运营。

11.1.3　应用领域

在业务运营领域，已经有商业银行利用机器学习平台实现智能化运管。例如在集中运作智能化方面，运用流程自动化、文字识别、机器学习等技术来识别交易凭证、发票和证照，自动生成报表并实现账户年检报备自动化等，这样可大幅提高运管效率和水平，降低运管成本。在金融市场交易自动化方面，借助大数据、机器学习、智能投研等新技术，提升交易策略评估和数据分析能力，深化量化交易技术应用，基本实现汇率产品的智能做市报价和智能交易策略制定，自动生成指导报价及策略供交易员参考。在现金实物管理智能化方面，运用物联网、机器学习等技术对现金作业模式进行改造，提升现金管理自动化水平，建立现金库存预警监测模型，实现现金物流智能化管理和相关账务自动化处理。在档案管理智能化方面，运用物联网、图像识别、语义分析等技术实现纸质档案电子身份标识、文书档案自动识别录入，提取文档保密信息，实现档案智能化归档和智能检索，提升档案资源有效利用率和管理智能化水平。在智能营销方面，应用人工智能与大数据技术，新研发针对金融资产池、收款管家卡、账户信息类服务（如综合账户报告、现金管理报告等）等现金管理产品的智能推荐模型，生成特定产品的目标客户清单，提升基层行营销成功率，并根据客户实时反馈迅速调整策略，提高推荐系统的感知能力。

中国工商银行围绕"机器换人"，运用计算机视觉、自然语言处理等技术，让机器高效运作，简化业务流程，降低运管成本，打造高效、智能的运管体系。例如，工商银行业务运营领域推出"流程机器人"，让机器代替人从事大量传统的简单重复性劳动，打造高度集约化、智能化的运营中心；在财务会计专业领域推出"财务机器人"，实现对票据、报表等文本的自动识别与处理，缩短财务报销的办理时间；结合人流量数据、潜在收益等，为网点和自动设备提供科学智能建议与决策支持。

11.1.4 价值体现

所谓价值，既要提升金融运行效率与效益，又要体现经济社会价值。科技赋能运管，可极大地降低运营成本，提升金融服务效率，因此，智能运营能提升客户体验，提供更多便民惠民的金融服务；也能让渡利润空间给中小微企业，从而纾解中小微企业融资困境；还能延伸金融服务范围，助力赋能乡村振兴战略。

提升客户体验。在银行营业网点的大堂，智能机器人可以迎宾，也可以分流客户。借助人脸识别技术和语音识别技术，机器人可以采集客户身份信息，还可以引领客户去业务办理区，区分 VIP 客户并提供个性化金融服务；借助丰富的客户服务数据，通过机器学习就可以转化为服务方案。客户在办理业务的过程中，智能机器人识别客户身份后直接授权远程终端，业务流程简化，客户等待的时间短，客户体验好。早在 2015 年交通银行就已经推出智能机器人"交交"，借助语音识别和人脸识别与客户交流，分析客户需求，回答客户问题，引导客户办理业务，既减少了大堂经理的工作量，又在服务过程中完成了数据的搜索和存储；业务过程中通过机器学习优化服务方案，有效减少了客户等待时间，缓解了客户急躁情绪，客户体验好。另外，光大银行打造智能语音系统，创新融合语音处理和客服系统，服务质量好，服务效率高。而且光大银行布局的智能服务体系为客户提供了自助、智能、人工于一体的优质服务，智能语音服务更是服务体系中的关键一环，能够满足客户更多的服务要求。

纾解中小微企业融资困境。银行等金融机构不愿意贷款给中小企业，要解决这一困扰，不能单纯依靠传统金融产品和服务模式，金融科技的创新运用为其提供了新的解决方式。近些年，金融科技快速发展，创新运用 ABCDI 等技术，金融机构能够有效降低与中小微企业之间的信息不对称问题，从而能降低金融机构的信息搜集与交换成本、客户交易成本、人工成本等，拓宽金融机构的服务边界，覆盖更多的小微企业。并且，金融机构利用 ABCDI 等技术，能够充分了解中小微企业状况，掌握用户信用资质，掌握客户可负担的成本和合理的融资额度，测算出其还款能力和还款意愿，从而预测其违约概率，并做好对应风险防范措施。

延伸金融服务范围。在 ABCDI 等技术的推动下，很多公司在系统架构、产品运营、风险管理等业务的核心环节都实现了全方位数字化，提升了在线化、金融化、智能化的能力。因此，科技助力下的金融机构、互联网公司、科技公司等不断延伸金融服务范围。一是通过服务场景创新拓展服务范围，即搭建越来越多的生活场景开发类似的金融服务；二是通过服务对象创新拓展服务范围，即金融数字化发展将原本难以享受金融服务的长尾客群纳入服务范围。

11.2　智能运管创新应用

11.2.1　智能获客

1. 传统获客渠道

电话获客。通过打电话的方式，与对方直接沟通，询问对方是否有购买公司产品的需求，或者直接推销企业产品，比如贷款需求、购房需求等。有真实需求的，将会对电话内容感兴趣，因而成为公司的客户。除了这种直接通过电话沟通询问客户意愿的方式，电话获客还包括短信发送优惠信息、产品信息、活动信息等方式。出于对上当受骗的担心，以及对这种毫不考虑客户真实需求的推广方式，越来越多的人抱着抵触和怀疑的态度，获客难度越来越大。并且，随着国民知识文化水平的提高，防范意识的增强，越来越多人反感这种电话推销的方式。目前短信营销方式受到智能软件的拦截，营销电话号码容易被加入黑名单，或被标记为诈骗电话、骚扰电话、广告推销、房产中介等，一旦有类似电话会被直接挂断或被系统拦截。但是对于当今新冠肺炎疫情不确定性的影响下，仍有不少银行等金融机构在使用这种方式对自己的客户进行产品销售。

广告获客。广告获客就是通过平面广告，户外视频，报纸、电台、电视台等传统媒体宣传公司品牌或产品。比较而言，电视广告获客效果较好，但是花费比较昂贵；户外广告传播渠道有地域局限性，也需要一定经费支撑，所以一些经济基础相对薄弱的中小企业不会选择这种方式获客；公交车、出租车等流动性广告不受地域的限制，传播范围较广，但是流动较快，需要人们快速捕捉广告信息。广告获客的方式能创造一定的品牌效应，宣传推广效果较好，因此当公司实力雄厚或有足够预算的时候，还是非常有必要投放广告进行品牌背书的。

地面推广（地推）。地面推广是大部分企业都会用到的宣传方式，通过制作宣传册、宣传卡（优惠券、试用券、提醒卡）等纸质广告，搭载企业活动或优惠信息，然后雇佣人员或自己员工进行定点投放。传说中的扫楼、路演及派传单等，都属于地推。早期的时候，定点投放针对特定群体，所以地面推广这种方式十分高效。比较而言，地推既耗费时间精力，又非常考验业务员的敬业精神和销售能力，关键是地推模式流传已久，各行各业地推市场趋于饱和，偶尔有漏网之鱼也是收效甚微。近些年一些不法商贩利用二维码进行违法行为，而且纸质广告会增加新冠等病毒的传播概率，人们对地推比较抵触，地推宣传效果更是大打折扣。

关系营销。关系营销即利用推广者的朋友、亲友等关系进行推广的方式。重点推广途径为微博、微信朋友圈等个人社交圈投放广告（包括宣传图片、H5活动页面、文章软文、促销视频等）。关系营销是花费最少的一种推广方式，应用于项目前期最为有效，很多互联网项目的种子用户从这种方式中筛选。

通过以上几种主要的传统获客渠道可以看出，传统获客通过广告、宣传单、电话等方式触达客户，筛选意向客户，针对性不强。这种广撒网的方式更像大海捞针，收效甚微，也无法挖掘出客户潜在的内心需求。在当前新零售时期，伴随着消费的升级，顾客的要求日益关键，"客户为王"变成了被广泛认可的新零售逻辑思维。如今，如何去把握客户的要求，怎样了解客户定向推广的多样化要求，智能获客提供了一种可能的解决方案。

2. 智能获客关键技术

随着互联网红利逐渐消失，获客成本也是水涨船高，一些互联网金融企业甚至利用资本去购买流量，以便从竞争中胜出。但购买流量这种方式对企业来说仅能缓解一时的燃眉之急，并不是长久之计。因此，许多企业都希望通过大数据、人工智能的应用，摆脱购买流量的怪圈。

（1）大数据获客

大数据精准获客是将人们收集的信息数据分类汇总，通过平台运算和分析，找出规律，描绘人群画像，再通过精准营销把广告投放到特定人群中，从而提高客户转化率。通过全面的数据收集、客户习惯洞察和及时有效的分析，可以充分了解客群需求，判断他们的购买意向。还可以通过短信、电话、手机等应用程序，电子邮件等各种内外渠道，向目标客户发送营销信息，帮助企业在销售市场用户、大数据、运营商的巨大需求下，实现低成本、高效的商机挖掘和最终的精准获客。大数据准确获取客户，可以为中小企业打造多元化、多维的深度分析，并对其投资和专业能力拓展进行深度透视分析。构建大数据精准获客系统，能有针对性、高效、低成本地捕捉到有意愿的客户，有效解决各领域中小企业面临的关键问题。对于金融企业，大数据的应用可以帮助企业筛选出大致的用户人群，这样一来，企业就可以根据自身的产品特性匹配相对应的用户人群，通过更加精准的人群匹配，降低获客成本。

大数据是一个数据的集合，通过一定的运算，能够找到事物运行的规律，反映一段时间内一件事物的活动趋势，是现代社会一种具有很大价值的信息资产。目前，主要有如下几种方式获取大数据客户。一是浏览网址，即提供与公司相关行业的网址，获取网址后面浏览的消费者手机号；二是获取 App，即登录 App，停留在 App 的某个页面后都会留下痕迹；三是关键词搜索，即在百度等搜索引擎上搜索关键词和网页。大数据是掌握客户延伸的第一途径，根据大数据库系统搜集到的数据，可以掌握客户年龄、性别、地区、浏览时间、浏览痕迹、浏览频率等，从而确定消费者偏好。如果针对有偏好的客户真诚地聊天，就可以精准地获取客户，最终形成订单。

以银行为例。银行可通过技术手段，将网点、网银、门户网站等行内渠道，与平台、商户、品牌商等渠道打通。运用多种可能的渠道与客户建立连接和传递内容，包括客户对产品的感知、研究、购买、交易和服务的全过程，从而实现银行源源不断地获客、活客以及留存转化的目的。

如图 11-1 所示，客户行程表示客户在研究、购买、交付、服务时的所有决策行为，包括这一过程中可能出现的流程和渠道，以及整个期间的线上线下互动。

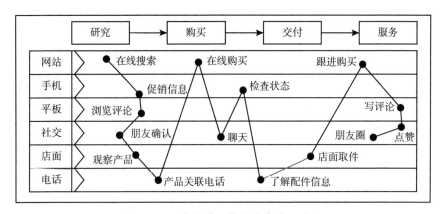

图 11-1　全渠道一体化客户购买过程

（2）人工智能获客

经营一个企业，最关键的往往是客户。无论是产品设计还是服务，离开客户都是空谈。如果站在客户角度想问题，从经营角度来看就会达到事半功倍的效果。因此，想要提高经营效率，熟知客户并建立良好关系非常重要。如何快速了解客户？传统方法是利用线上线下渠道获取客户信息；如何快速了解客户？传统方法是通过线上披露的信息和线下的沟通交流了解客户，虽有一定效果但效率低下，因为很难把握信息的真实性和及时性。人工智能利用智能算法替代人工操作，能更快速更全面地抓取客户信息，有效解决准确性和及时性问题。

知识图谱能够利用算法获取公司或行业的相关信息，并直观了解其关联状况，及时掌握市场动向。通过自学习和深度学习来自动建立的产业知识图谱，可自主识别行业、公司、产品、人物信息及相互关系，帮助企业了解当前市场和盈利的关键点及潜在风险。通过自学习和深度学习来自动建立的知识图谱，通俗上讲就是不通过人为的数据维护和输入，靠自学的智能方式来补充和完善相关领域的关系数据，识别行业、企业、产品和客户的关系，从而帮助获客。相比传统的手工完成知识图谱，通过自学习的知识图谱无须人工维护，准确率也得到了大幅提升。

总的来说，人工智能技术可以吸引潜在客户。大流量平台的用户有着自身的特点，金融企业完全可以通过人工智能技术研究这部分人群的特点，从而匹配合适的推广素材，如关键词、文案、视频等，实现对潜在用户的吸引。人工智能可以帮助金融企业开展更多的场景创新，比如针对不同的客户群体打造投资理财、资产管理、保险业务、消费金融等更多的个性化金融服务，借助服务实现低成本获客。

3. 智能获客关键环节

数据搜索。搜索与企业可能相关的各方面数据，比如工商数据、招聘数据、网店数据、工厂数据、招投标数据、门店数据、知识产权数据、资质证书数据、联系方式数据等，将这些数据整合在一起，并打上数据标签。不同的行业，可以根据自身的业务需求从中获取最有价值的销售线索，也可以通过大数据系统搜索海量用户信息，搜索范围可通过关键词条自行定义，如搜索地区、行业等关键字获得用户信息。

客户分群。即使在数字化时代，基于客户数据分析进行一对一营销仍是不切实际的想法，管理客户组合或分群则是可行的选择，基于客户分群可进行营销策略和互动策略的优化。所以，在分群阶段，要充分挖掘数据，全面提升数据分析能力，利用数据进行精细化管理，多角度多维度地识别客户并制定差异化管理政策，开展差异化金融服务。比如，利用客户消费、交易等行为数据建立触发活动，实行精准营销；快速筛选用户匹配活动，激活存量用户；进行线上线下产品交叉营销获客。

客户触达。客户触达能实现意向客户的智能化转化，可与微信等无缝衔接，一体化运营，提高销售效率和客户转化率。任何企业运营过程总离不开客户触达渠道的连接，触达渠道的组合选择与最终运营效果直接挂钩，客户触达方式的选择也直接影响运营结果。如何精准地实现客户触达，选择何种触达方式，如何提升多渠道的组合效果，如何让触达既能表达企业态度又能向客户传递温度，变得尤为重要。客户触达渠道是一切能接触到客户或与客户联系的手段，对互联网产品而言，产品本身、站内信、邮件、短信、企业微信等都是客户触达渠道。呼叫中心能为电销团队提供高效稳定的外呼服务，如果与三大运营商深度合作还能接入多场景进行后期的智能营销。云短信能实现秒级送达，短信打开数据可以跟踪到具体客户，也可以在呼叫结束后自动发送短信。批量添加微信能实现 App 里的批量添加微信和批量添加联系人至通讯录。接入企业微信能实现 CRM（Customer Relationship Management）系统客户与企业微信好友一一匹配，客户信息能自动同步至企业微信侧边栏，企业微信还可以边聊天边填写跟进记录。

信息跟进。各种信息实时更新，可能涉及全网企业信息、联系方式、人力资源、经营数据等信息，需要利用各种渠道全覆盖，及时收集和整理。

以百度智能云为例。为了满足金融机构的更多需求，百度智能云输出 ABC 能力与金融行业相结合，打造了完整的金融云解决方案，这不仅极大提升了金融机构的获客效率，还为金融机构业务创新提供了技术支撑。百度智能云涉及智能获客的智能营销解决方案是金融云的一大亮点，该方案通过利用自身已有的用户与数据优势，可以帮助企业多端多场景地触及高达 95% 网民。从最初了解潜在用户，到识别低风险、高价值用户，再到最后有效获取目标用户，企业都能在云上轻松完成。百度智能云将搜索和信息流推荐相结合，利用自身丰富的产品矩阵、智能创意工具和高效快速的信息建设能力，以及在大数据、人工智能等新技术上的积累，帮助企业做到了智能高效获客。

4. 智能获客渠道创新

互联网获客。互联网获客是互联网发展前期所衍生的获客方法，包括关键词推广获客、网盟推广获客、网络定向流量推广获客。关键词推广获客是以百度、360、搜狗、神马等搜索引擎为依托的竞价排名广告，价格花费不菲；在此基础上，个人做 SEO（Search Engine Optimization）进行推广，可以降低费用，但是需要消耗时间和精力；网盟推广获客，同样以上述几家为主要投放渠道，区别是使用图片或动态图的形式投放广告，如大家在电脑上看新闻或小说时两侧出现的广告，同样费用较高；网络定向流量推广获客，以地方网站、行业网站为依托的小众网站广告投放，费用较少，但是效果反馈也难有保证，例如地方贴吧中发软文贴推广。

社交获客。与关系获客不同的是，社交获客的重点是利用社交软件来推广活动和软文。例如，微信的微信群推广、微信公众号推广、微信小程序推广；知乎、悟空问答等知识型问答平台的提问回答推广；脉脉、领英等同行社交推广。

自媒体获客。2016 年开始，自媒体平台战争打响，各大平台加大补贴的同时，流量逐步开放，比如今日头条的自媒体。企业通过有质量的软文、视频植入广告等形式，可以轻松获得各大平台的推广，除了免费外，还能获得广告分成。

软文获客。软文营销获客，主要是在网络、社交、新媒体等渠道营销的时候配套使用。之所以单列，是因为软文获客可以蹭热度、蹭流量，比较轻松地就能达到获客的目的。可是，这种方式需要写作功底和互联网能力，现在完全是一个独立的岗位存在。

资源交换。资源交换主要是异业联盟和企业互助这两种形式。异业联盟形成了完整的合作链条，营销推广效果明显，但是往往对企业的资源和能力有所要求；企业互助合作形式比较松散，一般是几个企业自发进行广告互推，比如采取互相放置展页的形式，由于较为松散，营销效果往往一般，只是胜在免费。

新媒体、App 等流量广告或活动。这时一种收费的手机广告投放形式，包括手机开屏广告、内容展示广告、视频播放广告等形式，强于其他网络推广的特点是：用户画像更加清晰、投放地点可以精确到地级市，甚至是区级范围。例如，创业者需求男性、20 ~ 25 岁、居住在某市某区、游戏爱好者等用户画像要求，在推广时，可以在后台进行设置。

场景获客。场景获客属于传统获客和互联网获客的中间地带，即企业掌握自身客户可能集中出现的场景，从而搭建对应场景进行活动或投放广告。随着各类大数据的发展应用，场景获客的应用有了数据参考。最经典的案例，是国外超市将尿片和啤酒放在一起销售，会使两种产品销量增长。企业可以从大数据企业购买客户画像的场景数据，进而进行营销推广。

团购、外卖等平台推广。这种推广仅限餐饮、摄影等服务型企业，之所以单独列出，是因为很多餐饮创业者认为他们不想做团购或外卖，因此不参与这些平台。但是，正是这种想法使创业者少了一种营销方式，很多客户习惯使用这类平台搜索周边的服务。

5. 金融行业智能获客

金融企业类型不同，各企业的获客渠道和获客能力也各有不同（见表11-1）。传统金融早期主要通过线下物理网点及专业人员服务而获客，数字化转型后的银行、金融科技公司等主要通过网页、App等多种渠道来获客。大而全的BATJ（指百度、阿里、腾讯、京东）等互联网企业通过自己打造生态链，或是通过扩大自身产品生产线，再以并购等方式联合行业内竞争对手或优秀企业，多为布局金融形成生态闭环，获客能力和客户黏性都大幅提升。大型金融企业良好的口碑使获客能力及客户黏性更强，专业的运营及丰厚的资源使得竞争能力更强，既有数据资源又有数据挖掘和分析能力使得风控能力和运营能力更强，而很多中小型的金融企业逐渐无人问津而步入被淘汰的困境，垄断竞争格局凸显。

表11-1　　　　　　　　　　不同渠道竞争要素比较

银行类型	直销银行	商业银行	券商/保险	线下销售	线上销售
营业网点	无	营业网点多，地域面广	介于直销与银行间	少	无
获客能力	略弱	较强	弱	服务高净值客户，用户规模较小	门槛低、客户面广、用户导入快
产品定价	优惠价	较高	介于直销与银行间	优惠价	优惠价

续表

银行类型	直销银行	商业银行	券商/保险	线下销售	线上销售
金融产品	仅自己发行产品	产品丰富,少专业化服务	产品丰富,可专业化咨询	信托、直投产品为主	基金、保险、票据支持类产品等
成本比较	早期开发成本高	营销成本和交易成本都高	营销成本高	营销成本高	规模效应导致成本较低

就消费金融而言,大数据是电商平台可变现的重要资产,电商平台获客方式为线上站内营销,一些金融科技公司则通过网上理财产品、保险、基金等销售金融产品并受理工商企业的信贷业务申请,获客成本低。具体到消费金融公司,获客方式也不尽相同(见表11-2)。

表11-2 消费金融公司的获客方式比较

类型	招联消费金融	海尔消费金融	苏宁消费金融	马上消费金融
发起人	招商银行和中国联合	海尔	苏宁	重庆百货公司
获客	移动App获客	移动App获客	在苏宁云商门店和App	移动App获客
金融服务	联通网上营业厅提供分期产品"零零花";支付宝平台提供白领分期产品"好期贷"	线上申请后快速审批,快速授信,可取现50%,或在海尔的商超和门店使用	贷款产品"任性付-灵活用",分期消费产品"任性付-分"	安逸花,申请后线上循环使用授信额度,定期还款且支持场景消费与现金提现,可随借随还及现金分期
审批	引入芝麻信用分准入,芝麻分超过700分可直接线上使用授信额度	主动授信,线上一键支付,同时开通线下零售门店申请	会员在线申请,利用风控技术提供信用额度	依靠FICO风控系统自动审核,少量人工审核

金融行业的业务不同，各业务用户群体也不尽相同。比如贷款和投顾相比，前者偏向于年轻人，后者更偏向于中年有钱的群体，因此需要差异化获客。以下将以证券投顾为例来具体分析金融行业的获客渠道和获客方式。

证券投顾的获客渠道和方式主要有大数据、电台、电视台、网络媒体等几个方面（见图11-2）。现在的市场多以网络销售为主，获客的主要方式是添加客户微信之后再做营销，手机号码做电话销售在流程上也是先加微信。从大数据方式来看，获客方式上都是基于电话，即采取人工或者机器人通过电话的方式触达客户，然后引导客户加微信。电台和电视台两种方式比较类似，都是通过节目和硬广的形式进行广告，只是电台只能播报微信号，电视台可以展示二维码，然后让客户来加微信或微信公众号。最重要也最广泛的是网络媒体，可以分成几个形式的广告。第一种是搜索类，比如在百度搜索通过关键词搜索股票。先看到的都是一些广告页面，然后进到了一个推广页面，企业留下了电话号码或者是微信号。第二种是信息流的方式，比较原生的广告，可以通过头条或者抖音展示相应的图片或视频广告等素材，然后点击相应的详情页面，在详情页面里面可以留下电话号码或者微信，或者引导用户下载App然后在App里面去添加微信。第三种是微信公众号，可以通过文章广告或朋友圈广告，文章广告能引导用户关注公众号，然后在公众号内容下引导用户添加企业微信；朋友圈广告需要用户直接点开详情页面去添加企业微信。第四种是自媒体广告，比如微博或喜马拉雅之类，也可以做广告展示，让用户去关注企业自媒体或者专辑，通过私信评论或者推广页面的形式添加微信。最后一类是应用下载，做App的推广下载，在App内部引导用户去添加微信，从而将用户转化为客户。

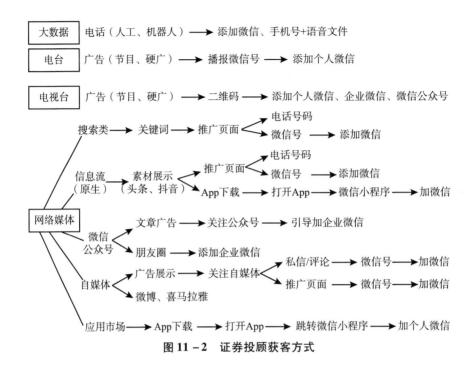

图 11 - 2　证券投顾获客方式

11.2.2　智能客服

1. 智能客服含义

近年来，随着金融行业客户数量的与日俱增，金融机构客户服务的人力成本持续攀升。面对客户咨询的有一定重复性的问题，人工客服的工作效率显得低下，并且客户主导的被动式交互制约了人工客服品质的提升，因此金融机构急需依靠科技的力量改变这一被动局面。随着人工智能、大数据等技术的不断完善，机器学习、语音识别、计算机视觉和自然语言处理技术等不断推动着金融智能化发展，也推动着客服领域的智能化发展，人工智能等技术与客服相融合提高了传统客服的服务水平（见表 11 - 3），带动了客服由劳动密集型向智能化高端的转化升级。智能客服系统是人工智能等技术与传统客服创新融合的产物，智能机器人取代人类为客户进行业务查询、智能引导、客户投诉等服务，这些服务不会涉及账户资金变动，属于非金融业务。目前，智能客服系统主要应用于线下网点机器人，以及线上网银、App 客户端、电话银行等虚拟机器人服务，既可能提供语音服务，也可能提供文字服务。

表 11 – 3　　　　　　　　　智能客服对传统客服的改进

改进方向	具体体现
客服人员数量	智能客服使得客服团队人员数量增速放缓；同样的业务体量下，智能客服所需人员远远小于传统客服所需人员
工作效率	智能客服机器人可以"7×24"小时回答问题，并且能包揽大部分问题，减少客服在重复性问题上的时间浪费，提高了工作效率
客户体验	智能客服扩大了初级用户的渠道，缩短了客户的等待时间，客户可以不受时间限制向智能客服机器人寻求帮助；通过智能质检系统，可以对人工客服进行质检，规范客服行为，提升客户体验

从场景覆盖看，智能客服不是单模块产品，能对服务过程全场景覆盖，因此能极大提升金融机构的使用体验。从业务流程看，智能客服为金融机构建立了标准化的服务流程和服务模型，因此企业可以简单轻松地使用智能客服系统。从数据能力看，智能客服能将服务过程中产生的数据全部收集，让金融机构运营所需要的数据更全面更及时更方便，从而助力金融机构数据运营。从响应速度看，传统人工客服的回复速度在 2~10 秒，而融入人工智能的 AI 机器人可以毫秒响应，用户体验得到极大提升。以银行为例，目前接入渠道多样，包括移动端有 App 和电话呼叫中心，PC 端有银行官方网站，还有各种社交软件和实体机器人等（见图 11 – 3）。智能客服可以办理借记卡和信用卡的多项业务，比如账单查询、存贷款、转账、理财、购汇结汇、信用卡还款及提额等。

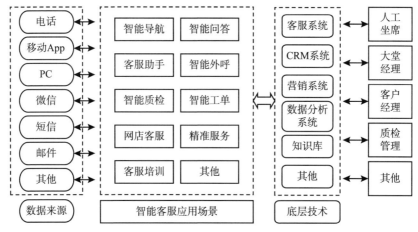

图 11 - 3　银行业智能客服应用场景

　　但是，即使智能客服在服务效率方面得到了极大提升，在服务环节的角色越来越重，也存在机器无法解决和回答的问题，因此很多金融机构都采取智能客服和人工客服相结合的方式（见图 11 - 4）。

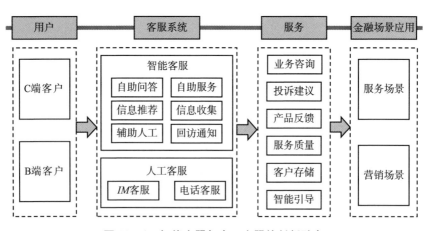

图 11 - 4　智能客服与人工客服的创新融合

2. 关键技术

　　语音识别技术、自然语言处理、机器学习技术、意图预测和情绪分析等技术是智能客服系统的关键技术。语音识别技术像客服系统的耳朵，能通过客户语音感知客户需求；自然语言处理技术像客服系统的大脑，能快速准确理解客户需求，从而为客户提供相应的服务；机器学习是客服系统智能化的重要体现，能对业务数据分析后提升系统的客户服务准确性；意图分析能提早知道客户意图，投其所好；情绪分析帮助智能客服了解客户的情绪。而机器学习与语音识别技术在"人工智能"一章中已有提及，不再赘述。

自然语言处理。自然语言处理技术像智能客服系统的大脑，是智能客服系统体现智能性的关键技术，能快速准确理解客户需求，从而为客户提供相应的服务。自然语言处理使智能客服系统可以像人工一样理解客户需求，并为客户处理业务。在金融行业，如果仅使用简单语法的模式匹配或模拟人脑结构的人工神经网络算法，则自然语言处理的效果较差。而在智能客服系统的语言分析中，以对话情景和主题为基础，使用常识性知识和词汇，生成容易被客户理解的自然语言。由于该过程比较复杂，所以会借助深度学习进行处理。

意图预测。意图预测是指弄清客户下一步的需求。客户点击次数、浏览量和购买次数等信号都可以被转换为预测，在客户提出要求之前就提供增值个性化服务。预测性解决方案将客户数据与 AI 相结合，就能确定客户意图并选择正确的下一步服务。例如，该技术可以基于网络活动或文本识别指示客户意图的模式，并将呼叫或聊天路由到对应的客服人员。意图预测使客服中心能够以客户所需的方式为他们提供所需的帮助，从而提高服务水平。

情绪分析。情绪分析会分析个人的语言和非语言交流，以了解其情绪或态度。例如，如果客户微笑着点头则他们可能很高兴，而如果某人的眼睛睁大而嘴巴张开则他们可能会感到震惊。情绪分析可用于按正确的优先级对客户的情绪进行分类，并将其路由到适当的业务代表。例如，一个生气的客户可能会被路由到客户维护团队，而一个满意的满意客户可能会被路由到销售团队以推销新产品或服务。情感分析生成的数据可用于了解客户对产品的体验，新包装或与公司代表的互动，以及发现任何会引起客户负面反应的薄弱环节。

3. 智能客服应用

首先，智能客服系统会为客户开通服务窗口，便于客户快捷地提出自己的服务需求，实现客户沟通交流。其次，借助语音识别技术，智能客服系统会将客户的服务需求转化为机器能够识别的信息。最后，借助机器学习训练后的算法模型理解人类自然语言，索引到能解决客户服务需求的内容后反馈给客户，客户服务结束。传统金融客户存在两类严重影响业务效率的问题，一是重复率非常高的服务需求，二是复杂性比较低的服务需求，而这正是智能客服系统最擅长处理的事情，所以智能客服系统在实际应用中具有非常重要的现实意义。图 11-5 为金融领域智能客服流程。

图 11-5 金融领域智能客服流程

应用场景不同，则智能客服系统的功能也会有所差别。通常情况下，智能客服系统主要包含前端交互、语音识别、智能引擎和后台管理四大模块（见图 11-6）。前端交互模块是为了实现客服系统和客户的交互，客户可以在交互模块输入自己的诉求，客服系统可以将答案通过该模块反馈给客户。语音识别模块会将客户信息转为文本，为后期智能客服系统认知客户诉求做准备。智能引擎模块包含信息预处理和语义理解，在对数据信息进行预处理后，借助机器学习并利用建好的语义知识库来提取关键词以实现自然语言处理。后台管理模块包含语义检索、最优匹配和答案处理等环节，即根据智能引擎模块的自然语言处理结果，利用建好的语料库检索语义并优化匹配用户需求，然后将匹配结果整理成答案。最后，智能客服系统还需要再一次语音转换，并利用前端交互模块将答案反馈给客户，从而完成一次智能客服服务。

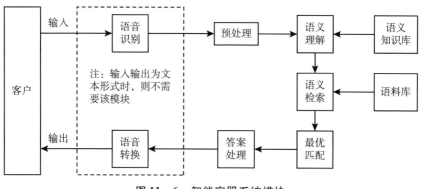

图11-6　智能客服系统模块

智能客服正逐渐成为商业银行客服中心的标配产品，大型商业银行和主要的股份制银行均已搭建自己的智能客服系统，同时针对客服工作痛点，建成了一批具备银行业务特点的智能服务场景。因此，依托金融科技实现客服中心的智能化和数字化转型已蔚然成风。

智能语音导航和智能问答是银行智能客服系统的核心功能，运用语音识别、自然语言理解等技术，并与知识库或知识图谱结合，客户借助手机或电话说出业务需求，客服机器人通过与客户对话，识别并解答客户问题，或办理相关业务，既可以将复杂的功能菜单扁平化，优化客户体验，又可以提高客服效率（见表11-4）。

表 11 – 4 智能客服提升客户体验

客户体验	主要技术	主要功能
核验便捷	BIT、CV	满足传统"录音录像"需求的前提下，引入了计算机视觉技术，实现了人脸及证件的远程核验
申请便捷	BIT、NLP、CV	CA 电子签约技术，实现了签约过程的电子化；引入了音频识别技术，通过语音播报及问答自主面签
操作便捷	BIT、NLP	采用刷脸、指纹、第三方账号等多种登录方式；同时在 App 内搭建智慧语音服务系统，智慧交互系统，实现方便、快捷的人机交互
催还方式人性化	KG	可在还款日前发送短信提示，逾期后启动智能催收呼叫，比如苏宁与科大讯飞合作的"智能催收实验室"推出智能语音催收机器人，拍拍贷推出智能催收系统并服务于第三方机构
客服方便易得	智能客服系统	智能客服全天候不间断服务，服务质量可控。2018 年捷信引入文本聊天机器人 Chat – bot 和语音机器人 Voice – bot 等智能交互工具，实现 90% 的客户来电响应时间从 3 分钟缩短至 20 秒以内

目前，工商银行、建设银行等多家银行均已在手机银行和电话银行等渠道实现智能语音导航和智能问答功能，如工商银行"工小智"应用于多个渠道应用，语音转写准确率超过 96%，应答准确率高达 98%，均达到业内先进水平；招商银行"小招"的服务能力从咨询解答升级至业务办理，无论是覆盖广度还是深度都有极大提升，能够实现闭环服务，给客户助理式的服务体验。除线上渠道外，近年来部分银行也在网点中引进智能客服机器人为客户提供引导和咨询服务，如交通银行的客服机器人"娇娇"，不仅能在客户营销和引流方面为大堂经理提供助力，还能对网点客户进行问卷调研，实现服务能力的自我提升。

智能外呼和智能质检也是银行业较为广泛应用的两项智能客服场景。智能外呼可实现机器外呼营销和催收等业务，部分外呼机器人还可以制定客户化的催收策略，并根据实际执行情况不断优化；智能质检能够通过运用语音识别、情绪识别、自然语言理解等技术，将人工客服海量录音转为数据进行分析，既可以评估人工客服质量，又可以完成多维度统计和专题分析。

11.2.3 智能营销

1. 智能营销含义

智能营销是指利用大数据、云计算、人工智能、区块链、AR/VR 等技术分析海量客户数据，挖掘出营销价值，构建用户画像对用户分层，实现营销的自动化和智能化。也就是说，智能营销利用科技手段，在合适的场景合适的时机通过合适的渠道将合适的产品和服务以合适的方式销售给合适的客户。从本质上看，智能营销主要是借助人工智能技术，利用机器学习、自然语言处理等技术对用户数据进行处理，从而实现营销内容的精准投放，最终达到精准营销的效果。

智能营销是金融机构数字化转型发展的重要产物，因为对于众多金融机构而言，拓客增收是首要目标，因而转型金融机构往往会从营销场景入手，让智能营销赋能金融机构创新发展。智能营销常见的销售方式有个性化营销、实时营销、交叉营销和场景化营销（见表 11-5）。

表 11-5   智能营销常用销售方式

名称	特征
个性化营销	根据客户属性、行为轨迹、资产状况等用户数据与标签，对客户定向投放广告和推送活动，智能推荐合适的产品和服务
实时营销	借助客户以往历史数据，根据客户最近消费、所在地等实时状况分析，预测客户未来行为而销售产品和服务
交叉营销	从产品、客户角度出发，分析产品和客户特征，对存量客户交叉销售，实现产品和客户精准匹配，提高客户满意度，增强客户黏性

续表

名称	特征
场景化营销	通过具体化场景，实时感知客户需求，从创造需求、引导需求、认知需求、寻找信息开始介入客户并着手营销，介入时机前置

借助智能营销，消费金融公司能精准、智能、快速地触达客户，银行等金融机构能锁定潜在客户和意向客户。技术不同，智能营销中的作用也不同。大数据是金融营销智能化发展的基础，凭借对海量数据的分析才能实现千人千面的精准营销，实现金融营销的数字化发展。通过大数据的信息化处理，能准确将客户需求与产品匹配，提高运管效率降低运管成本。云计算是海量数据存储和计算的重要载体，并且云计算上提供的可靠资源能提升资源使用效率。场景引流和大数据分析有助于将信贷和保险服务与生活场景融合实现精准营销。人工智能是智能营销发展的关键驱动力，借助知识图谱、机器学习等技术让传统金融营销走向自动化和智能化；借助计算机视觉和自然语言处理让客户在选择和比较金融产品与服务时能实现人机交互，提高用户体验；借助机器学习能帮助金融机构在营销获客环节提高新客户的覆盖率、营销活动转化率和僵尸客户唤活率，还能提高客户服务的针对性、及时性和主动性，从而提升客户黏性。大数据和人工智能技术能准确筛查出高意向的目标客群，同时滤掉非目标人群；能线上获客线下分析，自动生成销售报表，自主对报表进行智能化分析；还能依托大数据技术针对消费群体完成自动化营销任务，完成产品和市场测评，极大地降低人力成本。

与传统营销相比，智能营销将大数据、人工智能等技术与消费金融获客、活客、留客、拓客、精准销售等营销核心环节深度融合，不仅在数据、渠道、方式、客户体验上有很大提升，还能降低营销成本，提高营销效率与质量（见表11-6）。

表11-6　　　　　　　　　　传统智能营销比对

对比维度	传统营销	智能营销
营销主题	营销人员	AI+人
营销渠道	线下渠道为主	全渠道、线上+线下融合，让客户随时随地享受金融服务，提高客户黏性
营销数据基础	数据以内部积累数据为主，比如年龄、职业、性别、工作性质、购买行为等，维度少、关联度低，可转换价值有限	以大数据为基础，数据体量、丰富度、及时性等远远超过以往。可用数据包含结构化与非结构化、历史与实时、线上与线下、全方位多维度数据，关联度高、可转换价值高
产品特征	金融产品的设计并未对市场进行重复调研，难以匹配客户真实需求，大众接受度不高，大大增加营销机会成本	金融产品设计来自充分了解客户需求的基础上对客户进行科学细分，金融产品个性化，能满足客户"私人定制"需求
营销效果	千篇一律、广撒网的营销方式，精准度低、营销成本高，成功率较低	利用多维数据充分观察和分析，全面系统地构建用户画像，分析客户风险偏好、消费习惯、兴趣爱好等，精准度高，真正实现"千人千面"、个性化的营销，降低营销成本的同时还大大提高营销成功率
客户体验	以产品营销为导向，产品与客户需求容易出现不匹配情况，客户体验不佳	以客户为中心，个性化程度高，客户体验大大提升

　　智能营销主要体现在人工智能的认知智能层次，该层次包含分析、思考、判断、理解和处理复杂事物的能力，目的是让系统能够自动识别客户，还能智能化触发营销机制，从而实现精准获客、精细化运营和个性化服务的目标。一般情况下，传统金融机构准备一次营销活动至少需要1个月，如果规模大并且慎重准备还需2~3个月，但是智能营销只需要1天准备时间。

2. 智能营销关键环节

首先是数据采集与分析。智能营销的基础是多维可分析的海量数据，是用户在多个平台上留下的数据，既有静态数据也有动态数据。用户静态数据是指相对稳定的数据，比如人口属性、学历、性别等用户数据，这些信息会自动生成标签；用户动态数据是指不断变化的数据，比如用户偏好、消费习惯、用户实时地理等行为数据。用户信息的全面性、数据类型的多样化和数据来源的差异化是决定数据质量并影响数据分析效果的关键因素。

其次是用户画像。为了构建立体的、全面的用户画像，需要全面掌握客户数据并建立完善的用户标签体系（见图 11-7）。用户标签是用户特征的符号表示，例如性别、年龄、职业、学历等，描述客户的所有标签的集合就是用户画像，是收集、分析用户数据后抽象出的一个虚拟化用户。用户画像的核心工作是为用户匹配相符的标签。比如，20~40 岁的三四线城市用户，可标签化为"小镇青年"。利用用户标签属性，可以对用户多方面的真实个人特质进行勾勒，描述出用户相关的兴趣、习惯、行为和偏好，抽象出用户的信息全貌，构建出全方位的立体画像。另外，根据用户画像的标签不同，可进一步精准、快速预测用户行为、消费意愿等，为精准获客和营销提供依据。

再次是营销活动管理。营销活动管理是指借助以数据资源为基础的用户画像，利用智能营销引擎，通过线上线下多渠道，精准地将产品或服务触达目标人群的过程。营销活动管理的核心是直击有需求的客户，然后在提供相应的产品和服务，通过这种有针对性的营销实现更好的销售额。

最后是营销信息反馈优化。通过全流程监控营销活动，及时反馈渠道投放效果、营销触达和执行效果。根据反馈的数据和信息，测算渠道价值，量化评估整体营销效果，并据此对渠道、产品和服务等进行优化改进，逐步提高营销精准度。

人口统计学特征	地理位置特征	交易行为偏好	金融产品偏好	访问特征偏好	营销特征
基本信息	**活跃区域**	**电子渠道转账**	**历史产品偏好**	**渠道偏好**	**营销活动偏好**
■姓名 ■年龄段 ■婚姻状况 ■是否有子女 ■学历 ■是否是贵宾客户 ■星座 ■签约渠道标识 ■	判断用户的日常活动范围 ■国家 ■省 ■市 ■区县	用户转账类型交易偏好 ■是否通过电子渠道交易 ■转账频率 ■转账渠道 ■转账偏好	■捐款偏好 ■定期存款偏好 ■理财产品偏好 ■贵金属产品偏好 ■基金购买偏好 ■外汇购买偏好	判断客户使用银行渠道倾向 ■接触点偏好 **网上银行访问特征** ■用户浏览频度 ■用户浏览页面数 ■平均访问时长 ■搜索关键字 ■网银接触时间偏好	客户对营销活动的欢迎程度 ■营销活动参与度 **产品风格偏好** 用户对我行各类产品利率和灵活性的敏感程度 ■利率敏感度
信用特征	**基本信息**	**电子缴费渠道**	**近期产品偏好**	**手机银行访问特征**	**风险偏好**
■个人信用记录 ■信用评级 ■是否有固定资产权益 ■车产信息 ■房产信息	用户的居住地点 ■国家 ■省 ■市 ■区县 ■城市类型	用户的缴费类型交易偏好 ■缴费目的偏好 ■缴费渠道偏好 **网银交易** 用户只通过网银进行交易 ■个人转账 ■大额理财	■捐款偏好 ■定期存款偏好 ■理财产品偏好 ■贵金属产品购买偏好 ■基金产品偏好 ■货币基金购买偏好 ■外汇产品购买偏好	■用户浏览阅读 ■用户浏览页面数 ■平均访问时长 ■网银访问浏览偏好 **直销银行访问特征** ■网页浏览频度 ■网页浏览页面数 ■平均页面停留时 ■业务类型偏好	用户对营销活动及我行各类产品服务的关系 ■基金风险偏好 ■理财风险偏好
设备信息					
用户使用的电子设备 ■移动设备					

图11-7　常见用户画像标签体系

3. 营销创新

营销场景化创新。随着ABCDI等新兴技术在金融营销领域的深入应用，金融营销不再是简单地进行广告投放，而是金融机构围绕客户需求形成营销闭环的全流程活动。融入人工智能和大数据技术，能够更加全方位地开展"场景化营销"，实现更加智能化的"自动化营销"，体现出金融营销场景的多元化创新（见图11-8）。如果预设触达机关一旦触发就能快速推送广告、发送短信、推荐内容，实现实时的场景化营销。并且，根据用户画像的特征属性的不同，在场景化营销中系统会自主选择差异化渠道和差异化内容，实现个性化推送。

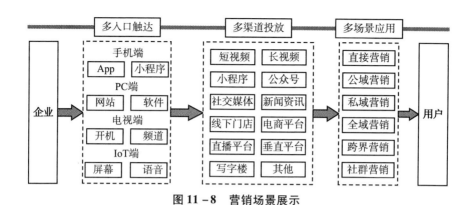

图 11 – 8　营销场景展示

营销数字化创新。智能营销早已从早期的以产品为中心转变为以客户为中心，因此金融机构需要找到一种有效的方式与客户建立联系，并将金融产品和服务推销出去。在金融机构数字化转型的过程中，金融营销也在进行数字化转型，经历了基于与客户的互动、品牌口碑和社群进行营销，到目前的情感营销阶段，以媒体创新、内容创新、传播方式创新等吸引客户，即通过互联网进行金融产品和服务的数字化营销。对消费者目前形成的不看广告、不看短信、不接听电话、不接收邮件的习惯，需要借助技术来驱动消费。也就是说，可以借助互联网里的搜索、社交和门户网站来将人和信息连接起来；通过电子商务里的供应链、物流和支付实现交易的线上化；通过智能硬件、物联网等让客户获得更加智能化的产品体验。这样，消费者就会形成依赖关键词搜索、社交媒体、自媒体等网络信息做出购买决策的习惯，也会通过移动支付、物流、售后、满意度等信息实现购买和服务的数字化迁徙。因此，对于企业而言，可以通过官网、App、小程序、电商平台、智能硬件等，积极构建线上营销阵地，也可以通过企业 IT 信息化、POS、ERP、二维码等线下营销逐步实现营销数字化。

营销精细化创新。营销精细化可接通触达客户的全场景触点，改善和用户的关系，增加客户对金融机构的信任和黏性。无论客户登录手机 App 还是查看微信公众号，无论是线上还是线下的营业网点，智能系统都能识别出该客户，并推送匹配的资讯，推荐合适的业务，提供连贯性服务，让客户充分感受到金融机构的温度，业务办理频次和交易额度自然容易增加。要实现营销精细化，用户画像是关键，因为系统可以根据用户画像的多样化标签对用户进行差异化识别，细分客群并实现"千人千面"，推送最合适的内容，营造个性化的最佳体验。运营系统在计算机的辅助下可以计算个性化的内容，还可以在数据回收后完成自学习以优化更好推荐效果的算法，并稀释掉效果较差的营销策略，从而营销更加精细化，营销效果更好。

第 12 章

智能风控集成创新

12.1　智能风控理论分析

12.1.1　相关概念梳理

智能风控是指利用大数据、人工智能等新兴技术，整合客户的交易行为、金融资产、身份特征、履约历史、行为偏好、关系网路等内外部多维度数据，开展事前、事中、事后风险预测和管控，构建出立体化、全方位、多场景的智能风控体系，从而实现智能反洗钱、智能反欺诈和信用风险、市场风险等多种金融风险的智能防控。"智"表明了风险定价的个性化和智能化，金融风控从早期的粗放型转向精细化，覆盖客群范围更广，成本更低。"能"表明了风控效率的提升，风控科技化的实现和商业化的应用。

从根本上来看，智能风控是通过技术对风控关键环节进行优化（见图 12 –1）。智能风控中，"智能"是手段，"风控"是目的，无论采用新算法、新模型还是新规则，都是希望将风险控制在目标区间范围内。智能风控本质上是以数据驱动的风险管控和运营优化，应用大数据技术能够突破传统金融信贷中信息不足的瓶颈，通过加大数据采集深度和广度来对个人基本信息、社会习惯、行为习惯、设备安全等方方面面信息进行立体化全方位采集和挖掘，多角度、多层次地提供特征化的基础数据。多元繁杂的数据通过整合、分类和排序等程序完成数据清洗，将获得有效的、结构化的数据信息，通过数据挖掘算法模型将有效信息分析和挖掘，进行多视角的风险因子分析，可完成对用户风险的初步识别。

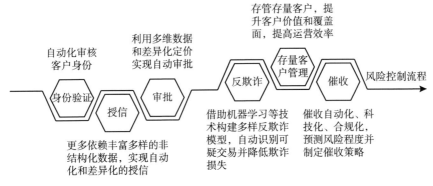

图12-1　智能风控关键环节

　　金融行业涉及风险的管理，风控是金融业的核心，在金融市场新模式不断出现的同时，新型的金融欺诈手段也层出不穷，传统金融风险亟须升级和适应新金融时代的诸多挑战。如何推动风控模式创新，是传统金融机构面对的一大难题。而以大数据、人工智能为代表的前沿科技为传统风控带来了更多的提升空间与可能性。智能风控注重对多种新兴技术的综合应用，例如图像处理技术、语音识别技术、神经网络技术、强化学习、迁移学习、集成学习等，多维技术的应用可最大限度地发挥各自技术的优势，提升风控水平。

　　智能风控生态参与者包括数据端、技术端和需求端（见图12-2）。从数据端看，智能风控中的数据可能来自公检法、社交网络等多渠道多维度的数据，而数据端企业包括个人征信机构和企业征信机构这些征信类机构，在一定程度上能拓宽传统征信的覆盖程度，降低数据获取门槛。从技术端看，在智能风控中提供技术服务的有专业金融科技公司、互联网企业和银行类金融科技子公司。从需求端看，各类金融机构都有智能风控的需求，而从事信贷业务的商业银行、消费金融公司、网络小贷公司是主要的需求者。另外，各机构不同，切入智能风控的方式也有所不同，比如互联网企业主要通过信贷业务切入，金融科技公司多从技术角度切入，而征信企业从小微企业信贷业务中切入并积极利用大数据、人工智能等技术进行风险控制智能化建设。

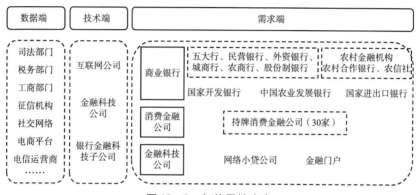

图 12-2　智能风控生态

从需求端看，商业银行等金融机构的信贷风控体系已经较为成熟，但是商业银行信贷业务线比较庞大，创新相对缓慢，目前主要应用于线下业务。网络小贷公司产品丰富，基本都有新兴的信贷模型，创新性较高，但是风控体系不完善，需要平衡金融创新与金融风险控制。要完备自身风控能力，各信贷机构或自建风控体系，或对外开展合作，因此智能风控主体进行智能风控研发有三种可能，即自用、技术输出、自用与输出（见图 12-3）。

银行金融科技子公司（19家）	金融科技公司	企业征信（持牌企业134家）
5家国有控股银行 7家股份制银行 4家城市商业银行 3家农村商业银行	百融云创、邦盛科技、达观数据、第四范式、惠信金科、瀚华金控、集奥聚合、富数科技、氪信科技、明略数据、网信、捷越联合、排列科技、猛犸反欺诈	海智金诚、和融通征信、金蝶征信、考拉征信、绿盾征信、联合信用征信、广西联合征信、鹏元征信有限公司、全联征信企乐汇、信联征信、宜信、有数金服、元素征信、中鼎大数据征信、中数智汇、中诚信征信、芝麻信用等
互联网公司		
蚂蚁金服、度小满金融、京东数科、理财通、美团小贷、360金融	自用型	
	包银消费金融、北银消费金融公司、海尔消费金融、马上消费金融、捷信消费金融、苏宁消费金融、招联消费金融、尚诚消费金融	
个人征信（持牌机构2家）		
百行征信、朴道征信		

图 12 – 3　智能金融风控企业图谱

12.1.2　风险类型剖析

金融科技风险是指金融机构、科技公司在经营发展过程中，由于各种原因导致资金、财产或声誉遭受损失的可能性。金融科技具备金融与科技的双重属性，因而金融科技风险具有两种类型：一是传统金融所面临的风险，比如信用风险、结算风险、流动性风险、市场风险、操作风险等；二是金融科技特有的风险，比如技术风险和伦理风险等。

1. 信用风险

从监管者角度看，信用风险主要是指金融机构持有金融工具的债务人不能在约定日期或约定日期后的任何时候履约。金融科技的初衷在于有效降低信息不对称。但是，金融科技自身的信息不对称程度也不容忽视。伴随云计算、区块链和人工智能等技术在金融科技中的广泛应用，金融交易信息透明度虽有所提升，但仍然无法回避基础算法存在黑箱模型的诟病。例如，金融科技公司在交易撮合前，需要借款人提供身份证明、财产证明、收入证明、缴费记录等信息以评价借款人信用；平台在进行资产管理时通常通过打包嵌套，导致资金流向不明，使投资者信息无法触达资产端信息。

从信用风险看，主要是各类平台及服务中介可能出现的平台倒闭、跑路、挪用资金等风险。即使建立了账户托管制度，也无法实现与网站自身的破产隔离，一旦平台破产，债权人依然遭受损失。在实践中，如果金融科技不能有效破解信息不对称难题，不仅传统金融因信息不对称等问题而产生的信用风险在金融科技中依然存在，而且如果存在高杠杆意味着只有更少股本才能用于吸收信用风险或其他风险的损失，并可能导致系统性重要交易对手损失暴露，甚至也不排除其成为诱发系统性金融风险的可能。

2. 结算风险

按照国际金融机构的定义，结算风险指的是在债务结算过程中，支付方没有按预期要求及时履行支付义务。从种类看，结算风险包括交易对手风险和流动性风险。从定义看，结算风险中的交易对手风险是指交易对手方不能按照要求履约；结算风险中的流动性风险是指交易对手方最终能够履约，但不是在约定的期限内，由于交易方不能及时收款而必须承担合同支付所带来的任何损失。

支付结算环节是市场主体的分散交易，在不产生系统性金融风险的前提下，监管者通常会鼓励金融科技创新，放开竞争，提高用户支付效率。但是，在清算环节（作为基础设施），监管者则不希望市场过度介入。党的十八届三中全会《关于全面深化改革若干重大问题的决定》指出，要"加强金融基础设施建设，保障金融市场安全高效运行和整体稳定"。作为最重要的金融基础设施，支付清算体系是各类金融交易顺利进行的重要依托。

金融科技并不改变金融本质，却改变了传统金融业务的风险特征。以数字普惠金融为例，其在便利居民消费、投资等活动的同时，也改变了资金在支付体系循环流转的模式，使金融交易脱离监管当局的金融管制，资金在银行体系之外循环，增大了金融"脱媒"的风险。此外，当前针对金融科技支付机构的客户备付金制度虽已建立，但是金融科技支付平台依然存在潜在的流动性风险，且仍不可小觑。

3. 流动性风险

与其他风险不同，流动性风险的特性使其具有不确定性高、冲击破坏力大的特点。流动性风险不仅与其他风险密切相关，金融顺周期性也由其体现，而且具有较强的传染性。此外，金融科技的低利润率让流动性和收益性更难平衡。若仍按照传统方法根据大数定律来管控流动性风险，则"长尾分布"不再适合。

按照国际金融机构的定义，流动性风险有两种形式：一种是金融机构不能在金融工具接近其市场价值时执行交易（也称为市场流动性风险）；另一种是金融机构未能及时通过融资而获得资金，从而不能履约（也称为融资流动性风险）。由于现金支付数额或时间不确定，金融机构须准备足够的现金来满足支付需求。

在金融科技发展过程中，以上这些风险特性仍然存在，因此监管当局对流动性风险加强监管尤为必要。从流动性风险看，由金融科技支撑的金融活动，不论是第三方支付还是其他平台，其资产与负债期限不匹配，同样可引发流动性风险，或极易受到流动性风险的冲击。从网络支付机构日交易金额看，网络支付机构的流动性风险敞口比传统机构要大，呈现明显的"长尾"特征。

4. 市场风险

市场风险是市场价格水平或价格波动发生变化所带来的风险。金融市场一些重要变量（如利率、汇率、股价等）变动会导致金融机构的头寸面临损失的风险。金融机构的经济状况会因其自身所拥有资产（债务工具、权益、商品和货币）的市场价格反向变动而发生变动，从而带来风险。对于监管部门来说，以《巴塞尔协议Ⅲ》为例，该协议经历了从在险价值（VaR）向期望损失（ES）方法的转变，有助于确保在重大金融市场压力期间能够更加谨慎地捕捉"尾部风险"。

随着中国金融市场的开放以及利率、汇率市场化改革的不断推进，监管部门日益重视市场风险管控。就金融科技而言，一方面，对金融科技公司市场风险的管理还不成熟，管理水平亟待提升；另一方面，监管部门必须审时度势，充分考量金融科技公司及中国金融市场风险管理的特殊性，采取主动性、可控性、渐进性原则，稳中求进，促进金融科技健康发展。

5. 操作风险

操作风险是指由于不恰当或错误的内部流程、人员和系统或外部事件带来损失的风险。全球风险专业人员协会（GARP）建议根据引起损失事件的原因，对操作风险进行分类：一是雇员（企业员工的作为或不作为所导致的损失事件）；二是业务流程（企业商业运作的执行所引起的损失事件）；三是关系（损失事件是由企业与客户、监管部门或第三方的关联或联系引发的）；四是技术（损失事件是由技术、数据或信息领域发生的泄露、盗窃、破坏或其他干扰引起的），五是外部因素（损失事件是由企业外部的人员或机构引发的）。

从业务流程看，金融机构受到监管，但为其服务的第三方可能不会受到同等监管和审查，显然金融科技会增强金融体系内对第三方的依赖。以智能投顾为例，金融科技信贷可能依赖于高度集中的第三方数据提供商。此外，金融科技中所有业务都可能存在操作风险，这可能是因为人为错误、管理不当、信息收集有误等，并且该风险会随着网络攻击金融系统的威胁变大而随之加剧。以人工智能为例，其高度依赖计算机系统，导致系统自身的操作存在一定的风险问题，系统升级过程中可能会出现故障，若处理不好也会造成损失。

6. 技术风险

金融科技的技术风险是大数据、云计算、人工智能、区块链等数字技术不成熟而带来的潜在风险。科技创新所固有的不确定性特征是金融科技风险的重要来源，可能受算法的成熟程度、技术设备的可靠性、人员的技术水平等因素影响。此外，技术分析还可能使金融科技沦为市场投机、操纵和欺诈的工具。金融科技技术风险具有四大特征：一是金融科技风险传染性强，金融科技广泛运用互联网技术、分布式计算与分布式存储技术，导致业务之间的隔离减弱；二是传播速度快，由于网络化与便捷度的提高，金融风险的扩散速度也快速增加；三是复杂程度高，金融科技"混业经营"趋势逐渐增强；四是破坏性强，金融科技的数据高度集中，一旦风险爆发就很难化解，从而造成巨大损失。

7. 伦理风险

金融科技伦理风险是传统金融道德风险的延伸。从狭义上看，金融科技伦理风险指金融机构及其相关从业人员利用自身信息优势，违背道德伦理，导致客户受到损失的可能性，如大数据杀熟。从广义来看，金融科技伦理风险是指一切金融科技参与者因科技伦理而受到损失的可能性，如机器干预人类决策。金融科技伦理风险存在三大特征：一是隐蔽性较强，金融科技伦理风险均是隐藏在金融科技的技术手段下，难以被金融消费者察觉；二是专业性较强，信息技术具有一定的专业性，普通被服务人群并不了解金融科技的底层运行规则；三是监管难度大，众多的金融业务都在线上进行，虽然没有时间和地理位置的局限会提高业务效率，但也会导致交易对象模糊，交易信息不透明，从而增加监管难度。

12.1.3 传统智能比对

智能风控与传统的风险控制的差别在于风控理念和风控手段的差异性。在风控理念方面，区别于传统风控"因循守旧"的理念，智能风控秉持"以客户为核心"的风控理念，利用智能分析和智能决策缩短风控流程用时，提升风控效率的同时实现无感风控，改变客户对风控的刻板印象，提升客户服务体验。在风控手段方面，智能风控强调对大数据的运用。数据不仅是智能风控的基础，甚至是整个金融科技的基础，海量的数据是确保风控精准度的基础支撑，如果数据样板少、维度窄，在进行风险评估时难免会出现偏差，无法实现智能风控与其达成的效果。

1. 传统风控痛点

风控体系较为落后。传统金融的风控体系以央行的征信记录为基础，以人工审核、专家规则、客户评级为主要手段，以定性分析为主，定量分析的比重较低。这种模式的弊端在于数据和维度有限且审核的效率也较低，价值数据未能有效整合且数据共享机制没有建立起来，大量传统的非结构化数据很难转化为结构化数据。以银行为例，传统风控手段和数据维度均较为单一，一般采用央行征信数据、信贷数据等维度窄、量少的强相关数据，通过信用评分模型来计算贷款违约可能性，确定违约损失分布以规避风险损失，并根据预测风险水平进行利率定价。另外，尽管银行数据庞大，但各部门、各个业务的数据彼此割裂，未能有效整合到一起，形成了企业内部的"数据孤岛"，不利于银行建立支持零售业务发展的风控模式。中小银行普遍对风控系统投入不足，未能建立有效的风控支持工具，主要依靠专家规则等人力风控，无法及时发现信用风险，无法有效发现和预警客户逾期行为。另外，在贷后催收方面，银行资产保全部门人才匮乏，缺乏技术支持，还处于人力为主的催收阶段，无法应对频繁的催收案件。传统的银行风控效率低、准确度低，在反欺诈方面不够成熟，风控体系已经不能适应当今金融业务的发展。

难以覆盖普惠人群。近年来，国家密集出台政策大力发展普惠金融，作为我国金融体系的重要组成部分，商业银行无疑是普惠金融发展的主力军。不过，银行传统零售业务的目标客户是央行有征信记录的人群，依靠少量强变量信息对客户进行风险评级，但我国征信体系建设滞后，许多二线以下城市的居民和企业征信资料空白，这使得银行无法利用原有风控系统对信息严重缺失的群体确定授信额度和利率；另外，由于普惠金融人群涉及农民、工商个体户、中小型企业等多样化个体，单笔信贷金额小，分散程度高，传统银行的风控系统难以集中管理。由此，受制于风控，银行在征信空白人口这一细分市场的竞争力不足。此外，我国的征信数据存在封闭、查询代价高和数据严重失真等缺陷，单纯依靠征信中心的数据将对银行风险评级造成干扰，影响评级准确率。

信贷审批效率较低。目前中小银行的审批效率普遍较低，难以短时间完成大规模的零散业务信贷的审批，这将直接影响客户的贷款体验，不利于引入人性化、集约化的业务管理。传统商业银行的信贷审批具有多层级流程化的特征，当客户申请一笔贷款时，需要经过客户经理、评估公司、银行领导、初审员、终审员等反复审批确认。大多数银行个人信用卡的申请，从填写申请资料到最终收到卡片需要20~25个工作日。汽车抵押贷款则一般在提交资料后15个工作日内完成审批。房屋抵押贷款从申请到放款时间则更加漫长，若政策宽松、额度充裕，约需一个月时间；若政策收紧、额度紧张，放款甚至需要长达半年的时间。而对于信用贷款而言，银行的信用贷款一般需要五个工作日完成审批。贷款审批流程过于烦琐，审批效率低下影响了客户体验，进而会影响银行的业务收入，限制银行的进一步发展。

人力成本较高。银行的人力成本费用普遍占比较高。统计数据显示，截至 2018 年末，五大国有银行管理费用占营收的比重普遍超过 25％，属于高人力成本行业。传统风控高度依赖人力，风控审批人员、规则制定人员以及贷后催收外呼人员等工作岗位人口过于饱和，机构臃肿，耗费大量资源，提高了人力成本。银行业中不管是风险管控和审核领域还是贷款催收领域，未来都是最先遭受人工智能冲击的，交易类、风险类和客服类岗位是未来银行进行裁员的方向。

2. 智能风控帕累托改进

智能风控就是通过整合风控相关数据，利用机器学习或深度学习对风险进行分析和判断，从而自动确定风险管理的防火墙和警戒线，并确定标准化管理流程，对其进行智能化管理。智能风控既是传统风控的补充和革新，是传统风控的帕累托改进，又是新兴技术创新应用的体现，也是传统风控数字化和智能化发展的体现。从技术上看，综合应用 ABCDI 等新兴技术能够实现金融业务数字化转型，也能够实现风险控制在数据驱动下的数字化转型。从应用上看，智能风控体系不仅能提升金融机构金融产品和服务的安全性，还能在有效降低风险发生概率和损失前提下扩大业务受众面，完善业务流程并降低风控成本，实现信贷业务全流程风控的自动化和智能化。从模型上看，利用新兴技术改造传统风控决策模型，智能风控决策模型能将风险识别、风险度量、风险控制与业务节点直接相连自动决策，平衡收益、风险和客户体验。从系统本身看，利用机器学习技术改造传统反欺诈系统，智能反欺诈能实时获取或计算出客户的设备、行为、位置等信息，从而识别用户的恶意行为，分析出高风险客户并控制风险。

当前，智能风控"模块化"和"嵌入式"特征明显。以长期积累的大数据为基础，智能风控系统形成多个风控模块，比如反洗钱模块、反欺诈模块、反虚假交易模块等，各模块可以自由组合并用于各种各样的金融场景，这就是"模块化"。将风控模型以完整组件的方式嵌入风控流程，调取并分析内外部各渠道数据，从而提高风控效率降低风险损失，这就是"嵌入式"。图12-4展示了金融风控目前的嵌入式发展。

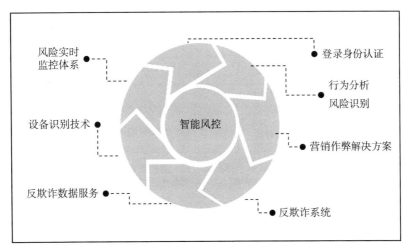

图12-4 智能风控嵌入式发展

资料来源：京东金融研究院。

与传统风控相比，智能风控优势明显（见表12-1）。传统风控存在审核效率较低、人工处理成本较高、获取客户资信情况后滞后性等问题。对金融机构而言，传统风控无法满足他们对风险管理精准度、效率和成本的要求；对于客户而言，传统风控无法满足他们对审核结果和资金到账的及时性要求，也无法满足他们金融需求的多样性要求，因征信报告信息披露不足而被拒的客户更是存在很大不满。智能风控从数据、技术以及客户三方面切入，通过科技赋能，采用新型的风控模式，极大地缓解了金融机构日益增长的风控效能需求同落后的风控模式之间的矛盾。

智能风控能更好地控制线上运营业务风险。商业银行在传统风控中主要是对于线下业务利用征信报告等静态信息结合人工经验来确定客户违约风险，不仅成本高还很难扩大规模。而银行智能风控主要是利用社交网络数据等网上行为数据进行分析，来确定客户欺诈和违约等的可能性，能更好地控制线上风险（Tobias et al.，2020）。另外，互联网的普及导致团体诈骗、网络黑产等行为出现，智能风控体系利用新兴技术能对这些风险行为进行监测和防范。

表 12 – 1　　　　　　　　　传统风控与智能风控比较

内容	传统风控	智能风控
审核环节	凭借审核人员的专家经验来判断客户信用状况	凭借模型自动决策，人工辅助
数据来源	金融机构自身数据、央行征信报告、客户提供材料	传统风控数据、线上行为数据等多渠道多角度数据
数据维度	数据特征数量少，以基本信息为主的强变量为主	特征数量大于 1000，以基本信息、行为特征信息为主的弱变量信息
数据处理	基本是处理结构化数据	包含大量非结构化数据，机器处理代替人的学习
数据关联性	关联度较低	数据关联度比较高，可以进行交叉验证
模型设定	线性模型为主，主要反映因果关系强	以深度学习为主，主要反映相关关系

　　智能风控能更好地践行普惠金融。传统金融机构在获取中低收入人群和中小微企业信息时存在一定难度，导致普惠金融推行困难。并且，传统商业银行主要基于历史数据进行研判，很难反映客户当前状况，更无法预测未来，所以更多地服务于高净值客户。随着金融科技的发展，金融机构通过区块链融入供应链金融，积累了大量中小微企业数据信息，通过线上线下多渠道多角度积累了中低收入人群更多的行为数据，能更加准确、动态、精准地建立针对长尾客户的风控模型，更好地促进普惠金融的发展。

　　智能风控能更好地降本增效。传统商业银行主要采取线下经营模式，风控中的尽职调查、审核等环节都需要人力依靠经验和道德水准展开，因此规模化成本高，服务范围和服务半径受人力所限。智能风控依靠 ABCDI 等技术可在提高风控效率的同时还降低风控成本。比如，基于区块链的供应链金融可以极大地降低信息不对称，从而助力商业银行为中小微企业提供金融服务；利用人工智能技术可输出规则，风控中很多环节可以由机器替代人类实现自动化处理；利用大数据构建模型的方法对借款人进行风险定价、风险控制和风险提示，风控效果更加科学有效。

12.1.4 风控关键技术

金融科技是金融与信息技术融合的产物，应用区块链、人工智能等新兴的前沿科技手段于金融行业，不仅能变革传统的金融产品和服务，提升金融服务效率，还能控制金融科技风险，拓宽金融科技风险管控的手段①。技术颠覆了传统风控，为智能风控的应用落地提供技术支持，其在风控场景的应用也各有不同（见图 12 - 5）。

1. 人工智能风控

在智能风控领域，人工智能的核心技术（生物识别技术、机器学习、自然语言处理、计算机视觉和知识图谱）的应用可优化风控模型，提升模型算例，深入刻画用户画像，洞察用户需求，识别用户风险。结合结构化和非结构化数据，可以覆盖过去金融业务忽视的长尾人群，精准地完成业务流程中风险的识别、控制和监测。另外，人工智能的模型迭代相对传统风控模型表现出高度自动化的特征。

---

① 除文中所列之外，一些新设备也可用于控制互联网金融风险。比如智能可穿戴设备，智能眼镜、智能手表、手环，甚至衣服等，加入了"可穿戴＋支付"的概念，通过应用这些设备，不仅可以增加支付的便捷性，还能在交易发生时更精准地识别用户身份，防止资金风险和欺诈行为，为移动支付注入科技和时尚的元素，也让 NFC 技术等技术发挥更大作用。另外，智能手机集合银行卡、公交卡、购物卡等功能，可提供电子钱包、IC 卡脱机交易等业务，依托于 NFC、红外、蓝牙等技术也可识别客户身份并完成支付。

物联网：打破信息孤岛，实现动产融资实时监控；感知监控物状态提高风险决策效率；实现数字化远程实时风险监控，解决时间和人力成本压力

云计算：为海量数据存储和处理的能力和速度提升带来突破，助于快速复制应用场景和降低服务门槛，助于风险管理措施迭代升级

大数据：通过建立大数据风控模型实时分析客户信用风险，实时计算统计结果，降低信息不对称，及时准确评估客户信用状况

人工智能：利用各种结构化和非结构化数据，覆盖中低收入群体等长尾客户，实现风控流程的自动化，精准识别、控制并监测风险

区块链：在清算、征信等领域用于技术安全，分布式存储保证信息完备且公开透明减少黑客攻击，智能合约实现自动实时合规性检查并简化业务流程

图 12 – 5　智能风控关键技术

依托强大的 AI 计算引擎，获取基于专家规则无法发现的风险特征，打造智能风控体系，提升风险识别时效和准确性。首先，由于计算机具有强大的计算能力，所以可以利用人工智能提前分析未来可能出现的各种情况，一旦发现问题可以在第一时间做出应对，防止系统性风险真正发生后遭受重大损失。其次，人工智能技术还可用于金融科技的多个环节，对金融风险控制作用重大。比如，摩根大通利用 AI 技术研发出一个金融合同解析软件，几秒钟就可完成贷款人员 36 万小时以上的放贷审核工作，并且机器签单也可在几秒钟内完成。这不仅是速度的提升，更是规避了放贷审核中由人为因素而出现的错误，极大地提升了放款的准确性，降低了放贷业务中的金融风险。最后，将大数据汇集起来，利用深度学习、图分析等技术开展风险隐性关系探查、风险传导路径的预身份辅助鉴别，降低信用卡申请、线上支付等领域的欺诈风险。比如，利用人工智能反欺诈模型，提前将有欺诈嫌疑的人群拒之门外。但是，人工智能并不能完全取代人在风控领域的工作，仍需人的指导和判断，需要人和人工智能相结合。

以信贷风控为例。信贷流程由贷前、贷中和贷后构成，业务过程中借款人可能提供虚假材料进行骗贷形成欺诈风险，可能因放贷机构信用数据维度不足或持卡人信用不够或多头借贷等形成信用风险，若整个审核过程人工完成会造成审批效率和质量低下。借助人工智能技术，以社交关系数据、账户数据、异常网址、交易数据等海量数据为基础，以贯穿全流程的大数据平台和可视化机器学习平台为支撑，搭建智能风控体系，不仅可以在贷前的营销获客、申请等环节收集客户历史行为数据、公安司法数据，并据此为用户画像，还可以在贷中审核环节从多维海量数据中深挖关键信息，建立知识图谱，计算客户间关联性、借款人与实体之间的关联性，从而确定是否批准授信。在贷后监控、逾期催收等贷后环节，借助智能催收手段可极大地节省人工成本，提升用户体验。

需要说明的是，人工智能赋能金融，但算法及其应用方面仍存在一定风险，给金融行业风险防控带来挑战。在算法方面，输入与输出之间存在"算法黑箱"，之间的分析和决策过程对用户隐藏，缺乏可交互性和可操作性，这增加了金融风险的隐秘性，增大监管难度。在应用方面，人工智能算法趋同容易出现"算法共振"，可能导致市场资源过度集中，诱发"羊群效应"，加剧金融交易顺周期性，因此技术应用也存在一定风险和挑战。

2. 区块链风控

由于区块链技术具有高透明度、不可更改、安全可控等特性，将区块链技术应用于贷款项目，可解决互联网金融网络小贷领域存在的贷前虚假信息、重复担保、重复质押和贷后风控难度大等风险。第一，区块链分布式存储特征决定了存储的数据信息完备且公开透明，不能被篡改或虚构，解决了金融中黑客攻击计算机网络系统破坏数据信息的风险，提升了网络安全性，有效控制技术风险。第二，利用智能合约，制定相应规则和逻辑，实现自动、实时的合规性检查，从而简化各机构的业务流程。第三，区块链技术能有效增强金融的信息匹配，降低信息不对称问题。在使用区块链技术之前，很多的互联网金融平台，比如网络小贷平台，本应充当信息中介功能，但在实际业务中却垄断借贷双方信息，成了直接撮合借贷双方的信用中介，从而出现跑路、诈骗等一系列问题。采用银行存管可解决网络小贷信用中介问题，而区块链技术下信息公开且真实，能有效降低资金的风险溢价成本，降低隐性单薄成本，提高资金定价水平，还能有效控制因信息不对称出现的道德风险和逆向选择，减少欺诈风险的发生。

3. 大数据风控

大数据风控是利用大数据来构建模型，从而对借款人进行风险控制和风险提示。与传统风控中基于专家经验对借款企业或借款者进行风控所不同的是，大数据风控需要采集借款企业和借款者的多维度海量数据，并据此建立模型进行风险控制，所以大数据技术应用与风险控制更客观更科学。具体而言，大数据技术在智能风控中主要应用于信用风险管理。商业银行等金融机构全面而及时地获取各种维度的数据，既降低信息不对称问题，又通过建立大数据风控模型分析业务过程中自身需要承担的信用风险，实时计算统计结果，为商业银行等授信主体提供精准的征信结果和信用评分。

4. 物联网风控

物联网的出现让传统金融风控找到了突破口，让物联网金融能更好地控制风险，从而更好地服务实体经济，主要体现在如下几个方面。

一是突破空间维度，实现动产融资实时监管。过去由于技术条件受限，银行等金融机构出于风险的考虑会很谨慎地处理动产融资，因为融资过程中很难保证动产质量信息的真实性。银行还面临抵押品货权不清晰、很难量化、很难监管等系列问题，导致银行惜贷，中小微企业融资难。物联网金融既有助于银行拓展中小企业动产融资业务，又有助于管控融资风险：借助物联网技术，银行等金融机构能全方位感知监控融资企业生产、运营、物流等信息，还能监控动产防止重复抵押、虚假质押等风险，实现物联网技术的贷前调查、贷中监控和贷后管理。另外，利用物联网搭建信息共享平台，能提升金融机构风控水平。因此，利用物联网技术不仅能突破空间维度获取海量感知数据以打破金融机构内外部信息孤岛，还能拓展金融业务并且更好地控制风险。

二是突破时间维度，提升风控管理和金融服务效率。从时间维度看，物联网技术能实时感知并传输数据，从而监控金融风险。物联网的实时感知功能突破传统风控中人力的耗时调研，抵押物状态能实时感知、实时传输、实时分析，既节省了风控时间，又提升了风控的管理效率和服务效率，实现了高效融资。并且，物联网有助于建立客户信用体系，提升服务社会公众的金融效率。

三是缓解成本压力，实现数字化风险管控。传统金融机构要想获取借款人的状况，需要尽职调查借款者财务状况、信用状况，借款企业的运营状况，耗费的时间成本的人力成本都过于昂贵。物联网实现了数字化风险管控，能实时获取、传递并分析数据，实时掌控质押物状况，从而及时管控风险，从根本上节省了大量时间，也极大地降低了人力成本。

5. 云计算风控

云计算在金融风险控制中的作用主要体现在两方面。一是海量数据的存储。云计算的核心是资源池，而智能风控中需要实时调取借款企业或借款者的各种维度数据，商业银行等智能风控主体只需要动态申请资源，就可以通过云计算存储海量数据，无须考虑很多烦琐的细节，因而可以更专注于金融风控本身，极大地提升业务效率降低业务成本，有助于技术创新。二是海量数据的处理。云计算基本实现了毫秒级数据处理能力，对于复杂逻辑的平均处理速度仅毫秒，保证在不影响客户体验情况下满足金融机构高并发业务的需求。

12.2 智能风控创新应用

12.2.1 智能定价

金融的核心是风险，金融的本质就是对风险进行定价。信贷业务中，各信贷主体的还款能力和还款意愿各有不同，因此需要为每个借款主体量身定制风险价格，同时实现放贷机构利润最大化。从狭义上看，风险定价主要考虑借款者资质、产品属性和放贷机构风险偏好。从表现形式看，风险定价除了表现在风险价格差异外，还款额度、还款期限和还款方式都有差异。具体而言，差异化的额度能有效控制风险敞口，并对不同信用等级的用户产生授信差。差异化的还款期限能减少风险概率高借款者的风险暴露时间，从而减少违约概率。差异化的还款方式影响本金暴露状况，因此高风险借款者更适合分期偿还本金而非先息后本的方式。

1. 传统风险定价

传统风险定价模式下人是主导，在风险定价环节多依靠经验来确定，但是贷款的经验不能指导每一笔投资，不同借款人其风险是不同的。此外，传统风控模式下，金融机构多数时候采用"一刀切"的方式进行风险定价，对优质的借款人、一般的借款人、劣质的借款人都要求相同的利率，会导致优质借款人不愿支付较高的成本，愿意借款的都是劣质借款人，这对金融市场的有效运作来说是不利的。

2. 智能风险定价

智能风险定价因为依靠大数据、人工智能等新兴技术，而非个人判断，通过建模等方式对采集到的数据进行分析和挖掘，给出风险评级和定价（见图 12-6）。这种定价方式具有较高的客观性，不易受信贷审核人员的主观判断、个人情绪等主观因素影响，提升了风控的客观性与有效性，使得风险定价更加"科学、中立、全面、务实"。"科学"指一切以真实的数据来和风险要素逻辑回归建模定型；"中立"是数据统计不需要任何加工，保证客观中立；数据全口径统计，渠道多样化，线上线下结合，可以阐释清其"全面"的特点；而"务实"则是指运用各类风险对冲手段优化调整其风险维度。在现实市场中，定价算法正在越来越多地取代人工决策，这些算法始终学习收取超竞争价格以获得高额收益，而无须相互沟通（Calvano et al.，2020）。

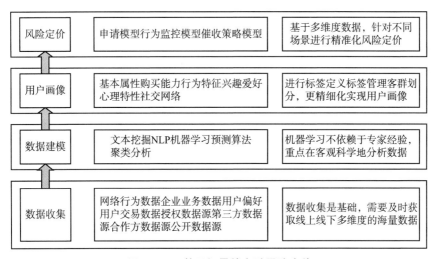

图 12 – 6 基于场景的金融风险定价

12.2.2 智能控制

1. 借鉴传统策略

金融科技本质上还是金融，因此风险控制仍是重中之重，历年来在传统金融领域积累下的风控经验仍适用于金融科技领域，很多传统金融的风险控制策略仍可用于智能风控。风控策略主要包括预防性策略，比如银行对贷款业务做好贷前检查和审核、贷中监测等措施，一旦发现问题及时补救；规避策略，比如互联网金融市场的长尾客群尽量选择风险较小的项目投资；分散策略，比如通过投资组合理论或分散化投资原则来分散风险；转嫁策略，比如通过投保保险产品进行风险转嫁；对冲策略，比如通过金融衍生工具的创新来对冲风险；补偿策略，比如在损失发生之前进行价格补偿，或在损失发生后通过抵押等方式获得补偿。与传统金融相同的是，金融科技控制风险时，也需要指定明确的风险管理措施，并在措施实施后及时检查、反馈和调整。金融科技公司的风控部门要定期或不定期地对目标业务进行全面或专项检查，及时发现问题并进行补救或调整，还需评估风控方案的实施效果，调整风控方案以达到更优。

比如企业信贷风险，在信贷业务融合互联网基因之前，传统金融机构都是通过各种途径收集借款企业的信息来减少信息不对称以控制信贷风险，这些信息在金融科技领域仍然有助于降低风险，因此金融科技公司仍可加以借鉴（见表12－2）。

表12－2　　　　　　　　　　借款企业信息获取

信息类别	基本信息	财务信息	借款用途
信息内容	工商注册资料、企业发展历程、高管状况、经营业绩、销量	经营数据、财务报表、股权情况、专利信息、债务关系、知识产权	行业信息、产业链情况、企业产品及服务的公允价值
获取途径	企业提交、研究报告、金融机构已有资料，借助行业信息了解中小微企业状况	企业提交；金融机构已有信息	金融机构同行业贷款经验、尽职调查，通过产业链了解
验证途径	实地考察、销售合同、设备运行	实地调查，访问供应商和客户，水电单据，必要时需参考中小微企业邻里意见	产业链上下游企业信息对接

续表

信息类别	基本信息	财务信息	借款用途
获取目的	确认企业经营状况、行业地位	掌握企业盈利能力、资产变现能力、财务实力，以此判断企业偿还能力	确认资金用途、贷款风险

无论是贷前、贷中还是贷后，借款企业的财务信息仍然非常关键，是考察其还款能力的重要因素，一切脱离企业财务状况的企业风险分析都是空谈。因此，必须通过考察企业的偿付能力、运营能力和盈利能力等硬性指标来衡量借款企业的借贷风险。

2. 利用技术风控

智能金融的风控，其实就是对数据的分析，数据越精准，风控能力就越强。技术带来了传统风控思想和风控体系的变革，对控制风险大有裨益，是金融风控的重要组成部分。目前央行个人征信系统接入金融机构4081家，收录11.5亿自然人信息；企业征信系统接入金融机构3811家，收录9874.6万户企业和其他组织信息[1]。但是，仍有数以亿计的自然人信息没有被纳入该征信系统，并且已经被纳入的自然人中因为没有去银行办理过贷款或信用卡业务而出现无信用记录的情况。大数据维度广，既包括客户社会属性数据，又包括行为数据，能全面识别客户并准确判断客户的信用状况。截至2022年6月，我国网民规模为10.51亿，互联网普及率达74.4%，大量互联网用户在网络上的行为痕迹被轻松记录，为大数据分析提供足够大的数量[2]。

---

　　① 中国人民银行征信管理局人民银行网站：《建设覆盖全社会的征信体系》，2022年10月10日。
　　② 中国互联网络信息中心：《第50次中国互联网络发展状况统计报告》，2022年8月31日。

目前金融科技在智能风控上有两类：一类是蚂蚁金服、京东金融等依靠集团中的网络平台数据，自己构建信用模型并据此销售金融产品；另一类是大量中小型金融科技公司将自身平台数据贡献给第三方征信机构，由此获得该第三方机构征信产品的使用权（见图 12 – 7）。征信机构通过金融科技公司获得客户的线上数据信息，通过小贷公司担保公司等获得客户的线下数据信息来进行信用评级，并将评级信息提供给金融科技公司。

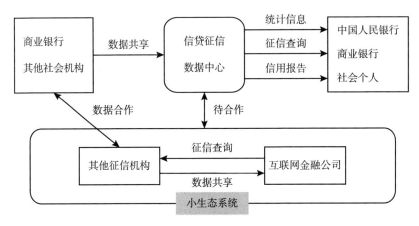

图 12 – 7　个人征信系统生态

互联网时代，大数据海量、庞杂且充满噪声，互联网海量大数据中只有部分数据与风控有关（见表 12 – 3）。银行等金融机构数据仍是大数据风控中重要的组成部分；电商平台类数据对金融科技风控有很大价值，既有大量交易支付信息基本数据，又有销售数据、银行流水、水电缴纳等补充数据，将这些数值输入行为评分模型就可进行信用评级；信用卡平台大数据包括申请信用卡年份、授信额度、卡片种类、信用卡还款状况等，是信用评级的重要参考；社交平台大数据借助社交网络关系聚集人气，如 Lending Club；网络小贷平台主要是线上信贷大数据，包括信贷额度、违约记录等，部分平台采用线下 + 线上的方式来完善信用数据；第三方支付平台上客户的支付明细、消费商品等消费数据是信用评级的重要参考数据；生活服务平台大数据指生活中有线电视、水、电、电话、物业等费用的缴费明细，由此反映出个人生活的基本状况。

表12-3　　　　　　　　　与智能风控相关的大数据类型

大数据类型	数据来源	大数据类型	数据来源
政府部门	公安、法院、工商、税务等	社交平台	各微博、微信
金融机构	银行、小贷公司、担保公司	网络小贷平台	人人贷、拍拍贷
电商平台	阿里巴巴、京东、亚马逊	支付平台	支付宝、财付通
信用卡平台	银率网	生活服务平台	平安一账通

　　获取大数据之后，就可对大数据进行加工处理（见图12-8）。首先，深刻理解业务和数据，甄别哪些数据原料可以进行数据挖掘，甄别动态大数据并保证数据的时效性。其次，数据挖掘，以多渠道获取的大数据原料为支撑，通过构建欺诈模型、身份识别模型、预付能力模型、还款能力模型、还款意愿模型、稳定性模型等多种模型得出借款人的身份验证、信用状况等数据产品，并通过多角度学习确定借款人的信用评分①。由于大数据风控中要求的历史数据比较庞大，因此风控模型会比较复杂，而且模型的开发、检验对计算能力的要求会越来越高。最后，产品应用，将数据产品应用于金融科技公司风险控制的依据，比如评估中小微企业贷款风险，识别欺诈交易和反洗钱风险等。

---

　　①　在大数据风控中，风险类型不同则模型选择不同。比如信用风险，包括但不限于初滤模型、审批模型、行为模型、催收模型、违约概率模型、破产概率模型、偿债能力模型、财务诚信度模型等。并且，在实际操作中还要进行算法的选择及变量的转换以提升模型判断的准确性。

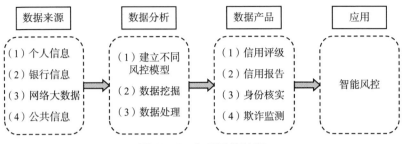

图 12 - 8　智能风控过程

　　智能化技术手段能提高风控体系安全性及处理效率，对债权人与债务人特征进行具有针对性的分析，在提高数据存储效率、交易安全性等方面也拥有很大潜力。网络小贷平台的风控体系具有数据收集方式广泛、信息多元化、流程自动化程度高等优势，作为传统金融的有效补充，这种以信息数据为基础的量化风控模型和自动化的信贷管理系统可以为整个金融业带来新的启示（见图 12 - 9）。如今互联网金融平台也纷纷瞄准线下市场，用科技手段填补金融空白市场，与传统金融体系相互促进，是未来信贷业务发展的必然趋势，也对完善金融产业结构具有重要意义。

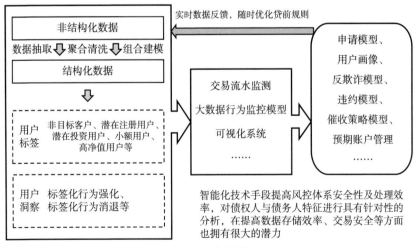

图 12 - 9　网络小贷风控

3. 构建平台风控

基于机器学习、深度学习和联合建模搭建智能风控平台（见图12-10），可以实现对商业银行、消费金融公司等金融机构业务的实时管控，有效提升金融机构整体的风控能力和风控水平。

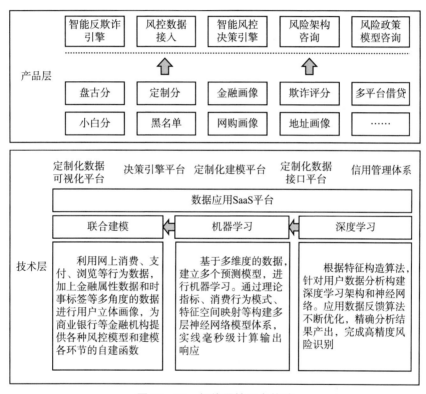

图12-10 智能风控平台构建

比如，京东金融旗下的智能风控大数据服务平台ZRobot，既有客户在电商平台消费、交易和一些金融属性数据，还接入了运营商、公安、社保、银联系统等外部数据，目前已经涵盖了4亿客户，是大数据征信非常重要的组成部分。ZRobot在为某股份制商业银行和金融科技公司提供联合贷款的业务中，还能提供风险架构咨询、反欺诈引擎、风险控制的数据模型等服务。

12.2.3 智能催收

1. 传统催收

长期以来，中国金融行业过度依赖贷前和贷中风控，对于贷后风控以及催促的重视力度还远远不够，催收外包是普遍现象。实际上，在信贷风控的全流程中，催收与贷前的反欺诈、授信决策、风险定价和贷中的风险预警等环节密切相关。近年来，非银行金融机构不良贷款规模呈现增长态势，坏账损失不断提升经营成本、侵蚀机构利润，这对逾期催收业务也提出了更高的要求、更大的挑战。传统催收主要有以下几点问题。一是人力成本重。逾期案件随着业务的增长同比增长甚至更快增长，人力需求大，招聘困难，离职率高，管理难度大。二是催收效率低。金融科技对贷后行业渗透度非常低，绝大部分环节手工作业，整个催收流程非常烦琐，催收过程还可能面临各种突发状况或特殊情况，因此催收效率非常低下。三是客户体验差。整个催收流程非常固化，并且催收过程中话术缺乏针对性，催收方式简单粗暴。四是催收合规难。针对催收的监管越发严格，行业自律也让催收更加规范，客户的个人保护意识也越发强烈，但是催收人员素质有待进一步提高，所以曾出现"短信轰炸""爆通讯录"等暴力催收方式，合规催收少，很难实现可持续发展。

2. 催收智能化

随着大数据、人工智能、云计算等前沿科技的强势兴起并对金融业的渗透日益广泛，一场围绕传统催收行业的革新正在悄然展开，智能催收也应运而生。智能催收借助自然语言处理技术可以实现文字、语音和关键字的识别，节省大量人工环节；智能催收可以实现实时监控，覆盖率接近100%，节约人工和时间成本，实现自动化；智能催收借助生物特征识别技术可以实现对用户的情绪识别，以便选择合适的催收策略和话术；智能催收还能根据用户贷前、贷中数据，细化用户画像，对逾期用户的催收评分，实现差异化催收。

智能催收系统可以完成数据分析、筛选及判断，为风险预警提供策略，更好地识别和评估风险，使催收决策科学化、自动化，针对不同客户风险程度组合不同催收手段，节省人力成本，提高工作效率，同时优化贷前和贷中风控策略，实现个人信贷业务链条串联。目前已有一些市场化智能化催收产品的应用效果已经得到了业内的认可，例如逾期客户画像、催收评分等（见表12-4），这一系列产品主要应用数据挖掘和统计学方法，以决策树、神经网络和评分结果展示为主要模型，根据不同规则将个人信贷催收管理模式精细化为：按照逾期时间增加催收力度，按照业务规则细分客户和按照催收评分细分客户，选择差异化催收策略。在催收手段的使用方式上，目前催收政策已经采取了如电话催收、短信催收、上门催收、信函催收等多元手段，配合催收策略进行调整。随着数据体量累积和技术的更新迭代，未来催收产品会从劳动密集型向技术密集型转变，以大数据和人工智能为驱动，继续向标准化、精细化、透明化、工具化和系统化的方向发展。

表12-4   **智能化催收策略**

策略名称	策略描述
逾期客户画像	明晰催收对象情况，多维度画像数据，精确勾勒逾期客户还款能力与意愿的相关情况并精准量化
催收评分	评估对象催收难度，融合金额、账龄、地域等多维度信息建模评分系统，对债务还款可能性进行综合评估

策略名称	策略描述
分单策略	根据催收评分，结合系统中催收人员能力制定分单策略，以对案件进行合理化分配，提升催收效果
轮循拨号	友好自动拨号，对于高频、简单的催收案件，采用试触式轮循拨打，减少人工操作，缩短拨打间隔，有效提升催收效率
失联催收	跟踪关注类用户行为轨迹，适时预警，并在逾期失联后以恰当方式进行催收

智能催收的逻辑在于以大数据、人工智能等前沿科技改造和优化，整个催收流程具体体现为以下两点。

一是差异化。逾期用户仅有部分属于主观赖账或者存在欺诈行为，更多的是一时疏忽忘记还款或由于收入下降、过度举债等原因导致财务状况恶化，发生逾期。传统企业和金融机构在催收的过程中，很容易为了执行效率而"一刀切"，导致催收人员对于容易还款的用户和不容易还款的用户都采用一套话术，针对那些容易逾期但还款意愿较高的客户，催收人员应该用比较温柔的话术去对待，采用"一刀切"的方式很容易影响客户体验，影响业务的可持续性。基于征信、黑名单、消费、社交等多维度信息及行为表现，企业或金融机构可建立不同时间段还款概率预测模型，预测借款人用户每阶段的逾期概率变化；可通过分析用户和经办的画像，了解什么样的用户与什么样的经办匹配到一起效率是最高的，什么样的用户只是忘记了还钱，发短信就可以解决而不需要去对他进行人工提醒或催收。对不同的用户和案件采用不同的策略方案进行差异化催收，催收会更具针对性、更智能化。

二是合规性。首先，传统催收质检一般采用人工抽检的方式，需要大量的重复劳动，成本高但效率却低下，其次，质检员随机抽取，抽样比例低，覆盖面小，催收人员存在侥幸心理，无法形成有效约束。此外，质检人员素质参差不齐，主观性强，没有统一的标准。在催收领域引入自然语言处理（NLP）和机器学习等技术可以有效降低运营成本及合规风险。比如，催收过程中积累的大量语音可以通过语音转文本、文本识别及情绪识别等技术进行施压点挖掘和话术研究，帮助实现话术的智能化推荐及质量监控。随着话术的规范化以及抽检比例的提升，催收人员逐渐形成自我约束，减少违规行为。

第 13 章

智能监管集成创新

13.1 智能监管理论分析

13.1.1 相关概念梳理

2015 年，英国金融行为监管局（Financial Conduct Authority，FCA）最早提出合规科技（Regulatory Technology，RegTech）的概念，认为监管科技主要关注"采用新技术，满足多样化的监管要求"，即金融机构如何利用新技术更有效地解决监管合规问题，并减少不断上升的合规费用。2016 年，FCA 进一步将合规科技描述为"金融科技的子集，即利用新技术，帮助金融机构更加有效且高效地满足监管要求"。2015 年，国际金融协会（The Institute of International Finance，IIF）认为合规科技是"能够高效和有效解决监管和合规性要求的新技术"。2018 年，巴塞尔委员会提出，合规科技主要是指金融机构为使提交的报告符合监管要求和流程所运用的各种金融科技手段。

2017 年，新加坡金融管理局局长阮卫·门能（Ravi Menon）在演讲时将 Supervisory 和 Technology 合成监管科技 "SupTech"。2018 年，巴塞尔委员会认为监管科技主要是指监管主体运用技术手段驱动监管创新。2018 年，国际清算银行认为监管科技是指监管机构使用创新技术支持监管。中国人民银行金融科技委员会提出"强化监管科技应用实践，积极利用大数据、人工智能、云计算等技术丰富金融关键手段，提升跨行业、跨市场交叉性金融风险的甄别、防范和化解能力"。

由上可知，合规科技（RegTech）指的是金融机构如何通过技术手段来降低合规成本，通常应用在自动化数据报送、身份识别（Know Your Customer，KYC）、反洗钱和风险管理等方面，特别是在KYC监管方面，合规科技近年来发展迅猛。监管科技（SupTech）指的是监管机构如何利用技术手段来提高监管水平，监管机构一方面要解决如何获取全面、精准的监管数据问题，另一方面要解决在获取了海量数据之后的数据处理和分析问题，即主要侧重于数据收集和数据分析两大方面。监管科技在数据收集方面的创新包括能够让监管机构实时对金融机构的业务进行监控，并能够直接抓取数据。监管科技在数据分析方面的应用则包括通过对大数据的分析识别、检测内幕交易和操纵市场等行为、利用机器学习的算法识别洗钱行为、结合另类数据对系统性金融风险进行预警等（陈雨露，2021）。

比较而言，监管科技与合规科技都属于金融科技，都需要借助区块链、大数据、云计算、人工智能等现代信息技术以提高金融监管机构监管水平或满足金融机构被监管的合规化需求，并且在交易监测、信用风险分析等领域的应用方案存在一致性。金融科技委员会在监管方面的普遍共识是通过科技手段，服务监管需求，在提高监管部门监管效率的同时还能降低金融机构合规成本。基于此，智能监管既包括监管机构在技术应用于监管时的集成创新（监管科技），也包括金融机构在被监管过程中技术应用的集成创新（合规科技）。

但是，无论是运行主体还是运行目的，监管科技与合规科技又存在很大不同。监管科技的运行主体是监管机构，主要目的是如何高效地执行微观监管、宏观审慎政策以及货币政策，如何根据金融市场的变化确定新的监管规则，提升监管能力（见表13-1）。合规科技的运行主体是金融机构，运用的首要目的是如何高效、低成本地满足监管规定，其次是如何持续合规过程（见表13-2）。日趋严格的监管新规带来了一系列挑战，金融机构需要借助科技手段理解新规、拟定适应新规的战略与实施计划。除此之外，金融科技公司也会参与监管科技与合规科技中，只是与金融监管机构和金融机构的目的有所不同而已。监管机构、金融机构、金融科技公司共同发挥科技赋能监管作用，逐步形成监管生态圈。

表 13-1　　　　　　　　　监管科技各主体及目的

参与主体	参与目的
金融监管机构	既要维护整个金融体系的健康稳定发展，又要充分保障金融机构经营和消费者权益，还要根据宏观经济和金融的变化调整监管规则，提高监管水平，提升监管效率
金融机构	金融机构需要满足合规要求，既包括满足新的规定，理解和适应新规，还要持续合规，遵守已有规则并按照要求持续上报
金融科技公司	运用监管科技能更好地整合监管机构的监管要求，整合金融机构的合规要求，为监管机构和金融机构提供更好服务

表 13-2　　　　　　　　　　合规科技应用

具体应用场景	应用作用
企业风险管理	降低企业整体风险，预防来自多领域的风险攻击
营运风险管理	助力组织的日常营运风险管理、事件识别与治理
投资组合管理	评估和监测投资组合的健全状况，风险压力测试
反洗钱反欺诈	防止金融机构遭受非法洗钱而进行合规管理；识别欺诈用户降低运营风险；帮助金融机构对客户进行身份识别
交易监控	实时监控，及时获得准确数据，并通过大数据技术对交易数据进行分析和评估；监控可疑交易；监控员工异常行为，限制未授权活动与交易行为
合规管理	根据金融机构内部的监控政策和金融机构外部的行业合规性政策指南进行合规管理，降低合规风险

续表

具体应用场景	应用作用
量化分析	用风险模型量化管理和分析信用、市场和利率波动
税务管理	收集报税的收入税务数据，记录和保存数据
比特币等货币	监测并量化比特币等货币的异常交易，追踪非法交易行为
归档与报告	利用数据自动生成分析报告，并进行自动化报告，当有突发事件时还会自动生成临时报告
网络信息安全	辨识信息完全和网络威胁，漏洞管理、威胁修复和警报通知，协助客户遵守信息安全协议
供应商风险管理	第三方风险管理的监管指导，提供软件自动化与持续实施风险集中管理计划

　　从金融机构的视角看，合规科技于近期迅速崛起，是应对新一轮金融监管改革的理性反应。2008年金融危机之后，监管环境发生了巨大的变化，各国监管机构和国际组织发布了一系列的监管措施，涵盖市场、基础设施、投资机构，微观和宏观风险等。金融机构则通过不断增加合规开支、增加合规人员来应对监管压力，不仅需要向监管机构提供更多样化和更大量化的数据，还需要利用新兴技术手段让合规程序更自动化和智能化，进而提升合规能力。各国金融监管框架的差异也增加了跨国经营金融机构的合规成本。尽管危机后国际组织和标准制定机构推动了许多统一和标准化的金融监管改革，但不同经济体的监管政策差异仍然存在，特别是某些相互冲突的监管措施推动金融机构借助监管科技优化合规管理。

　　从监管层的视角看，受金融科技的影响，无论是金融市场参与者还是市场结构，都在不断变化，因此监管机构也需要依靠科技手段助力监管。借助科技手段，监管机构可以从风险控制的角度，利用金融数据更有效地监管各类金融市场参与者。利用科技手段直接获取监管对象数据，既可以避免早期监管中需要监管对象主动提交数据的局限性，也可以降低"监管捕获"风险，还能更加客观公正地对监管对象进行监管。但最根本的原因在于金融机构近些年进行数字化发展，过去那种依靠手动方式获取数据、事后监管的范式已经不再适合金融科技化数字化发展的监管需求。

13.1.2 创新驱动监管

1. 创新与监管的关系

创新活动往往是一把"双刃剑"，金融科技创新也不例外，金融科技创新对货币融通、金融发展安全等有积极作用，但同时也可能导致金融脆弱性、危机传染性和系统性风险增大，监管难度增大（尹龙，2005）。缺乏监管的金融创新是金融乱象之源。前些年我国金融科技表面繁荣的背后，在校园贷、现金贷、ICO、众筹等领域的恶意跑路、筹资骗局、高利贷不断，都因为无明确监管规则，让投资者遭受巨大损失，也带来了社会资源的巨大浪费、金融风险的累积和社会公平的损害等多方面严重后果。正是在这种情况下，国家从2016年起加强了金融科技创新的监管，原因有三。一是科技公司可能创新出了新业务、新产品或新服务（黄卫东，2015），需要监管部门跟上创新的步伐，及时提出有效的监管措施，避免出现监管套利等问题（Gennaioli et al.，2012；Buchak et al.，2018）。二是部分金融科技平台借创新为幌子从事违法行为，使投资者遭受损失，需要监管部门仔细辨别及早发现，从而约束限制违法行为，避免造成更大的不良影响。三是部分金融科技平台以创新为名突破监管底线，扰乱金融科技市场秩序，需要监管部门进行必要的引导，并以底线思维提出警示（Kavassalis et al.，2018）。金融监管可能会导致金融机构以创新为突破口摆脱监管约束（Tufano，2002），而金融创新又会推动金融监管的发展（Gennaioli et al.，2012），因此创新与监管之间存在各种博弈，由此形成一个"监管—创新—监管"的动态博弈闭环（Kane，1981）。

2. 博弈模型

在博弈过程中，金融科技公司考虑是否进行金融创新，监管部门需要对科技公司进行常规监管，还需考虑是否对金融科技公司的创新进行监管，且相互之间均不知道对方如何抉择，因此做出如下假设：

一方面，若金融科技公司不创新，可通过非创新业务获得收益 U_T（其中 F 代表科技公司 Financial Technology Corporate），监管部门不监管则可获得收益 U_S（其中 S 代表监管部门，Supervision Department），而监管则需耗费监管成本 C_S，并从中获取额外收益 U_3。另一方面，若科技公司创新，需要消耗创新成本 C_F，并给自身带来额外收益 U_1，给监管部门带来额外社会收益 U_2。在此情况下，若监管部门采取监管措施仍需要耗费监管成本 C_S，并获取继 U_S 和 U_2 之外的额外收益 U_4，还可能在监管中发现金融科技公司的违规行为而对其处以罚金 F。另外，由于 U_3 是监管部门对金融科技公司的非创新业务进行监管获得的额外收益，而那些非创新业务经过长时间发展已经形成了较为完善的法律制度和监管措施，因此假设 $U_3 > C_S$，即监管额外收益必定超过监管成本，从而激励监管部门监管以促进金融科技业务健康有序地发展。设监管部门进行金融监管的概率为 x，金融科技公司进行金融创新的概率为 y，可得金融科技公司和监管部门之间博弈的收益矩阵（见表13–3）。

表13–3　　　金融科技监管部门和金融科技公司博弈矩阵

收益		监管部门	
		不监管 $1-x$	监管 x
金融科技公司	不创新 $1-y$	$(U_F,\ U_S)$	$(U_F,\ U_S + U_3 - C_S)$
	创新 y	$(U_F + U_1 - C_F,\ U_S + U_2)$	$(U_T + U_1 - C_F - F,$ $U_S + U_2 + U_4 - C_S + F)$

3. 博弈解推导

对金融科技监管部门而言，当不进行监管时，期望收益为：

$$E_{S1} = (1 - y)U_S + y(U_S + U_2) \tag{13-1}$$

而采取监管措施的期望收益为：

$$E_{S2} = (1 - y)(U_S + U_3 - C_S) + y(U_S + U_2 + U_4 - C_S + F) \tag{13-2}$$

故监管部门的平均期望收益为：

$$\bar{E}_S = xE_{S2} + (1 - x)E_{S1} \tag{13-3}$$

联立方程（13-1）~联立方程（13-3），可得监管部门的复制动态方程：

$$F(x) = x(E_{S2} - \bar{E}_S) = x(1 - x)[U_3 - C_S + y(F + U_4 - U_3)] \tag{13-4}$$

令 $F(x) = 0$，其解为：

$$x^* = 0, \ x^* = 1, \ y^* = \frac{U_3 - C_S}{U_3 - U_4 - F} \tag{13-5}$$

同理，金融科技公司的复制动态方程为：

$$F(y) = x[E_{F2} - (yE_{F2} + (1 - y)E_{F1})] = y(1 - y)(U_1 - C_F - xF) \tag{13-6}$$

对 $F(y) = 0$ 求解可得：

$$y^* = 0, \ y^* = 1, \ x^* = (U_1 - C_F)/F \tag{13-7}$$

4. 博弈策略分析

由于金融科技公司与监管部门之间存在动态博弈的过程，因此需要将二者组合成一个复制动态系统，即联立方程（13-4）和方程（13-6）形成一个二维自治系统，找出该动态系统的初始奇点并判断其稳定性。显然，由雅可比（Jacobian）矩阵的局部稳定性条件，令 $F(x) = 0, F(y) = 0$，则存在5个初始奇点，分别为 $(x^*, y^*) = [(U_1 -$

$C_F)/F$，$(U_3 - C_S)/(U_3 - U_4 - F)$〕、$(0,0)$、$(0,1)$、$(1,0)$ 及 $(1, 1)$，而各初始奇点的稳定性需要同时借助 Jacobian 矩阵的行列式符号和迹符号来判定。根据常微分方程理论，二维自治系统的奇点类型判断依据为：若奇点处 Jacobian 矩阵的行列式符号为正，且该奇点处的迹符号为正的奇点不稳定，若行列式符号为正且迹符号为负的奇点稳定；其余情况均为鞍点。

分别对复制动态方程 $F(x)$ 和 $F(y)$ 求出关于 x 和 y 的导数，得到 Jacobian 矩阵和迹：

$$J = \begin{pmatrix} (1-2x)[U_3 - C_S + y(F + U_4 - U_3)] & x(1-x)(F + U_4 - U_3) \\ -Fy(1-)y & (1-2y)(U_1 - C_F - xF) \end{pmatrix}$$

$$(13-8)$$

$$trJ = (1-2x)[U_3 - C_S + y(F + U_4 - U_3)] + (1-2y)(U_1 - C_F - xF)$$

$$(13-9)$$

因此，根据方程（13-8）和方程（13-9），可得上述 5 个初始奇点的 Jacobian 矩阵的行列式值和迹。由于在点 (x^*, y^*) 处有 $tr(J) = 0$，所以 (x^*, y^*) 必为鞍点，创新与监管的并行策略必定出现在其余 4 个奇点上。由于 $U_1 > C_T$，因此各奇点是否稳定主要取决于 $U_1 - C_T - C_S$ 和 $F - C_S$ 的正负。

命题 1：当 $U_4 + F > C_S$ 且 $U_1 > C_T + F$ 时，监管部门与金融科技公司的并行策略为（监管，创新）。

证明：当条件 $U_4 + F > C_S$ 且 $U_1 > C_T + F$ 成立时，在点 $(0,1)$ 和 $(1,0)$ 处有 $Det(J)$ 为负，故这两点必为鞍点；在点 $(0,0)$ 处，$Det(J)$ 与 $tr(J)$ 均为负，故该点是不稳定点；在点 $(1,1)$ 处，$Det(J)$ 为正而 $tr(J)$ 为负，故该点是稳定点 ESS。图 13-1 给出了该种情况下的相位。证毕。

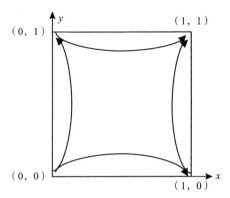

图 13-1　$U_4 + F > C_S$ 且 $U_1 > C_F + F$ 时复制动态系统相位

该命题表明，只有当监管的净收益超过监管成本时，监管部门有动力对金融科技公司的创新业务进行监管；只有当科技公司的创新收益超过创新花费的成本和可能因监管而遭受的罚款时，金融科技公司才有创新的动力。

命题2：当 $U_4 + F > C_S$ 且 $U_1 < C_F + F$ 时，监管部门与金融科技公司的并行策略为（监管，不创新）。

证明：在条件 $U_4 + F > C_S$ 和 $U_1 < C_F + F$ 满足时，（0，0）处的 $Det(J)$ 与 $tr(J)$ 均为正，故该点是不稳定点；（1，0）处的 $Det(J)$ 为正而 $tr(J)$ 为负，故该点是稳定点；（0，1）和（1，1）两点的 $Det(J)$ 均为负，故这两点必为鞍点。其相位图也表明（1，0）是稳定点（见图 13-2）。证毕。

显然，若创新风险过大，即创新成本与可能的罚金超过创新收益时，科技公司就不愿创新。若监管收益较大，即监管带来的额外收益和可能的罚金超过监管成本，必定会激励监管部门进行监管，则监管部门必定会进行监管。

命题3：当 $U_4 + F < C_S$ 且 $U_1 > C_T + F$ 时，监管部门与金融科技公司的并行策略为（不监管，创新）。

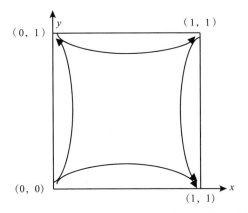

图 13 – 2　$U_4 + F > C_S$ 且 $U_1 < C_F + F$ 时复制动态系统相位

证明：在条件 $U_4 + F < C_S$ 和 $U_1 > C_F + F$ 满足时，（0，0）处的 $Det(J)$ 与 $tr(J)$ 均为正，故该点是不稳定点；（0，1）处的 $Det(J)$ 为正而 $tr(J)$ 为负，故该点是稳定点；（1，0）和（1，1）两点的 $Det(J)$ 均为负，故这两点必为鞍点。图 13 – 3 给出了该种条件下的相位。证毕。

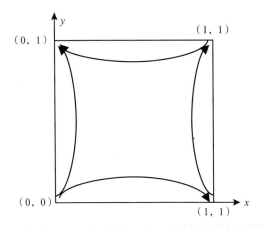

图 13 – 3　$U_4 + F < C_S$ 且 $U_1 > C_F + F$ 时复制动态系统相位

显然，若监管成本太高，超过监管的额外收益，则监管部门不会监管。若金融科技公司创新收益较大，超过金融创新消耗的成本和可能因创新遭受的罚款，则金融科技公司会进行金融创新。

推论1：监管部门选择监管的概率，与金融科技公司可能缴纳的罚金 F 正相关，与监管带来的额外收益 U_4 正相关，与监管成本 C_S 负相关。

从命题1和命题2可以看出，若监管部门选择监管，必定需要满足条件 $U_4 + F > C_S$，而该式正好满足激励机制。因为罚金越高，监管成本越低，监管的额外收益越高，则监管部门因监管带来的收益越多，越容易激励监管部门监管，从而监管的概率会增大。

推论2：金融科技公司选择创新的概率，与其创新成本 C_F 和因创新处于的罚金 F 均负相关，与创新收益正相关。

从命题1和命题3可以看出，若要金融科技公司创新，只有较低的创新成本、较低的罚金和较高的创新收益才可能让金融科技公司在创新中获得正的净收益，即满足 $U_1 > C_F + F$，从而增大金融科技公司创新的概率。

推论3：当罚金较低时，（不监管，创新）的并行策略概率较大；当罚金较高时，（监管，不创新）的并行策略概率更大。

从推论1和推论2可知，罚金对监管部门和金融科技公司的策略影响重大。一方面，金融科技的各种创新给客户带来了低成本高效率的金融服务，也为金融科技公司带来了可观盈利，比如余额宝这一货币基金创新实现了客户的快速累积，基于大数据的金融科技产品创新实现了产品的精准定位和快速销售。另一方面，目前确实有些金融科技公司打着创新的旗号以逃离法律监管，或是以创新为名行金融诈骗之实。比如，有公司自称是金融科技公司来逃脱金融科技的监管，一些金融科技公司创新金融产品就是为了圈钱。因此，与传统金融一样，金融科技需要监管，金融科技创新也需要监管。监管的主要目的是遏制金融科技乱象，促进金融科技的健康发展，并非为了获得高额的罚金。因此，对于金融科技中各种以创新为名而行非法集资、金融诈骗之实等乱象，可处以较高罚金，逼迫其最终采取不创新策略；对于金融科技的其他创新，监管部门可对其违规行为处以较少罚金以示惩戒，因此金融科技公司会选择创新策略，而合理合规的创新也最终会导致监管部门选择不监管的策略。

13.1.3　监管关键技术

1. 人工智能技术应用

在智能监管领域，主要运用人工智能中的机器学习、知识图谱和自然语言处理。机器学习算法是针对不同监管条件和监管情况设置不同的模型及参数；知识图谱用于表现真实世界中各种实体之间的强弱关系；自然语言处理技术是让机器理解人类的语言文字，并将法律法规转换成机器可以识别的数值数据，从而导入模型进行计算。

知识图谱技术应用于反欺诈。知识图谱技术在反欺诈中的应用可以帮助更好地识别欺诈用户。欺诈行为在很多情况下会涉及复杂的关系网络，知识图谱可以对多维度、多层次的关系进行直接的展示，解决反欺诈中的难题。把用户的姓名、手机号、IP 地址、位置信息等作为节点，把用户的交易信息、社会关系信息、通信信息等作为边，同时结合用户的其他非结构化大数据如行为记录、消费记录、浏览记录等，来构建包含多数据源的关联网络，进行分析和预测，识别欺诈风险。如对于用户信息核验，不同的用户有相同的电话号码，则用户存在欺诈的风险较高；如同一地址下过多的用户申请服务，则可能存在团伙欺诈风险。在团伙欺诈的识别中，往往需要进行多层级的数据分析，其中需要超过三个维度甚至更多维度的关联。

机器学习应用于可疑交易监测。机器学习技术应用于可疑交易监测中，可以实现模型的性能自优化、阈值自调整，提升模型识别的准确率与效率。传统的可疑交易监测模型的建立依赖大量的规则，需要工作人员按照经验来制定各种规则，同时在模型的运行中，一旦涉及调整，就会影响到所有环节，这需要进行大量的工作。可疑交易监测模型通常包含用户的基本信息如商户名称、组织机构代码、法定代表人信息等，以及交易信息如交易金额、交易笔数、交易集中度、交易时间、交易地点等，一个模型内往往会涵盖几百个维度的特征。模型建立后，其优化可以通过机器学习来自动完成。基于标记好的正负样本集，机器学习可以实现自动学习，对负面情形进行识别，参考模型中的特征维度提取与洗钱行为相关的案例。同时，针对模型内识别出结果并经过人工核实的案件，无论是确认可疑的还是排除可疑的都可以作为新的训练样本加入模型训练集，外部的其他金融机构的洗钱案例也可以为机器学习提供负面样本。通过训练集的丰富和更新，可以实现机器学习模型的不断优化。经过一段时间的训练和调试，机器学习可以帮助提升模型的识别准确率，减少人力成本，提升效率。

知识图谱应用于交易监测。知识图谱技术在交易监测中，可以通过构建交易主体之间的关联关系，识别更深层次的风险。将用户之间的资金流向、关联关系等进行挖掘，构建关联网络，可以识别潜在的洗钱团伙。如用户 A 的资金经过正常用户 B、正常用户 C 等若干直接、间接的资金链流向了用户 D，结合交易频次、交易金额、交易集中度等的分析，用户 A 和 D 之间可能存在非正常交易。关联图谱可以将用户 A 和 D 之间的各类交易联系起来，结合可视化技术进行展示，直观显示潜在风险。

自然语言用于合规管理。通过技术手段，将监管规则进行数字化处理，进行智能解读和分析，可以帮助机构及时、充分地了解规则，并将其置于自身业务之中，提升合规效率，降低合规风险。目前来看，监管规则和条款基本上还是以文本的形式发布，其中存在理解成本较大、无法及时更新和业务联动不紧密等问题。利用自然语言处理技术，机构可以将监管规则进行智能化的解读，将监管条文进行分词处理，识别量化指标、关键流程、禁止条框等，并与自身业务系统融合，实现无缝对接。

人工智能技术应用于合规报告中，可以提升合规效率。以欧盟金融工具市场指令 II（MiFIDI）为例，其要求金融机构的合规报告包含报告主体（金融交易对手、投资经理、信贷机构、交易场所、市场运营商等）、交易数据（价格、频次、规模、地区、金融工具等）、金融工具（股票、债券、信用衍生工具、外汇衍生工具、商品衍生工具等）等内容，同时对报告频率提出了要求，要求其尽可能做到实时报告，目前每个交易的报告时效为 15 分钟内，在 2020 年之后要缩短至 5 分钟之内。满足庞大的数据要求和高频的时效要求，给金融机构带来了巨大的挑战。金融机构需要在短时间内处理大量的数据，并向金融监管机构报送准确的信息。将人工智能技术应用于合规报告中，可以帮助进行数据处理，自动化形成报告，使机构在数据上报的时效性和报告的准确性方面符合监管的要求。

2. 大数据技术应用

（1）数据导向的动态实时监测可有效打击违规交易

技术创新提高了监管者与被监管者之间的信息不对称程度，若无法判断监测数据的时效性和准确性，传统监管手段将明显滞后和略显乏力。同时，监管层、行业协会、金融机构、消费者之间形成"数据孤岛"，存在信息互通障碍，不利于全面实时监控风险。因此，云计算、人工智能、区块链等前沿技术应用于科技监管，以数据驱动为核心，从数据采集到数据分析和决策，均以数据形式贯穿整个监管流程，实现动态、实时、自上而下的穿透式监管，从而解决监管信息不对称问题。利用数据聚合与管理技术汇聚内外部数据，建立底层数据仓库，实现数据自动采集和可触达；通过区块链技术，将数据信息快速地传递给监管者，实现数据共享，避免监管机构与金融机构的信息壁垒。再利用大数据挖掘分析技术，以及机器学习、知识图谱、自然语言处理等人工智能技术，建立数据模型，将采集的数据与模型进行融合和匹配，进而迅速地识别风险，进行甄别分析，监管者可以通过反馈机制快速地针对风险做出决策和进行处理，实现全流程实时动态监管，从而提前监控预警风险。

利用大数据发展智能监管，就是利用海量的数据将碎片化的信息进行归纳总结，从其中提炼出不同监管情况下的不同特征，并结合不同的模式和算法，最终映射到不同的监管产品设计中去。这其中的关键就在于"大"，即监管对象的各方面数据都可以采集并作为模型的输入，尽管有些数据看起来并不是那么重要，甚至可以在监管流程中忽略不计，但是只有当数据的维度不断提升，数据之间隐藏的相互关系才会变得清晰。中国的金融行业拥有混业经营、分业监管的特点，在层层嵌套之下，监管机构往往很难判断底层资产的结构，给风险排查带来障碍，加剧了资产泡沫。但同时，金融监管层拥有优质的数据资产，这些数据都非常有价值。以数据价值发现为目的，以机器学习、人工智能为引擎，基于复杂网络（Complex Network）、异常检测（Anomaly Detection）、隐藏行为模型（Hidden Action Model）等先进理念，通过综合传导特性来整合海量多元异构数据，最终可形成信息化资产（见图13-4）。它具有高效率、高成长性、高价值的特点，可以适用于金融监管等众多业务场景。将这些大数据应用到金融监管，不仅可以有效地解决效率成本问题，还能产生强大风控效力，是一种防范金融风险并加强金融全面监管的有效方法。

（2）大数据技术可用于合规科技

①非现场监管。金融科技的进步已实现数据的高速、大范围传输，这使业务风险的隐匿性更强，提高了穿通式监管的难度，但同时相关风险特征也使依托数据分析的非现场监管成为传统监管方式的重要补充。随着大数据技术的成熟，相比依赖被监管机构自行提供的报表等实物证明的现场监督，非现场监管"以客观真实数据说话"的方式既能提高监管效率，又有效保障了监管的独立性。为实现针对非银行支付机构的合规性监管，近年来，中国人民银行致力于建设非银行支付机构非现场监管信息系统，目前已实现全量被监管支付机构的

经营信息接入。通过收集、整理、统计分析支付机构的各项监管指标，并根据分析结果和有关规定采取相应的监管措施，充分发挥了中国人民银行作为监管主体的作用，提升了穿透式监管的效能与质量。

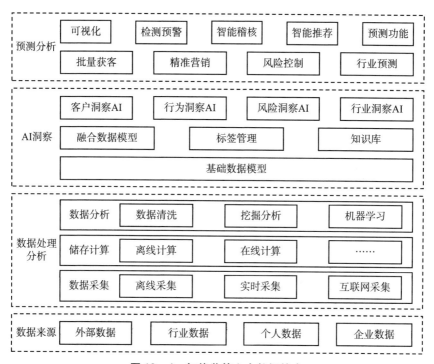

图13-4　智能监管之大数据技术

②行业黑名单。大数据是甄别并共享风险信息、建立行业黑名单的重要技术。运用大数据技术快捷地对多平台进行数据抓取和查询，融合多来源数据对主体的负面信息进行监测，并构建全面的风险预警模型，比起传统的人工查询方式，这可以大大降低成本。中国银联"银行卡风险信息共享系统"通过整合互联网支付、电商、社交网络、安全厂商及银联自有的风险数据，将不良持卡人、可疑商户数据收集、整合、处理并对外开放，实现了银联、成员银行、司法机关之间有关各类银行卡风险信息的共享与发布。利用信息化技术对潜在风

险进行检测及识别，在保障支付行业生态安全的同时，为各类风险分析应用及风险联合防范机制建设提供了基础。

（3）大数据技术用于监管科技

①监管报送。随着监管报送对数据细节要求越来越深入，从早期主要要求报送汇总信息，到目前 EAST 需要全量明细信息，报送数据量急剧增长。对商业银行而言，由于传统的数据仓库具有封闭的一体机架构、有限的计算资源，其逐渐无法满足 PB 级明细数据有效存储、及时加工报送工作的需求。华为通过融合数仓的解决方案，一方面利用大数据 Hadoop 系统存储性价比高的特性，构建统一数据湖，存储海量基础数据；另一方面利用分布式数据库计算能力强的特性，高效进行处理监管数据加工工作，满足监管部门报送时效性要求。同时，通过 SQLonHadoop 能力，高效地将两者结合在一起，取长补短，真正做到了数据融合。此方案中的分布式数据库平台基于通用的 X86 服务器部署，采用开放、分布式架构，降低了总拥有成本（TCO），实现了性能的横向扩展。方案中的 Hadoop 数据共享平台，实现了跨多种数据源统一存储及分布式共享访问。另外，监管集市能够提供基于批量处理和联机查询的混合负载能力。以传统架构继承发展和新架构创新变革相结合，使 TCO 降低 25%，同时 MPPDB 与 Hadoop 的深度融合，多类型数据的统一存储分析，大幅提升了运营效率。全并行计算框架使性能提升 30%，实现业务上线快、决策快。

②交易所监察系统高性能预警。交易所旧交易监察系统基于传统数据仓库，不具备实时处理能力。旧交易监察系统基于传统一体机建设，建设成本高，架构封闭，设备隔代不兼容，无法平滑扩展，面临性能瓶颈，同时缺乏对异构数据的处理能力，如对所有公告信息、网页数据等非结构化信息的提前分析较为困难。此方案使用 Kafka + Flink 提供交易实时采集决策能力，基于分布式架构 MPP 数据库全面接管基于传统数据仓库一体机 OLAP 类业务。通过 Elk 提供 SQLonHadoop 能力，下移数仓离线分析负载。满足交易所监察系统高吞吐、

低时延的要求，较旧系统的性能提升数十倍。实现了实时预警向大数据平台迁移，构建新一代高性能预警体系。设计预警模型，基于大数据计算组件重构实时监察和预处理体系，提升预警实时处理性能。完善了监察系统功能与流程，利用人工智能与机器学习技术进一步满足监察业务发展和科技监管需求。有针对性地选择相应分析工具进行重点性能优化，例如应用模型优化设计、数据挖掘、机器学习，实现新增监管业务，完善业务流程，提高监管业务功能易用性。

③商户实名制管理。市场监管机构应以科技为驱动，运用大数据、云计算等创新技术，建立覆盖业务全流程的监测应用。以银联商务的商户实名制管理为例，主要有以下实现路径。第一，事前开展入网身份核验。遵循"了解你的客户"原则，对商户实名制进行管理。公司商户管理系统与公安、工商系统打通，通过数据信息采集和同步，实现了商户入网环节全面快速系统检验。通过采集营业执照、法定代表人身份证号等信息，系统爬取多平台数据，对申请入网商户信息真实性、有效性进行核查校验，针对在公安系统中有行政处罚或失信记录的个人，在国家企业信用信息公示系统中显示停业注销或经营状态异常、被中国人民银行等监管机构列入非法经营名录等的商户，禁止入网。

第二，事中进行商户动态监测。在日常管理中，一是针对"二清"等违规现象建立数据监测规则与行为模型，结合商户动态业务数据进行比对分析，在公司业务数据平台形成报表。针对符合异常特征的商户，通过定期将清单下发分支机构进行现场排查并采取相应措施。二是动态跟进实名制管理，定期匹配合作商户在工商系统中登记的企业名称、类型、经营状态等信息，识别业务开展中可能存在诸如结算账户设置不规范、小微商户未做限额管理等不符合监管要求的问题。三是持续监测商户经营稳定性，针对侦测到经营状态由正常转为异常、法定代表人被列为失信被执行人等情况的商户，应及时采取相应措施，保证业务稳健开展。

第三，事后保持业务有序管理。公司设置了企业负面舆情监测系统，通过技术手段对公司、商户名称等关键字进行捕捉，通过多种平台、网络通信形式收集信息，如从新闻、博客、论坛、网站页面等收集信息并报送疑似负面舆情。相较于人工搜索等传统方式，大数据等信息技术的引入在节省人力和物力的同时，风险预警及识别更为迅速，这有助于公司及时处置风险，防止风险扩散，完善品牌和服务，保障消费者合法权益。

3. 区块链技术应用

区块链的技术特性很适合应用于智能监管中。它有利于整合监管的基础设施，从而减少基础设施重复建设，还能为监管机构提供真实可靠的交易信息。面向监管的区块链体系结构的研究和设计是我国区块链核心技术自主创新的重要方向，重点研究如何利用区块链的分布式账本来形成监管者和被监管者之间共享数据记录，甚至可以实时地从各种角度来共享相应的监管信息。从被监管者角度看，未来产生的金融科技服务是一种"包含了监管的"业务模式，使得监管者利用智能合约来实时地验证交易，把监管规则合约化。但是目前，许多联盟链在智能监管中依然不足。以 Fabric 为例，这也是在我国金融行业使用最多的联盟链技术，由于节点本身是可管理的，需要许可才能够进入，因此 Fabric 实现了一种严格的准入机制。但是在监管当中仍然主要依赖于事前准入和事后分析与追责，虽然也有小部分的监管规则能嵌入业务逻辑当中，但是监管规则难以及时更新。在监管逻辑进行升级时，处理起来很不容易。还有一些国内开源的联盟链，很少有对监管方面的考量和相应的机制。

（1）交易行为监控

近几年，随着互联网金融的发展，金融服务逐渐融入我们的日常生活。随着金融工具的丰富和便利，面对业务品类、交易规模、客户数量的增长，如何对交易行为进行监控，对风险事件进行有效分析和识别，成为金融机构亟待解决的问题。金融交易行为监控是维护金融安全稳定的重要举措。交易行为监控应当覆盖交易前、交易中、交易后三个阶段。区块链技术可以在交易中、后阶段帮助提升交易行为监控能力。交易中阶段，规范不同类型业务的交易行为数据字典，对被监管机构上报的交易行为数据在区块链上登记，并实时进行校验和分析。校验上报数据是否及时，交易数据是否完整。对验证通过的数据再进行发掘分析，自动生成合规报告或触发风险提示。交易后阶段，通过区块链数据可追溯特性，跨机构、跨业务分析历史交易行为，识别关联风险、隐藏风险，并可以结合大数据和可视化技术，将风险分析结果进行提示和展示。区块链增强了交易行为数据的可信性，还能从中获得早期常规监测难以得到的数据，从而能对金融违法违规行为和风险行为进行实时监测分析，及时有效地监管交易行为，提高监测信息的全面性和准确性。

（2）合规数据报送

监管机构在进行非现场监管时，基本都会采用合规数据报送的方式。金融监管逐年趋严，监管机构需要从多个被监管机构采集合规数据，数据容量和数据维度不断扩大和增加。目前，很多金融业务实施合规报送的监管措施，但是在实施过程中仍存在一些问题。首先，"数据孤岛"现象依然存在。上报数据标准不一，很难实现数据流通；很多商业数据涉及机密，主动报送业务数据的积极性不高；数据报送过程中难以保证数据不被篡改。其次，数据质量不高。被监管机构报送的数据存在缺失、连续性不够、给合规监管的准确性造成影响的问题：数据结构标准不统一，很多非结构化数据或很多数据表述方式不一致。最后，对于被监管机构，需要向多个监管机构上报数据，存在不同监管机构数据格式不统一的问题，造成被监管机构合规成本上升。

基于区块链的合规数据报送，金融机构和监管机构均是链上的分布式节点，信息公开透明，金融机构链上报送数据后，参与节点可共同校验数据完整性，相互信任，相互监督，共同治理。实时数据交互既可以减少人工干预，还能降低机构合规成本并提升其数据报送能力。在数据传输过程中，各机构使用节点数字证书对报送数据进行数字签名，采用加密算法对数据明文进行加密保护，确保数据的不可抵赖性、保密性和完整性。数据报送是合规数据的采集阶段，基于区块链技术在数据源头对报送数据进行确认，解决数据可信问题，提升报送数据质量和数据报送处理效率，从而简化合规处理流程，降低合规成本。

基于区块链的电子合同保全方案，为电子合同提供可信、可靠的登记、存证、存储、验证等公共服务，同时兼顾用户体验和隐私保护的要求。在功能上，为金融机构提供电子合同登记服务，将合同指纹记录在区块链上，将合同内容分散存储在多个机构；为投资人或借款人提供电子合同检索和下载服务；为所有人提供电子合同验证服务。在技术上，可以通过区块链实现存在证明（Proof of Existence）以确保合同的可信保真，通过分布式多副本实现合同的可靠保全，采用多方协作的存储调度机制来共同实现容量扩展，采用文件碎片化机制实现合同信息的隐私保护。在业务上，可以有效服务互联网金融行业，降低被监管机构系统的复杂度，减少重复建设，同时实现对电子合同有效而统一的监管。

区块链电子合同保全方案可以促进新型监管科技的探索。首先，有利于降低监管成本，实施有效的监管。采用技术手段将电子合同统一存证和存储，并且确保必要时能快速找到原始合同，这便利了监管措施的实施，提高了监管的有效性。其次，有利于降低合规成本，快速有效地合规。依靠区块链分布式的治理架构，依赖不同的存证平台、存储平台，从而降低每个参与者的合规成本。再次，有利于保护投资人利益，提高对互金行业的信心。有了法律合规保障，投资人将更放心地参与金融活动，这有利于金融行业的繁荣和发展。最后，有利于加快行业的优胜劣汰，促进金融行业健康发展。

（3）客户身份识别

客户身份识别是金融风险识别和风险防控的基础环节，是现代金融服务的基本原则和基本要求。随着互联网金融业务的发展，更多的业务通过线上渠道受理，因此监管政策要求金融机构了解每一位用户及其风险承受能力。基于区块链的客户身份识别服务，将客户的身份要素信息摘要在区块链上进行存证，包括身份证、手机号码、姓名等。保持追踪客户实际身份的线索信息，以满足最小 KYC 要求。同时，可以扩展多因子身份认证技术，将人脸、指纹、声纹、虹膜等生物特征数字化，并与身份要素信息绑定存证，增强身份识别的准确性。将多因子身份认证与区块链技术相结合，可以有效地将身份数据共享，防止身份数据泄露以及对身份认证过程进行管理等，并为相关机构降低风险和成本。

监管机构和被监管机构可以共建基于区块链的身份识别平台，被监管机构在线下完成客户识别，在区块链上进行认证结果登记和共享，避免重复的客户身份认证，降低监管合规成本。区块链上保存的是客户身份信息的摘要数据，以保证客户信息明文不可见，这不会造成信息泄露，降低监管的风险。更加精准的客户识别效果，为交易行为监控、分析和挖掘自然人的金融行为奠定了基础，是金融监控的强有力保障。

4. 云计算技术应用

云计算为智能监管提供廉价的计算和存储资源，大型的数据安全监管平台便可以建立强大的存储和运算体系架构，使深度学习算法充分发挥作用，建立一个互利共赢的智能化监测平台。在云计算技术的支持下，智能监管解决方案能够处理大量的结构化和非结构化数据，使监管数据归档更加高效、透明，并对产生、收集和使用这些数据的利益相关者有用。

作为基础设施，云计算能为智能监管提供良好的运营平台或开发平台。监管机构把云计算作为高性能和易扩展基础设施，部署原有监管科技手段，完善和提升监管信息处理流程和速度，同时提升监管效能。金融机构利用云计算的高性能和易扩展的特性，使金融业务、风险控制系统等逐步上云，借此来满足监管要求，降低合规成本。传统大型金融机构更倾向于自主开发上层应用，私有云是首选甚至是唯一的部署模式；中小金融机构由于自身资金和技术实力相对薄弱，更倾向于采用行业云、共有云平台的系统建设方式；新型的互联网金融企业则主要偏好采用共有云的部署方式，需求也很旺盛。有很多机构在云计算应用领域做得不错，比如银联智慧眼产品，该产品从获客引流、反欺诈、风险和价值评估，到贷后管理都通过云平台提供相应支持。云计算也让获客引流更加智能便捷，从前金融机构的获客引流往往通过电话短信，云计算则会引入更多维度的数据，如交易特征、月交易金额、所属行业、消费额等，这些数据可以对使用客户更好地画像。云计算应用的一个典型案例是中国互联网金融协会引入的法海风控金融监管云平台。法海风控金融监管云平台的大数据采集能力很强，平台基于 60 亿个高精度解析的风险数据，其底层对接了全国3000 多家法院、5000 多家司法网站、9 万多个司法栏目，全方位司法风险覆盖。法海风控金融监管云平台对特定监管对象有效实现了负面警报数据全面覆盖、精准解析、信息聚合和风险等级判定，对被监控企业的司法涉诉、经营、舆情、违规、招聘、监管机构处罚、行政税务处罚等领域实现了全面监管。

13.1.4 集成创新逻辑

1. 核心技术层层递进，贯穿整个监管流程

智能监管的核心技术有区块链、云计算、人工智能、大数据和API。云计算具有可靠性和可扩展性，凭借强大的计算能力和海量的存储资源，通过数据汇聚，形成"数据仓库"，消除"信息孤岛"，

实现内部数据的集中化管理和数据共享。大数据凭借其强大的数据分析能力和及时高效的数据处理能力，将汇聚和存储的海量数据进行归纳、挖掘分析和总结，从中提炼不同的特征，识别异常信息。人工智能借助大数据的筛选和分析，凭借语音技术、机器学习、自然语言处理等技术对数据进行智能分析和决策，提高数据采集与处理的速度和质量以及客户交互能力。区块链具有分布式存储、去中心化、数据不可篡改的特点，实现风险精准的评估和评级，杜绝信息不对称等问题，监管者可以实时监督被监管者的行为，一旦发现可疑风险可能触及预警线，监管机构可以自动采取相应的措施，预防风险发生，实现前瞻性的监管。API 是应用程序编程接口，提供数据传输通道，进行统一规范的数据采集，数据格式的标准化为数据共享和整合奠定基础。智能监管全流程通过 API 标准接口获取数据，通过动态易扩展的云计算进行数据共享，再借助大数据和人工智能对海量数据进行提取和分析，最后还需要借助区块链自动执行监督措施。五大技术之间的关系如图 13 - 5 所示。

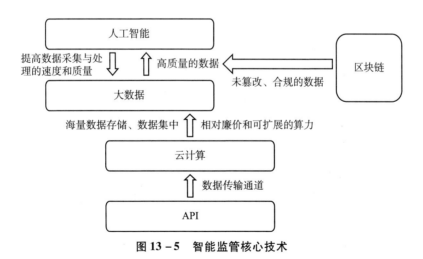

图 13 - 5　智能监管核心技术

2. API、云计算、大数据是底层技术

API 通过连接其他程序，为不同用户和群体服务，实现信息和数据的传输、交互和处理，使监管机构可以通过接口丰富获取数据维度，快速地提取数据。同时，统一数据接口可以构建统一的数据定义和分类标准，有助于不同数据库之间的整合，进而实现数字化、智能化监管。云计算通过网络统一组织和灵活调用通信、技术资源等各种信息，实现信息的大规模计算，并通过这种方式共享的软硬件资源和信息可以按需求提供给计算机和其他设备。云计算为智能监管提供优惠便利的计算和存储资源，结合以深度学习为代表的人工智能搭建强大的存储和运算体系架构，使人工智能充分发挥作用。随着数据规模的扩大，大数据的存储、分析等能力也会横向扩展，将筛选后的数据输入模型可以成为以人工神经网络为代表的人工智能技术的基石。在当今时代，人工智能像大脑，大数据像食物，云计算像强劲的消化系统，必将实现科技的高速发展。

3. 人工智能和区块链共同实现监管智能化

智能监管最主要的技术手段在于"智能"算法，将以大数据、云计算、人工智能、区块链为代表的智能技术应用到监管流程中，用极快的运算速度来分析各个案例中隐含的信息和逻辑，进而智能识别分析各种可疑违规行为。将智能监管应用在识别和防范流动性风险、监管影子银行、打击非法集资等可疑行为的场景中，成为未来必然趋势。尤其是人工智能在数据处理方面表现突出，可以快速地处理和分析数量级高、颗粒度大的数据，再结合区块链的智能应变、自动调整和执行，实现智能监管。因此，人工智能和区块链是智能监管的两大核心技术，API、大数据、云计算是支撑人工智能和区块链发挥作用的底层技术。人工智能在智能监管中主要应用机器学习、知识图谱和自然语言处理。通过机器学习和自然语言处理学习监管规则，总结过

去风险特征，通过知识图谱分析各个主体之间的逻辑关系，再借助机器学习建立风险模型，实时获取、分析相关风险数据，如果可能触及风险预警线，或者表明有面临风险的迹象，就要及时进行自动化、智能化处理，监管机构借助区块链自主决策，自动采取相应的措施，预防风险发生。金融机构也可以通过机器学习和自然语言处理技术，将法律法规转换成机器可以识别的数据，进而导入模型进行运算，同时区块链的智能合约能推动金融机构智能化，做到协同调整，并逐步符合监管规范，在智能化过程中促进动态合规，降低金融机构的合规成本。

4. 智能化手段有助于监管法规信息跟踪与分析

随着金融监管不断升级，各类监管法规频繁出台并且更加细化，金融机构需要及时更新政策，追踪政策走势，分析政策目的，通过利用智能化的科技手段有效地降低合规成本，提升监管政策的宣贯效率。人工智能的核心技术包括机器学习、知识图谱、自然语言处理、人机交互，可以基于数据进行机器学习，利用知识图谱总结观测数据的内在规律并进行预测。借助自然语言处理技术可以机器翻译语境，还可以理解语义，从而自动发现信贷金融监管条款，并找出新旧条款的差别，动态评估实时风险，金融机构能提早调整以满足合规要求。人机交互是指人和机器之间进行的信息互换，能及时追踪最新法律条款，监测法律条款执行情况。知识图谱能够整合各类信息，构建出内部关系网络，更全面精准地对法律信息进行分析。

5. 智能化的合规分析可降低合规成本，简化监管流程

随着金融监管逐渐升级，金融机构合规要求水平逐渐提高，合规成本逐渐上升。金融机构和监管机构借助云计算、大数据、人工智能等新兴技术建立智能化的合规方式，以提高合规效率。在交易前，利用 API、云计算和区块链技术，可以将合规法律条文标准化嵌入智能

化监管系统，自动提取数据，实现监管机构和金融机构信息共享，避免信息重复录入，降低合规成本；在交易中，大数据技术中的机器学习和神经网络能对获取的数据信息进行全面分析，基于云计算、自然语言处理技术，以及机器学习分析客户的客观和主观数据，智能化进行客户身份识别，如识别与分析市场可疑风险数据，及时自动生成合规报告，并通过区块链共享平台进行传输，使监管机构同时获得监管信息，自动执行监管措施。根据监管法律条款，以及金融机构的内控规则对交易中的可疑交易行为进行高效地监控分析，并实时上报和反馈异常交易信息，进而智能化地决策和处理，因此能降低人工的操作风险和金融机构的合规成本，还能简化监管机构的监管流程。交易后，通过数据可视化，将大量的、密集的、多维度的数据进行图表化处理，再把简单明了的结果报送给监管机构。通过及时报送风险监测分析结果，金融机构能实时了解最新的监管法律法规，及时获得有效的监管建议，并在后续经营活动中不断改进自身工作。

6. 数字化"监管沙盒"实现创新业务风险压力测试

金融科技的产生，是伴随着信息通信技术的不断进步而来的，但在此类新技术诞生之前，没有充分而有效的环境对其风险进行有效评估。金融创新需要新技术应用和有效的风险防控齐头并进保驾护航，创新发展与风险防控同等重要。利用技术手段构建数字化"监管沙盒"，可以在虚拟环境中模拟真实交易场景，测试金融机构系统稳定性、安全性等指标。在这个安全空间内，金融科技公司要监测其创新产品和服务效果，会通过大数据、人工智能技术不断记录创新业务的运行数据，有效评估系统的风险防控能力，最大限度规避金融科技创新带来的政策风险。

13.2 监管技术创新应用

13.2.1 客户身份识别

"了解你的客户"（KYC）和"客户尽职调查"（Customer Due Diligence，CDD）是金融业务的重要环节。近些年，互联网快速发展，越来越多的交易通过线上进行，这确实给用户带来了便利，但也给不法分子隐藏身份或盗取他人身份进行非法线上活动、网络黑产诈骗、盗用账户和银行卡等提供了机会，给金融机构和监管机构核验身份信息有效性增加了难度。但是，技术发展为监管提供了新的解决方案。智能科技不断尝试各种技术，并在集成创新中整合风险数据，建立风控模型进行分析和预测，实现交易监控处理自动化智能化，极大地提升了监管效率。

1. 技术应用

从技术应用角度看，主要包括生物识别技术和大数据技术，前者主要有身份识别、人脸识别、虹膜识别等。①目前市场上的身份识别技术主要包括三大类，即公安体系下的身份证号码、姓名一致的二要素验证，运营商体系下的基于手机号开户时预留的机主身份信息中手机号、身份证号码、姓名一致的三要素验证，银行体系下的银行卡号、身份证号、姓名一致的三要素验证。②人脸识别技术是通过采集识别活体面部信息，计算提取相应特征值，与人脸数据库实时比对，进而反馈相应核验结果，是当前较为普遍采用的身份识别技术，精准度较高。③虹膜识别是借助对比虹膜图像特征之间的相似性来实现个人身份认证，关键环节是借助模式识别、图像处理等描述、分类人眼虹膜，进而确认身份。④指纹识别技术是采集指纹特征，实时比对数据库中预留的指纹信息，从而核验客户身份。⑤大数据技术应用主要是通过大数据技术，分析客户网络行为，运用多维度数据全面刻画客户风险状况，同时进行实时监测，识别非常用地区的转账、非常用设备转账等异常操作，及时拦截并联系客户，确保客户资金安全等。

2. 应用框架

从应用框架看，用户身份识别主要包括四个方面（见图 13 - 6）。一是基础产品组件，包含基础的技术开发组件，比如风险特征库、算法模型平台、设备指纹、关系图谱、名单库和人脸识别等。二是产品服务套件，根据不同场景开发基于不同技术组件的产品，包括智能 IP 识别、中介套现识别、地址相似性分析、逾期预测和信用评分等。三是运营服务平台，针对不同应用场景、不同客群而选择不同的策略部署和可视化展示方案，包含模型策略共享平台、策略部署平台、策略分析和商户门户等。四是核心驱动模块，建立风控决策引擎，综合应用多场景、多维度数据，智能化选择最优策略。

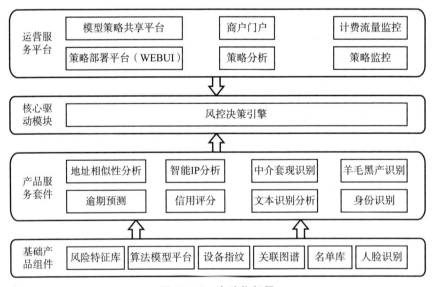

图 13 - 6　本地化部署

3．实现路径

从实现路径看，主要从如下六个方面识别用户身份：一是黑名单系统，从公开舆情等多渠道获得相关产业的黑名单数据；二是设备，根据设备等多方面信息，通过欺诈设备识别模型，判断信息是否异常，是否是欺诈设备；三是IP地址，根据IP交易判断IP地址是否存在异常；四是账户，根据个人账户的行为判断账户是否为可疑账户，是否存在洗钱、套现等可疑交易；五是关系图谱，借助关系推理、图数据库等技术挖掘用户、设备、地址、手机号等多维度之间的关联关系；六是信用身份识别，根据用户信用、消费、行为等多维度数据对用户信用画像，从而识别用户信用身份，比如苏宁金融的用户身份识别（见图13－7）。

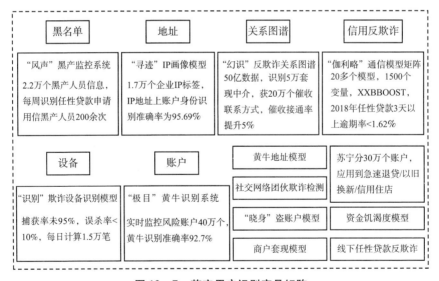

图13－7 苏宁用户识别产品矩阵

13.2.2 合规数据报送

合规数据报送是指金融机构根据监管机构的要求，将自身数据进行有效监测、提取和处理，并上报给监管机构。2015 年 10 月，中国人民银行征信中心发布《企业征信系统数据采集接口规范》，规定最晚上报时间是"T + 1"，即下一个工作日结束前报送。当前，金融机构合规数据报送中存在的问题主要体现在如下方面：一是监管机构对数据报送的时效性要求越来越高；二是海量数据越来越庞大使得金融机构对数据的存储和计算越来越难；三是数据质量难以管控；四是金融机构对可疑交易判断的难度越来越高，造成数据报送准确度存在偏差。

自动化处理合规报告并报送是监管机构非现场监管的重要手段，高水准报送有助于监管机构及时发现和化解风险。随着监管升级，监管机构对报送数据要求高，金融机构可能要面对几个监管机构报送不同维度和结构的数据。在技术应用方面，监管 API（RegAPI）同时为金融机构、科技公司提供"可编程""机器可读"的监管科技接口，以方便金融机构和监管机构通过 API 对标准统的数字协议进行数据对接、传输和编程。监管 API 的核心思想是将监管工具化和标准化。在监管机构从金融机构处采集好数据后，输入工具就可以自动完成计算，并进行生产报告等事项。云计算不仅可以对各种数据进行集中化处理，让金融机构之间数据通用，还能让金融机构之间统一数据统计口径、数据交互标准，从而自动化处理合规报告。合规报告数字化报送分为合规数据处理、合规数据传输、数据清洗三个阶段，利用 API 技术和云计算等技术能实现实时数据交互，提高金融机构报送数据能力并降低金融机构合规成本。在合规数据传输阶段，可以利用 API、云计算的安全多方计算、区块链的分布式存储等加密技术保证数据传输过程的安全性和可靠性。在数据清洗环节，运用数据挖掘、图谱挖掘、机器学习等手段对搜集的海量数据深度清洗并构建模型，让数据高效用高精度，为模型分析提供数据支持。通过 API 接口实现合规信息数字化报送，能提升报送效率并减少报送成本，同时由于 API 接口的统一还能促进提升监管的规范性，实现以最小扰动的方式开展监管。此外，在规范化报送格式的基础上，通过数据资产管理能进一步提升数据质量，快速自动生成合规报告，降低人工成本。

金融机构合规数据报送系统一般称为监管报送系统，建立统一监管数据平台，承担金融机构主要业务数据的集中和整合工作，满足监管类报送数据的自动采集、便捷加工、灵活展现、数据及时、准确一致等要求。基于 Hadoop 分布式架构大数据平台，支持存储和计算能力的动态扩展，可以满足存储和高时效能力的要求。针对纳入金融机构业务系统的各类数据，如存贷核心、信用卡、资金、理财、外汇、总账等系统数据，构建统一的监管数据平台，从入口进行数据质量监测，提高数据标准化，减少数据重复处理，为各类合规数据报送应用提供高质量的数据接口服务。运用 Hadoop 大数据技术，能够支持复杂校验规则的计算，在时效要求内对明细数据进行质量校验，保障合规数据上报的质量（见图 13-8）。

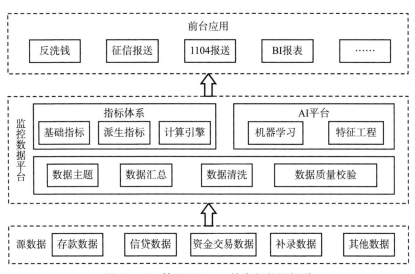

图 13-8　基于 Hadoop 的合规数据报送

数据清洗。数据清洗层对源数据的各个报送项进行梳理和归类，总结归纳需要覆盖全监管内容的接口表，通过该层屏蔽源系统的计算结果数据变化对报送的影响。同时，对源系统数据进行质量校验，将其清洗成符合监管要求的数据。

数据主题加工。数据主题层是分布式架构大数据平台中数据的核心，一般称为基础数据模型层，它是整合主题的数据模型，根据金融机构的业务特点设计，按照业务主题对源系统的数据表和数据内容进行重组，涵盖客户、存款、贷款、信用卡等各类业务数据，实现全覆盖。模型层数据除了进行标准化处理外，并不会对数据内容和机构进行过多的更改。

数据汇总。汇总层数据主要是为了提升数据查询的响应速度，对各类报送的共性查询或者请求频度较高的数据项进一步整合，以方便后续对共性的基础指标进行统计分析。比如将客户类的数据进行汇总，同时，客户类数据下又分为个人客户、对公客户、同业客户。后续查找某类客户时，可高效精准地迅速定位目标数据。

数据质量管控。大数据平台支持海量数据、复杂规则的校验，建立数据质量管理平台，使其贯穿整个数据加工过程，从完整性、一致性、时效性、准确性四个方面衡量，控制数据准入，结果准出，并配以相关的告警机制，将质量问题及时反馈给关注人，建立数据质量管控闭环，形成数据质量持续优化的机制。

AI 平台。AI 平台提供标准化的机器学习算法封教和特征处理工具集，以及标准的模现评估可视化工具等。提供特征指标注册、特征数据库，以及存储发布等服务，以满足各类报送应用对 AI 的需求。

指标体系。引入指标计算体系，使每个报送单元最终以指标形式体现，以极大程度地适应监管报表的灵活新增与统计口径的频繁调整。可将指标分为两类：基础指标和派生指标，前者指基于原始字段配置的指标，后者指基于已有指标进行四则运算或逻辑运算配置的指标。另外，计算引擎可对基础指标和派生指标计算公式进行预处理，使其可以让系统识别并执行，运用 Hadoop、Spark 等大数据技术分布

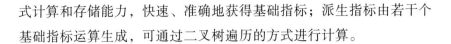

式计算和存储能力，快速、准确地获得基础指标；派生指标由若干个基础指标运算生成，可通过二叉树遍历的方式进行计算。

13.2.3 反洗钱监管

传统反洗钱合规监管存在如下弊端：一是参与境外交易的金融机构所涉及的数据量明显被放大；二是金融机构面临多语种语言转换的难度，从而增加监管难度；三是看似不重要的反洗钱合规需求在涉外跨境交易中变得急迫起来；四是境外监管要求可能比国内更严格，导致我国很多金融机构不适应。基于此，信息技术集成创新能改善传统手段的不足，实现智能化反洗钱监管，让监测更高效、更精准，合规水平更高。

1. 反洗钱交易整体框架

对银行等金融机构而言，反洗钱交易的整体框架包括外部要求、机构规程、业务功能和管理功能等模块（见图13-9）。具体而言，业务过程中包括客户识别、全面风险评估、名单管理和监控、大额和可疑交易分析与监控、案例调查与管理、监管报告与报送等环节。①客户识别。从业务关系建立、业务关系存续、业务关系终止三个阶段建立覆盖全行各业务条线、产品服务、产品渠道，职责分工明确，识别流程清晰，识别内容完善，触发手段多样，从而以全面高效持续的全生命周期识别客户身份。②全面风险评估。以风险为本，以客户为中心，涵盖全面风险要素，对客户整个生命周期进行跟踪并进行多维度可持续的风险评估，与上下环节紧密衔接。③名单管理与监控。名单管理与监测是为了集中管理反洗钱相关的各类名单，建立可靠、高效的名单过滤服务，为落实名单监测打下坚实基础，直接降低反洗钱风险。④交易分析与监控。金融机构按照规定的标准、范围和程序，将大额现金交易和大额转账交易报告给中国人民银行，并对已知和未知的洗钱模式进行侦测识别和发现发掘。⑤案例调查与管理。建立科学的、高效的案件管理流程，对案件分析工作进行标准化管理，保证案件分析结论的准确性和案件分析的效率。⑥监管报告及报送。收集内外部案件信息，完成对案件分类筛选、差错控制、案件上报等工作，并对案例进行质量监控和分析，形成经验总结和培训资料。同时完成对反洗钱监控模型的回顾、优化和调整。

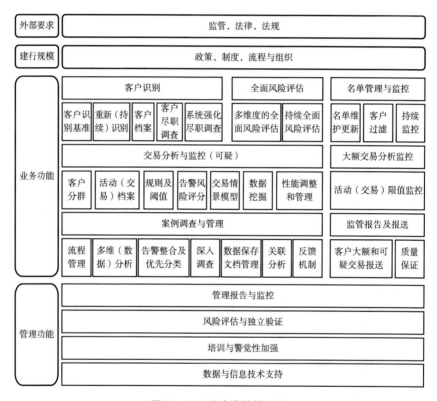

图 13 – 9   反洗钱整体业务

2. 反洗钱清单监测

反洗钱清单监测旨在建立一个高性能、智能化、数字化的制裁名单筛查平台，既包含联机实时的交易报文筛查、新建客户筛查，也包含事后批量的交易回溯筛查、存量客户筛查，建立完善的告警核查和处置平台，并提供参数管理、名单管理等灵活的基础管理配置功能，以满足境内外监管要求，防范洗钱/恐怖融资风险（见图13-10）。①通过引入搜索引擎技术，将新建客户筛查、交易报文筛查模块嵌入业务流程当中，实现对新客户、关联人、交易报文中的交易主体、对手、国家/地区等个人和实体的实时监测，阻断制裁人员相关的开户和交易，在事前和事中防范洗钱风险。②通过引入NLP自然语言处理等人工智能技术，对交易报文中自由文本进行关键信息智能识别与模糊筛查，提高筛查的准确率，降低误报率和漏报率。③支持海量客户和交易筛查，对全量客户、全量交易进行回溯筛查。④支持不同海外机构根据不同地域监管要求进行差异化参数灵活配置，支持采用不同筛查引擎、支持不同名单范围。

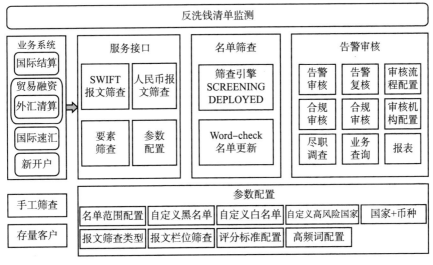

图13-10　反洗钱清单监测

3. 反洗钱交易监测

反洗钱交易监测，从数据获取和加工到交易监测规则模型建设，从交易甄别确认和数据补录再到中国人民银行报送，建立了完整的大额、可疑交易监测体系。通过引入机器学习和大数据可视化等技术，弥补传统监测方式的不足，实现交易监测智能化，建立更精准、更高效的反洗钱交易监测体系，提升合规风控水平（见图 13 - 11）。

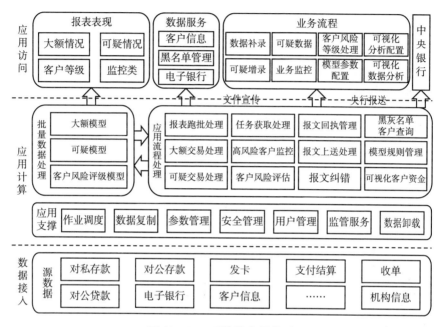

图 13 - 11　反洗钱交易监测

数据获取和加工。通过企业级数据仓库提取反洗钱交易监测所需的全部基础数据，包括存款、贷款、信用卡、电子银行、支付结算、客户信息、机构信息、员工信息等行内业务系统数据，也包括工商、海关、法院、检察院等提供的外部数据，整合各系统的数据，并对数据进行预处理，包括数据清洗、标准化处理、汇总、分类，最终形成指标库。

交易监测。基于数据预处理的结果，通过案例特征化、特征指标、指标模型化的建模思路，建立大额交易监测模型，疑似地下钱庄、疑似腐败、疑似毒品、疑似走私、疑似诈骗、疑似集资、疑似传销、疑似商户套现、疑似涉税、疑似恐怖融资、疑似赌博等可疑交易监测模型以及客户风险评级模型，并进行规则模型的自动化跑批，生成待确认和补录的模型结果。

交易甄别确认。建立完整的交易甄别确认流程，并引入大数据可视化分析工具，以辅助可疑交易甄别确认，解决在反洗钱可疑交易监测中面临的客户体量大、排查数据量多、排查方式较为传统、排查手段简单等问题，提升反洗钱交易监测模型的精准度，提高可疑业务处理的效率。

13.2.4　反欺诈监管

1. 含义界定

随着互联网的快速发展，信贷业务也明显呈现线上化和移动化趋势。由于信贷服务覆盖人群越来越下沉，贷款申请人的信息复杂且不完整，而贷款审批速度是借款人最关注的维度之一，如果企业或金融机构在申请环节设置过多关卡甄别真实借款人，获客成本将大幅增加。若降低审核门槛，欺诈风险则可能急剧上升。并且，随着线上业务的发展，欺诈案件呈现爆发式增长，反欺诈已经成为合规科技的一大课题。信用风险与欺诈风险不同，前者指借款人由于财务状况恶化等各种原因未能及时还款而违约的可能性，后者指客户在发起借款申请时已无意愿还款的风险，其可控性更弱，对坏账率的影响更大。欺诈者依赖层出不穷的欺诈手段实施贷款诈骗，包括身份冒用、资料造假、信用不良、不良中介、欺诈团伙和黑产等。其中，不良中介和团伙欺诈的调查难度及危害程度最高。团伙欺诈指以欺诈为目的聚集起来的不良用户群体，以团队的形式相互掩护，相互担保，共同作假以骗取信贷的欺诈行为。不良中介是特化的团伙欺诈，即团伙中的部分人不以欺诈为盈利手段，而是以帮人欺诈，帮人做假或教人欺诈，并收取高额手续费为盈利方式的一批犯罪团伙。相较于其他欺诈手段，

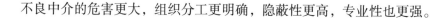

不良中介的危害更大，组织分工更明确，隐蔽性更高，专业性也更强。

2. 传统反欺诈

大数据与 AI 等金融科技兴起前，黑白名单和基于专家规则的引擎被认为是反欺诈的最佳防线。黑名单也称失信名单，指的是将存在历史不良信用记录的人群列入一个特定的名单中，以供金融机构后续参考。这一工具简单易用，比如央行的征信记录，可查看客户的以往信贷记录，但更新速度慢、成本高，无法应对最新出现的欺诈活动。除了黑名单之外，另一个传统的反欺诈方式是规则引擎。规则主要依靠人为经验进行逻辑推敲，可以有效地识别简单的已知欺诈模式，却无法应对庞大的数据量和各种不断变化的欺诈行为，在速度优先的借贷场景中很容易造成误判或被欺诈者有针对性地回避。

综合来说，传统反欺诈手段有四大痛点：数据少、场景杂、效率低、频率高。数据少是因为传统反欺诈主要依赖于央行的征信数据，而央行的征信数据对下沉人群的覆盖度有限，黑名单数据库不全面，有一定滞后性。场景杂是因为传统反欺诈要面对能满足客户个性化、多样化需求的各种业务场景，这些业务场景又多又复杂，涉及线上、线下，实时性强，催生了很多与场景紧密结合的欺诈方式，而传统反欺诈很难实时、有效地识别这些方式。效率低是因为注重人力的传统反欺诈审批程序无法高效、快捷、准确地审批当前急剧增加的贷款申请。频率高是因为金融在不断发展和深入应用的过程中欺诈频率提高，新的诈骗方式层出不穷，信息核实困难，传统反欺诈已经不能满足现今金融机构的安全需要。

3. 智能反欺诈

智能反欺诈是指利用大数据、人工智能等新兴技术对反欺诈规则进行动态优化，以提升金融欺诈识别率。目前，一些金融机构已经和第三方的数据供应商、智能反欺诈机构进行合作，将金融机构的金融属性数据与第三方机构数据相互融合形成高维度变量，通过构建反欺诈模型应用于多种金融场景。具体而言，第三方机构可能提供含有欺诈团伙、关联关系等的社交网络数据，包含消费行为的电商数据，有设备指纹或 IP 地址的设备数据，具有合谋作案鉴别的电信数据，通过构建智能反欺诈模型确定欺诈团伙黑名单或跨行业黑名单。

实现智能反欺诈有四个主要关键点：一是优质的数据来源；二是算法和模型的持续优化；三是能支撑庞大数据处理的系统架构能力；四是对业务场景的理解能力。四种兼备，才能更高效地识别欺诈风险，为风险筑牢第一道防线。因此，与传统反欺诈相比，智能反欺诈优势明显。一是准确率更高，因为智能反欺诈利用高维度数据能精准找出欺诈客户；二是时效性更好，因为智能反欺诈能够及时处理海量数据并找出欺诈风险；三是成本更低，因为智能反欺诈能直接利用技术识别风险而减少了人工排查中的人力成本；四是更灵活，因为智能反欺诈能根据具体状况而灵活采用风险防范策略。

优质数据来源。一方面，通过区块链技术认证客户身份。将区块链技术引入反欺诈，建立网络身份认证标准，统一线上身份认证手段，借助区块链不可篡改、分布式存储的特点，可以保障信息完全性和私密性。通过区块链的身份认证来完成交易，方便快捷，还可以实现真正的无感支付，客户身份信息和个人隐私也得到极大保障，有效提升线上交易的风险预测能力。另一方面，通过私有云获取多元化多维化数据来源。监管机构通过建立私有云平台接入金融机构、第三方非银行支付机构、公检法部门、通信运营商等，实现数据信息来源的多元化。并且，监管机构可获取多维数据，包括获取金融机构的可疑账户、可疑交易、欺诈事件等信息，获取第三方非银行支付机构的社交网络、客户可疑行为信息，获取公检法违法人员、失信人员信息，获取通信运营商的移动终端手机实名认证、实名注册、手机位置等信息。

算法和模型持续优化。首先，知识图谱打击欺诈团伙。优质、时效性高的多维度数据对于构建知识图谱，进行用户特征工程，形成全面金融用户画像，从而快速且准确的预测欺诈风险是不可或缺的因素。在团伙欺诈案件多发的趋势下，一个完备的用户画像不仅需要包含其基本的身份信息、历史登录信息、行为活动信息，更需要具有表征其"团体性"的变量，如用户的社交信息、用户所处节点的统计信息及异常信息等，该类信息有助于发现团体特征，对后续新型团案的发掘和判定具有十分重要的意义。因此，利用金融机构、第三方非银行支付机构的资金流水信息，利用第三方支付机构的社交网络信息，可极大地完善欺诈关系网络的分析维度，利用知识图谱分析技术可实现多维度欺诈分子关联关系图形化分析，从而识别其中团伙的组织架构和关键节点，打击欺诈团伙。传统的关系型数据库通过实体和关系来建模，由多张能互相连接的二维行列表格组成，需要挖掘用户多层关联关系时，性能消耗大，效率低下；对于关系的层次支持有限；对于图上的查询不够灵活。相比之下，图数据库以图的方式存储知识并向用户返回经过加工和推理的知识，包含清晰的节点（现实世界中存在的实体，如用户的名字、年龄、所在地区等）和边（实体与实体之间的关系），各实体之间通过三元关系进行联结，以实现数据使用高效化。其次，人工智能技术提升反欺诈水平。在私有云获取多维数据的基础上，利用人工智能机构构建反欺诈风险识别模型，通过神经网络、随机森林等算法，借助已有欺诈事件自主学习训练模型，实现较高识别率后，就可以实现人工智能的无监管自学习欺诈风险识别，从而提升反欺诈水平。最后，机器学习可优化模型与算法。金融市场充满了不确定性，客群、借贷活动、欺诈手段等不断在变化和升级，智能风控模型和算法也会不断变化，持续迭代，尤其在欺诈手段、模型升级之前完成金融机构风险控制模型的迭代。此外，在多个贷款周期之后，模型也会根据这些运营数据进行检验、修正、迭代，依此不断增强模型的使用适应性、实用性。

　　系统架构能力。反欺诈系统架构的基础是数据和模型，反欺诈能否有效进行受系统架构处理性能的极大制约，而系统的性能主要体现在系统的处理速度、系统的稳定性两方面。系统的处理速度指的是在大量数据中识别出欺诈信息的速度。骗贷者的欺诈申请行为可能发生在任何时间任何地点，因此反欺诈系统必须也能够随时对欺诈信息进行识别和反馈，特别是面对欺诈申请者恶意登录攻击等恶性行为，反欺诈系统也必须实时响应，不能有太长时间的延迟，否则容易造成骗贷者利用时间差成功申请到贷款，造成资金损失。此外，如果系统反应速度太慢，也容易影响正常用户的申请体验，导致获客困难或回头客数量减少。稳定性则指的是反欺诈系统必须 7×24 小时处于正常运行状态，必须随时响应申请行为并随时识别欺诈信息，同时系统的升级、维护等行为不会对反欺诈系统产生影响。此外，系统能够抵抗一些外部风险，能够防范数据库被入侵或破坏等。

业务理解能力。风控需要不断迭代与优化，反欺诈业务也需要一个积累的过程。业务团队需要长期积累大量的一线业务经验才能对欺诈行为有更好的识别能力和标签化能力，在现有经验的基础上还应持续跟踪调研新的欺诈趋势和欺诈人的行为模式来规避新型欺诈风险。另外，反欺诈技术团队和调查人员需要开展紧密的合作，将符合业务场景的规则提取出来，加入反欺诈系统，配合合适的可视化界面，让调查人员对用户风险有比较直观的感受。这种直观对调查经验本身没有要求，大大降低了新人调查的门槛。传统反欺诈依赖于专家规则和黑名单库对比，存在效率低、新规则挖掘慢、策略迭代不灵活、智能化程度弱等痛点。通过大数据（包括用户体主动提供的信息、用户授权后可获取的信息和第三方数据等）的积累和应用，金融机构可以将机器学习模型与传统反欺诈规则结合，不断迭代优化，实时准确地识别风险并得到用户的信用评级，然后以此实现差异化风险定价，确定贷款额度和费率。

但是，科技应用于反欺诈，仍然存在如下问题。①风险信息数据碎片化制约人工智能技术应用。风险信息主要包括客户的信用信息和社交关系信息等基本信息，客户对金融产品或服务的偏好信息，客户在银行内外部的行为数据，客户的风险度信息等。不同的机构根据自身需求采集各维度的信息，可能出现维度重复和数据冗余等问题，无法达到人工智能应用对数据集精准、高质量的要求。②没有统一的欺诈风险防控水平评价标准。金融机构、第三方支付机构等对欺诈风险的防控水平不同，机构自查和相应监管机构定期检查达不到预期效果，不能对防控水平有显著提升。因此需要建立科学有效的欺诈风险放款水平评估指标，整合数据实现客观评价。③无有效的联防联控机制。目前金融机构、第三方非银行支付机构都是独立运营，相互间缺乏沟通交流，在黑产数据交互、风险处置等方面有较少合作，但并无有效的联防联控机制。④监管层缺乏全流程反欺诈体系。要深入应用智能科技技术，需要整合行业数据，共享风险信息，借助系统化的技术支持实现全流程反欺诈监管。

参 考 文 献

［1］波士顿咨询公司 . 金融科技生态系统 2020：新动力、新格局、新战略［R］. 2014 - 10 - 15.

［2］曹东，曹巍，吴俊龙 . 互联网时代金融创新与监管的博弈研究［J］. 东南大学学报（哲学社会科学版），2014（4）：59 - 64，135.

［3］陈雨露 . 工业革命、金融革命与系统性风险治理［J］. 金融研究，2021（1）：1 - 12.

［4］杜杨 . 基于动态演化博弈的互联网金融创新路径与监管策略［J］. 统计与决策，2015（17）：37 - 41.

［5］龚强，班铭媛，张一林 . 区块链、企业数字化与供应链金融创新［J］. 管理世界，2021，37（2）：22 - 34，3.

［6］顾海峰，高水文 . 数字金融发展对企业绿色创新的影响研究［J］. 统计与信息论坛，2022，37（11）：77 - 93.

［7］郭丽虹，朱柯达 . 金融科技、银行风险与经营业绩——基于普惠金融的视角［J］. 国际金融研究，2021（7）：56 - 65.

［8］韩先锋，宋文飞，李勃昕，等 . 数字金融赋能绿色创新的异质非线性调节效应［J］. 中国人口·资源与环境，2022，32（10）：65 - 76.

［9］胡俊，李强，戴嘉诚，等 . 基于文本分析的商业银行金融科技测度及赋能效果检验［J］. 中国管理科学：2022，11：1 - 15.

［10］黄卫东 . 互联网金融创新［M］. 北京：新华出版社，2015.

［11］金浩，安明，卢颖．微分博弈模型下的金融科技服务合作创新——基于消费者反馈视角［J］．南开经济研究，2022（5）：145－164．

［12］李建军，姜世超．银行金融科技与普惠金融的商业可持续性——财务增进效应的微观证据［J］．经济学（季刊），2021，21（3）：889－908．

［13］李伟．中国金融科技发展报告（2021）［M］．北京：社会科学文献出版，2021．

［14］廖岷．全球金融科技监管的现状与未来走向［J］．新金融，2016（10）：12－16．

［15］马草原，张昭．金融创新与金融风险监管——演化博弈分析与数值模拟［J］．当代经济科学，2020，42（2）：80－91．

［16］麦肯锡．Fintech 2030：全球金融科技生态扫描［R］．2021－6－10．

［17］邱晗，黄益平，纪洋．金融科技对传统银行行为的影响——基于互联网理财的视角［J］．金融研究，2018，461（11）：17－30．

［18］石睿．金融创新、金融风险与金融稳定的理论分析［J］．南方金融，2011（6）：32－37．

［19］石宗辉，韩俊华．金融科技的数字普惠金融机理分析及应用研究［J］．科学管理研究，2022，40（3）：150－157．

［20］涂咏梅，吴尽，李梦婧．数字金融对企业融资成本影响的实证［J］．统计与决策，2022，38（19）：140－145．

［21］万佳彧，李彬，徐宇哲．数字金融对企业投资效率影响的实证检验［J］．统计与决策，2022，38（19）：135－139．

［22］汪莉，邵雨卉，汪亚楠．网络结构与银行效率：基于时变"银行—股东"网络的研究［J］．经济研究，2021，56（12）：60－76．

［23］王馨，王营．绿色信贷政策增进绿色创新研究［J］．管理世界，2021，37（6）：173－188，11.

［24］王秀意．金融科技与上市商业银行全要素生产率的研究——基于三阶段 SBM－DEA 模型［J］．技术经济，2022，41（8）：34－46.

［25］王营，冯佳浩．绿色债券促进企业绿色创新研究［J］．金融研究，2022（6）：171－188.

［26］徐璐，卢小宾，卢瑶．金融科技产业创新发展与建议研究［J］．中国软科学，2022（1）：31－39.

［27］杨涛．中国金融科技运行报告（2021）［M］．北京：社会科学文献出版社，2021.

［28］尹龙．金融创新理论的发展与金融监管体制演进［J］．金融研究，2005（3）：7－15.

［29］张成芬，朱晓宇．数字金融对高技术产业创新效率的影响研究［J］．管理现代化，2022，11（5）：105－112.

［30］张德茂，蒋亮．金融科技在传统商业银行转型中的赋能作用与路径［J］．西南金融，2018（11）：13－19.

［31］张红伟，徐镱菲．基于动态博弈模型透视互联网金融监管的适度性［J］．金融经济学研究，2016（5）：75－84.

［32］张萍，党怀清．互联网金融创新扩散中的策略错配与监管机制［J］．管理世界，2015（9）：170－171.

［33］张志远．后金融危机时代我国金融监管以及金融风险的博弈研究［D］．长春：吉林大学，2013.

［34］周家珍．基于物联网技术的供应链金融业务创新探索［J］．西南金融，2021（6）：50－60.

［35］朱卉，雷良海．基于博弈模型对互联网消费金融平台监管的研究［J］．农场经济管理，2017（12）：34－36.

［36］朱太辉，陈璐．Fintech 的潜在风险与监管应对研究［J］.

金融监管研究，2016（7）：18 - 32.

［37］Alabi K. Digital block chain networks appear to be following metcalfe's law ［J］. Search and Applications，2017，24（7）：23 - 29.

［38］Allen F，Gale D. Financial innovation and risk sharing ［M］. Cambridge：MIT Press，1994.

［39］Buchak G，Matvos G，Piskorski T，et al. Fintech，regulatory arbitrage，and the rise of shadow banks ［J］. Journal of Financial Economics，2018，130（3）：453 - 483.

［40］Calvano E，Calzolari G，Denicol V，et al. Artificial intelligence，algorithmic pricing，and collusion ［J］. American Economic Review，2020，110（10）：3267 - 3297.

［41］Chen M A，Wu Q，Yang B . How valuable is fintech innovation? ［J］. The Review of Financial Studies，2019，32（5）：2062 - 2106.

［42］Chod J，Trichakis N，Tsoukalas G，et al. On the financing benefits of supply chain transparency and blockchain adoption ［J］. Management Science，2020，66（10）：4378 - 4398.

［43］Enrique G M，Rios - Rull J. Financial integration，financial development，and global imbalances ［J］. Journal of Political Economy，2009，117（3）：371 - 416.

［44］Finnerty J D. An overview of corporate securities innovation ［J］. Journal of Applied Corporate Finance，1992，4（4）：23 - 39.

［45］Francesco D，Nagpurnanand P，Alberto G R. The promises and pitfalls of robo-advising ［J］. The Review of Financial Studies，2019，32（5）：1983 - 2020.

［46］Gennaioli N，Shleifer A，Vishny R. Neglected risks，financial innovation，and financial fragility ［J］. Journal of Financial Economics，2012，104（3）：452 - 468.

［47］Goldstein I，Jiang W，Karolyi G A. To finTech and beyond

［J］. The Review of Financial Studies, 2019, 32 (5): 1647 – 1661.

［48］ Henderson B J, Pearson N D. The dark side of financial innovation: A case study of the pricing of a retail financial ［J］. Journal of Financial Economics, 2011, 100 (2): 227 – 247.

［49］ Hicks K, Watkins T A. Evaluating microfinance program innovation with randomized controlled trials: Examples from business training and group versus individual liability ［J］. Contemporary Studies in Economic & Financial Analysis, 2009, 92: 215 – 249.

［50］ Jonathan C, Koeppl T V. Blockchain-based settlement for asset trading ［J］. The Review of Financial Studies, 2019, 32 (5): 1716 – 1753.

［51］ Kane E J. Accelerating inflation, technological innovation, and the decreasing effectiveness of banking regulation ［J］. Journal of Finance, 1981, 36: 355 – 367.

［52］ Kane E J. Getting along without regulation Q: Testing the standard view of deposit-rate competition during the "wild-card experience" ［J］. The Journal of Finance, 1978, 33: 921 – 932.

［53］ Laeven L, Levine R, Michalopoulos S. Financial innovation and endogenous growth ［J］. Journal of Financial Intermediation, 2015, 24 (1): 1 – 24.

［54］ Li Z, Wang W M, Liu G, et al. Toward open manufacturing: A cross-enterprises knowledge and services exchange framework based on blockchain and edge computing ［J］. Industrial Management & Data Systems, 2018, 118 (1), 303 – 320.

［55］ Matej M. Banks and information technology: Marketability vs. relationships ［J］. Electronic Commerce Research, 2013, 13 (1): 71 – 101.

［56］ Milian E Z, Spinola M, Carvalho M D. Fintechs: A literature review and research agenda [J]. Electronic Commerce Research and Applications, 2019, 34 (2): 1-21.

[57] Piazza R. Financial innovation and risk: The role of information [J]. Annals of Finance, 2015, 11 (3): 477-502.

[58] Po-Hsuan H, Xuan T, Yan X. Financial development and innovation: Cross-country evidence [J]. Journal of Financial Economics, 2014, 112 (1): 116-135.

[59] Rajan R G.. Has finance made the world riskier? [J]. European Financial Management, 2006, 12 (4): 499-533.

[60] Sanaa B, Mathieu G, Guillaume P. Corporate social responsibility and bank efficiency [J]. Journal of Multinational Financial Management, 2020, 54: 103-127.

[61] Sauro M, Marcello P, Enrico S. Information technology and banking organization [J]. Journal of Financial Services Research, 2017, 51 (3): 313-338.

[62] Schumpeter J A. Theory of economic development [M]. Routledge, 1980.

[63] Silber W L. The process of financial innovation [J]. American Economic Review, 1983, 73 (2): 89-95.

[64] Thakor A V. Fintech and banking: what do we know? [J]. Journal of Financial Intermediation, 2020, 41: 1-13.

[65] Tobias B, Valentin B, Ana G, et al. On the rise of finTechs: Credit scoring using digital footprints [J]. The Review of Financial Studies, 2020, 33 (7): 2845-2897.

[66] Tufano P. Business failure, judicial intervention, and financial innovation: Restructuring U. S. railroads in the nincteenth century [J]. Business History Review, 1997, 71 (1): 1-40.

[67] Tufano P. Financial innovation [J]. Handbook of the Econom-

ics of Finance, 2002, 1 (3): 2 - 7.

[68] William C L, Zhiguo H, Jingtao Z. Blockchain disruption and smart contracts [J]. The Review of Financial Studies, 2017, 32 (5): 1754 - 1797.

[69] Zhenghui L, Gaoke L, Zhenzhen W, et al. Green loan and subsidy for promoting clean production innovation [J]. Journal of Cleaner Production, 2018, 187: 421 - 431.

后　记

近年来，随着人工智能、区块链、云计算、大数据、物联网等科技的不断成熟，金融科技强势崛起。科技是现代经济竞争的核心，也是新常态下我国经济可持续发展的动力引擎；金融是现代经济的"血液"，也是实现科技创新驱动作用的一个重要条件。科技能创新金融亦能服务金融，科技与金融的有效融合能充分发挥金融科技的赋能作用，也能增强金融服务实体经济的能力和效率，扩大金融服务边界，推动金融发展提质增效。技术的集成创新正在驱动着金融在资产管理、信贷业务、支付领域、运维管理、风险控制、监督管理等领域持续创新，进一步助推金融科技高质量发展。因此，本书首先详细梳理了金融科技的基础理论，探讨了科技如何赋能金融并让金融服务成本降低的同时还能实现金融效率提升；其次，以单一技术为突破口，分别梳理五大科技的技术原理并阐述其在金融中的应用场景；再次，理论分析技术集成创新引致的"存""贷""汇"业务全面升级，详细剖析技术在"存""贷""汇"业务的集成创新应用；最后，研讨技术集成创新引致的运管风控监管方面效能提升，展现技术在运维监管方面的集成创新应用。

本书的出版得益于经济科学出版社李雪老师的鼎力相助，感谢各位编辑老师的辛苦付出，在此一并衷心致谢！由于时间和水平有限，本书可能存在疏漏和不足之处，欢迎广大读者批评指正！

吕秀梅

2022 年 12 月 13 日